História do
RIO GRANDE
DO SUL
para jovens

CIP-BRASIL CATALOGAÇÃO NA FONTE
SINDICATO NACIONAL DOS EDITORES DE LIVROS, RJ

F747h   Fonseca, Roberto
         História do Rio Grande do Sul para jovens : narrada pelo índio Roque Tavares à beira de um fogo de chão / Roberto Fonseca. 10. ed. – Porto Alegre, RS : AGE, 2025.

         16x23cm. ; 296p.
         ISBN 978-65-5863-044-9
         ISBN E-BOOK 978-65-5863-045-6

         1. Rio Grande do Sul – História – Ficção. 2. Romance brasileiro. I. Título.

                    CDD 869.93
                    CDU 869.0(81)-3

Roberto Fonseca

História do
RIO GRANDE DO SUL
para jovens

Narrada pelo índio Roque Tavares
à beira de um fogo de chão

10.ª edição

Editora AGE

PORTO ALEGRE, 2025

© Roberto Fonseca, 2002

Capa:
Do Autor

Revisão:
Flávio Acauan Souto

Diagramação:
Maximiliano Ledur

Supervisão editorial:
Paulo Flávio Ledur

Editoração eletrônica:
Ledur Serviços Editoriais Ltda.

Reservados todos os direitos de publicação à
LEDUR SERVIÇOS EDITORIAIS LTDA.
editoraage@editoraage.com.br
Rua Valparaíso, 285 – Bairro Jardim Botânico
90690-300 – Porto Alegre, RS, Brasil
Fone: (51) 3223-9385 | Whats: (51) 99151-0311
vendas@editoraage.com.br
www.editoraage.com.br

Impresso no Brasil / Printed in Brazil

Apresentação

Um índio conta sua história

As relações entre a História e a Literatura constituem um dos temas culturais mais importantes em nossa passagem de século. A História perdeu o estatuto científico com o qual foi ungida pelas radicais vertentes positivistas. Sabe-se hoje que o texto histórico é um constructo intelectual que a) é sempre contado por alguém e b) é sempre contado com palavras. Para além dessas variantes, o texto histórico é uma narração, e, como tal, utiliza-se dos artifícios da própria narração, da descrição, da personagem, do tempo e do espaço, etc., o que nos remete à Literatura.

No passado, as pessoas liam os textos literários (v.g., *Odisseia, Amadis de Gaula, Artur e os cavaleiros da távola redonda*) como se fossem História, e liam a História – ao estilo de Heródoto – como se fosse Literatura. Os limites eram imprecisos e isso não parecia incomodar nossos antepassados.

O debate de nossa época vai, assim, muito aceso. Depois de abandonado por quase um século, retomou-se a escritura do romance histórico – tal como o vê Linda Hutcheon –, através da metaficção historiográfica, na qual o autor permite-se discutir a História, reinventá-la, recontá-la e, particularmente, trabalhar com personagens que ficaram à margem dos compêndios históricos. *O memorial do convento,* de Saramago, é um típico exemplo em que os figurantes ficcionais Baltasar e Blimunda são apresentados lado a lado com o padre Bartolomeu Lourenço de Gusmão, esta sim, personagem histórica.

A obra que o leitor tem em mãos é um típico resultado de nossa época da chamada *faute de mieux* pós-modernidade.

Temos um narrador, um homem muito velho, que é o índio dos tapes, chamado Nheçá – depois Roque Tavares –, que, chegando meio morto a uma estância do Rio Grande do Sul, começa a contar a sua mirabolante história aos pequenos da estância. Antes, assegura-se de que não o tomarão por louco ou mentiroso. E realmente, sua história faz arrepiar: trata-se de um homem imortal, ou, pelo menos, não morrerá enquanto não purgar a culpa de haver assassinado o Padre Roque González, personagem real da vida de nossas Missões jesuíticas.

Não é minha intenção contar a trama e a fábula do livro, porque isso o leitor saberá por si mesmo no ato da leitura; quero, aqui, deixar registradas algumas impressões que, espero, sejam compartilhadas por todos.

Em primeiro lugar, digo que é uma leitura saborosa, e com isso digo que este texto possui o que se deseja como qualidade primária: ele nos devolve o prazer de ler. Não há inovações estéticas nem estilísticas, e desconfio que estas sejam necessárias. É uma narrativa fluida, sem tropeços, sem ambiguidades. A todo tempo o leitor sabe onde está e em que época se desenvolvem os episódios. A frase, normalmente curta, seduz por sua cadência natural, que lentamente nos leva a seguir adiante.

Em segundo, gostaria de destacar a eficiência do texto na realização daquilo a que se propôs e é inegável: contar a História do Sul do Brasil, esta terra tão esquecida pela nacionalidade. De maneira clara, e através dos olhos e da sensibilidade de Roque Tavares – e, diríamos nós, do próprio autor – desfilam todos os lances mais importantes de nossa identidade, sobressaindo-se aqueles que deixaram marcas mais visíveis, como a Revolução Farroupilha, as diferentes imigrações, a Guerra do Paraguai, Getúlio Vargas, o movimento militar de 1964, entre outros. O interessante é que o autor não se limita aos fatos históricos em sua grandiloquência, mas nos mostra "o outro lado" da História, aquele contado por gente anônima como Roque Tavares; inclusive o índio relata fatos anteriores à chegada do europeu, a mostrar que devemos perder essa mania de estabelecer o nascimento dos povos da América a partir da vinda dos colonizadores.

É claro que aqui temos uma visão particular dos fatos históricos, e se eventualmente podemos discordar de alguns juízos do narrador, em especial os referentes aos tempos mais próximos, isso não desmerece a obra; ao contrário: temos um autor que, mesmo podendo esconder-se sob o olhar de sua criatura, não sonega seu ideário político e o diz claramente. Em época tão cínica como a nossa, essa circunstância passa a ser um fator positivo.

Em terceiro lugar, é significativo o didatismo que permeia a obra. Certo que acontecem muitos episódios no "tempo atual" da narrativa, como a vida na estância e o fascínio da menina Ana Maria, que anota em seu caderno o relato de Roque Tavares; mas percebe-se que o autor levou a fundo sua pesquisa e soube organizá-la de forma a que todos os fatos sejam explicados na sua gênese, desenvolvimento e conclusão – sempre, repita-se, sob sua inegável perspectiva autoral.

Por todas essas razões, digo que o livro é escrito com competência, é didático e conta a História do Sul, dialogando com ela.

O leitor, depois da leitura, fará o seu juízo. O meu já está feito, e creio que nas linhas anteriores deixei-o claro. Outros lerão de maneira diferente – e isso é que faz da Literatura esse admirável e interminável espaço de discussão de ideias.

Porto Alegre, inverno de 2002

LUIZ ANTONIO DE ASSIS BRASIL

Sumário

1. Roque Tavares 9
2. Correeiro 13
3. A incrível história da vida de Roque Tavares 17
4. Os primeiros homens brancos 23
5. Os caçadores de índios 29
6. O pampa 34
7. Conheci o mar 40
8. A Colônia do Sacramento 47
9. As vacarias do mar 53
10. Novamente a solidão 59
11. A estrada dos tropeiros 66
12. Os Sete Povos das Missões 72
13. Sepé Tiaraju 78
14. A Guerra Guaranítica 84
15. A Tranqueira Invicta 89
16. Terra de ninguém 95
17. A retomada do território 99
18. A Província Cisplatina 104
19. O tesouro enterrado 109
20. Passo do Rosário 115
21. Chegaram os alemães 121
22. Os Farrapos 127
23. Bento Gonçalves, Garibaldi e a República Juliana 133
24. A pacificação 139
25. Um pouco de paz. Só um pouco. 145
26. A Guerra do Paraguai 150
27. Um pouco de civilização 156

28. Chegam os italianos 162
29. Republicanos e abolicionistas 169
30. Maragatos e pica-paus 175
31. A Revolução Federalista 180
32. O governo Júlio Prates de Castilhos 186
33. Antônio Augusto Borges de Medeiros 192
34. Antecedentes da Revolução de 1923 199
35. As últimas cargas de cavalaria 204
36. O combate da ponte do rio Ibirapuitã 210
37. Os Tenentes 216
38. A Revolução de Trinta 222
39. A queixa 228
40. O Estado Novo 231
41. Tempos de Getúlio Vargas 238
42. O primeiro descendente de imigrantes no governo do Rio Grande 245
43. O último caudilho 251
44. A revolução de 64 257
45. Os primeiros governos militares 263
46. Distensão lenta, gradual e segura 270
47. O fim da história 277
48. O resumo de Ana Maria 283

Bibliografia 293

1

Roque Tavares

Caía a tarde do verão mormacento de Santa Maria da Boca do Monte. O céu, ao longe, lá onde se recosta no lombo das coxilhas, já se pintava de cor de laranja e violeta. O campo era uma calmaria só, quebrada de quando em quando por algum grito de quero-quero ou pelo voo barulhento da perdiz.

No caminho marcado pelas rodas dos carros na grama de forquilha, seguiam três cavaleiros. Conversavam animadamente, ao som ritmado do trote dos animais.

O cavaleiro do meio, Pedro Paulo, era um guri graúdo, desempenado, de pele amorenada e cabelos fartos. A penugem escura do futuro bigode começava a lhe acentuar o lábio superior. Montava um tordilho negro faceiro, que balançava a cabeça e mordia o freio, pressentindo a aproximação da sede da fazenda.

À sua direita, num zaino malacara, vinha o amigo Salatino, um pouco mais moço, mulato esperto, de corpo fino e cabeça raspada. Na cidade, jogavam futebol – Pepo como goleiro na escolinha do Grêmio e Salatino como meia recuado na do Internacional. A rivalidade dos dois times não impedira que se firmasse entre eles, desde os primeiros anos de escola, uma grande amizade. Completava o grupo Ana Maria, morena magrinha e briguenta, prima do Pepo, filha do velho Manoel Ventura, proprietário da Fazenda Santa Rita, onde os três passavam as férias.

Haviam saído de manhã para dar um passeio até o fundo do campo, levando sanduíches, biscoitos e uma vasilha térmica com suco de frutas para o lanche. Voltavam agora, montando meio de banda, ora para um lado, ora para o outro, pois não há traseiro que aguente uma cavalgada longa quando não se está acostumado.

— Ei, Pepo! — disse de repente Salatino, estancando o cavalo e apontando na direção de um capão de mato que descia na dobra de duas coxilhas. — Tem alguma coisa ali se mexendo... parece uma pessoa deitada no chão!

— É mesmo — respondeu Pedro Paulo, levantando-se nos estribos para ver melhor. — Vamos até lá!

— Eu não vou coisa nenhuma! — reagiu Ana Maria. — Pode ser algum bandido se fingindo de morto pra pegar a gente. Vou em casa chamar o papai.

Enquanto a mocinha galopava na direção da fazenda, os dois se aproximaram cautelosamente do vulto do homem caído de bruços, ao lado de uma moita de maricás. Junto ao capão, meio escondido pelo mato, pastava um cavalo baio ruano, bem encilhado, que aparentemente lhe pertencia.

– Ei, moço! – gritou Pedro Paulo. – Está precisando de alguma coisa?

O homem respondeu com um gemido de quem está sentindo muita dor.

– Sala, eu vou apear para ver o que o homem tem – resolveu Pedro Paulo, depois de pensar alguns instantes. – Tu ficas a cavalo. Passa o laço no pé dele. Se for armadilha, dispara e leva o cara de arrasto.

Depois de ver a armada bem presa à perna do homem e o laço esticado, Pedro Paulo apeou e ajoelhou-se, tentando virá-lo com o rosto para cima. Com outro gemido ele ergueu-se nos cotovelos, lentamente, e encarou o rapazote com o olhar embaciado. Era um velho, muito velho, de pele encardida e curtida do sol. Os cabelos brancos, lisos, caíam até a altura dos ombros magros e o rosto não mostrava sinais de barba. Na testa, do lado esquerdo, tinha um ferimento grande, recente. O sangue seco se espalhava pelo rosto e manchava a gola já sem cor da camisa de algodão desbotada pelo uso.

Salatino apeou do cavalo, tirou o laço da perna do ferido e juntou-se a Pedro Paulo. Com algum esforço e muito cuidado, sentaram o homem e lhe ofereceram um pouco do suco que havia sobrado. Aos poucos o velho foi se recuperando e passou a olhar fixamente os dois rapazes, ora um, ora outro, como se quisesse identificar-lhes a fisionomia e entender o que estava se passando.

– Está melhor? – perguntou Pedro Paulo, amparando-o pelos ombros.

– É, parece que estou; foi um tombo feio – respondeu, passando os dedos enrugados sobre o ferimento.

– Como aconteceu? – indagou Salatino.

– Pois acho que vinha meio distraído, frouxo nos arreios, e uma perdiz alçou voo bem no focinho do meu pingo. Ele se assustou, negaceou prum lado e eu me fui pro outro. As pernas não sustentaram o corpo e aí foi esse escarcéu que vocês estão vendo.

Nesse momento, chegou o tio Manoel com a camionete. Ana Maria o acompanhava.

– Já estou melhor – o velho levantou-se com dificuldade. – Acho que posso pegar meu cavalo e seguir caminho.

– Nada disso – retrucou o tio Manoel. – Embarque e vamos até a fazenda ver este ferimento. Os meninos levam o seu cavalo.

Enquanto a camionete dava partida, Pedro Paulo juntou do chão o rebenque e uma espora. Salatino foi buscar o baio e o trouxe pelo cabresto.

– Olha aqui, Salatino, que peças bonitas! Este relho tem um trançado como eu nunca tinha visto!

– E a espora, Pepo! Olha só! Parece de prata, toda trabalhada! Imagina se o pobre do velho perde isso, que tristeza não ia sentir.

O encontro.

— Engraçado... – comentou Pedro Paulo. – Parece ser um homem pobre; digo assim pelo tipo maltratado, pela roupa... uma bombacha velha e as botas sem os bicos, com os dedos dos pés de fora e, no entanto, tem uma beleza de cavalo, bem encilhado, um relho que é uma obra de arte e esporas de prata...

— Será que é ladrão? – indagou Salatino, examinando novamente a espora.

— Acho que até pra isso é muito velho – observou Pedro Paulo. Se fosse, não ia longe: pegavam o coitado na primeira esquina.

Chegando à fazenda, amarraram os cavalos no palanque, pediram ao Jovino, peão caseiro do tio Manoel, que os desencilhasse e entraram na casa. Na sala, a tia Marina fazia um curativo na testa do velho, com água oxigenada e mercurocromo. O local estava inchado e em carne viva.

— Dói muito? – perguntou ela, enquanto colocava uma gaze com pomada e esparadrapo sobre o ferimento.

— Não senhora – respondeu o homem, sem franzir o rosto. – Só dói mesmo é estar dando esse trabalho todo pra a senhora, o patrão e os meninos que me ajudaram.

— Não se preocupe – atalhou o tio Manoel, ajeitando a bomba do chimarrão. – Mas, a propósito, para onde está indo o companheiro?

— Ando aí pelas fazendas, oferecendo o meu serviço, e pretendia vir aqui ver se precisavam de alguém.

— Mas... o amigo ainda faz serviço de campo?

— Olhe, patrão... fazer ainda faço, desde que seja preciso, mas a vista não ajuda e o braço já não obedece direito. Vez que outra me falha um tiro de laço. O que eu faço melhor é trançar couro pra os arreios. Olhe esse rebenque que os meninos trouxeram; é trabalho meu.

— Uma beleza! – admirou-se o tio Manoel, examinando a peça trançada com tentos quase tão finos como fios de cabelo. – Bem que estou precisando de uns arreios bonitos... Quanto o companheiro cobra para me fazer um conjunto completo? Cabeçada, rédeas, cabresto, peitoral, loros de estribo, rabicho e um rebenque como este?

— O patrão me dá o couro, os metais pro serviço e, de resto, um pelego no galpão, comida e trato pra o meu cavalo.

— E o pagamento? Quanto por peça?

— Quando estiverem prontas o patrão paga o que achar que valem.

— Já que o amigo prefere assim, está combinado. Esteja certo que vou lhe pagar preço justo. O seu nome, mesmo, como é?

— Roque Tavares, seu criado.

2

Correeiro

No dia seguinte, após um café reforçado na mesa servida com bules fumegantes, aipim frito, pão caseiro, bolo de milho, queijo magro, manteiga fresca e vários tipos de geleia, Pedro Paulo, Salatino e Ana Maria foram ao galpão para ver como estava o velho Roque. Encontraram-no junto com o tio Manoel e o Jovino, escolhendo um couro seco na pilha feita sob um telheiro nos fundos do galpão – nas fazendas, tira-se o couro dos animais que morrem no campo ou que são sacrificados para o consumo da casa. Os couros são estaqueados sobre uma prancha de madeira, salgados e postos a secar. De quando em vez, havendo quantidade suficiente, são vendidos para os curtumes.

Escolheram um couro de cavalo, que é o que mais se presta para a confecção de peças de arreio. Em seguida, o velho Roque escolheu uma vara grossa de açoita-cavalo – madeira muito dura – com mais ou menos um metro e meio de comprimento. Com o facão, cortou a ponta em bizel, isto é, inclinada, como se corta salame, de forma que ficasse com a borda bem afiada. Estendeu o couro no chão e empunhou a vara, esfregando a parte cortante no sentido do pelo, que começou a soltar-se, deixando o couro limpo.

— Isto se chama lonquear – disse ele aos jovens. – O primeiro serviço do correeiro é o preparo da lonca, que é o couro depois de eliminados todos os pelos.

— Posso experimentar? – pediu Salatino.

— Pode, patrãozinho, mas é preciso ter um pouco de prática.

Depois de muito esfregar o couro, Salatino não tinha conseguido arrancar mais do que alguns miseráveis pelos.

— Podes parar, que já vimos que és um grande lonqueador! – disse Ana Maria, dando uma gostosa risada.

— Garanto que o teu namorado, o Popeye, não faria melhor – replicou Salatino, devolvendo a ferramenta para o velho Roque.

Disse e correu, para escapar do cabo de vassoura que lhe zuniu pela orelha.

— Tá bem, tá bem – gritou, ainda correndo. – Prometo que nunca mais te chamo de Olívia Paliiitooooo!

— E tu? Estás rindo do quê? Achaste muita graça? – perguntou Ana Maria, furiosa, dirigindo-se a Pedro Paulo. – Queres provar o cabo de vassoura também?

— Claro que não, eu te vi comendo espinafre hoje cedo!

Falou e também correu, pois a menina não estava para brincadeiras, principalmente aquela. Durante o resto do dia, não se falaram mais e os dois rapazes aproveitaram o tempo para pescar lambaris no açude.

No segundo dia de serviço, o velho Roque já tinha a lonca perfeitamente limpa dos pelos e dividida em correias largas. Prendera uma delas a um prego na parede de madeira do galpão e, com uma pequena faca muito afiada, começava o trabalho de cortar as finas tiras de couro, que chamava de tentos.

Os três amigos, já reconciliados, admiravam a habilidade do corte, que ia separando os tentos com a mesma largura, de uma ponta à outra, como se tivessem sido riscados no couro. Aproximando-se para apreciar melhor o trabalho, Ana Maria reparou, intrigada, que na testa do velho, ferida dois dias atrás, não havia qualquer sinal. Estava perfeitamente recuperada, mostrando apenas algumas gotas de suor.

— E o seu ferimento, seu Roque? — perguntou, examinando melhor o local. — Como sarou tão depressa?

— Não foi nada, menina — respondeu ele. — Coisinha à toa. O couro do velho é forte e acostumado com os muitos tombos da vida.

Enquanto isso, Pedro Paulo examinava os arreios do seu Roque, acomodados sobre um cavalete num canto do galpão. Todas as peças, da carona à badana, denotavam muito uso, mas estavam caprichosamente arrumadas e conservadas. Sobre os pelegos descansavam as esporas. As alças eram lavradas com arabescos e delas pendiam correntes de pequenas argolas com ganchos para prender ao pé. As rosetas eram grandes e rendilhadas de furos que formavam o desenho de uma estrela. Brilhavam como se tivessem sido polidas naquele momento.

— Que beleza as suas esporas, seu Roque! Parecem coisa antiga!

— Muito antigas... — concordou o velho, como se estivesse remexendo memórias. — Muito antigas... chilenas, de prata... de muita estimação.

— Onde o senhor comprou? No Chile? — indagou, curioso, Salatino.

— Não. Ganhei de presente de um velho amigo — respondeu distraído, alisando um tento com as costas da faca: — o Coronel Onofre Pires.

— Um coronel? Então foi quando o senhor serviu no Exército?

— Mais ou menos... mais ou menos, patrãozinho. Eu não gosto muito de falar nesse tempo.

Daí por diante o velho se conservou calado, respondendo apenas com acenos de cabeça e resmungos.

À tardinha, depois que o tio Manoel chegou do campo com os peões, trazendo o rebanho de ovelhas para a tosa, que começaria no dia seguinte, a família se reuniu na sombra da figueira, em frente da casa, para tomar chimarrão e conversar com o primo Felipe, piloto da Força Aérea Brasileira, que estava de passagem em Santa

Começara o trabalho de cortar as finas tiras de couro.

Maria e aproveitara a folga para visitar os parentes. Em meio à conversa, Pedro Paulo serviu um mate para o primo e, por curiosidade, lhe perguntou:

— Felipe, tu que és militar, por acaso conheces um tal Coronel Onofre Pires? Foi o que deu as esporas pra o seu Roque, que está fazendo os arreios do tio Manoel.

— O que é isso? — respondeu Felipe, dando uma boa risada. — O Coronel Onofre Pires foi um dos heróis da Revolução Farroupilha. Morreu em consequência de um duelo com o General Bento Gonçalves, antes de terminar a revolução. Isto deve ter sido lá por 1843 ou 44, não tenho bem certeza.

— Mas ele afirmou que foi esse coronel quem lhe deu as esporas! — insistiu Pedro Paulo.

— Só se foi algum coronel com o mesmo nome... quem sabe? Ou então o velho está brincando com vocês. E, por falar nisso, parece que estão precisando conhecer um pouco mais da história do Rio Grande, no mínimo pra não passar vergonha.

Depois do jantar, os mais velhos combinaram um jogo de canastra e os jovens se reuniram em frente à televisão para brincar com o *videogame*.

— Tem alguma coisa esquisita com o seu Roque — disse subitamente Ana Maria, voltando-se para Pedro Paulo.

— A história das esporas? Esquece! Aquilo deve ter sido gozação, ou então ignorância do velho — opinou Pedro Paulo.

— Baita mentiroso! — acrescentou Salatino.

— Não sei não — continuou a menina —, mas tem umas coisas que eu acho bem estranhas...

— O que, por exemplo? — indagou Pedro Paulo.

— Vocês são desligados! Esse homem é muito velho. Uma pessoa dessa idade geralmente nem anda mais a cavalo. Imagina então levar um tombo daqueles! Os velhos têm ossos fracos. Ele deveria ter quebrado uma perna ou um braço, no mínimo.

— Tá, mas não quebrou. Que mais?

— Eu olhei bem a testa dele, onde tinha se machucado. Vocês se lembram de que tinha um corte fundo em cima da sobrancelha? Pois é! Hoje não havia nem sinal, nem cicatriz, nem nada. E agora ele diz que ganhou as esporas de um amigo que já morreu há mais de cento e cinquenta anos? Estou ficando com medo...

— Puxa, a Aninha tem razão — disse Pedro Paulo, suspendendo o jogo e encarando Salatino. — Eu não tinha me dado conta, mas é verdade.

— Será que ele é bruxo? — perguntou Salatino, com os olhos arregalados.

— Não sei, não... — resmungou Pedro Paulo, coçando o nariz. — Ele parece gente boa... e se fosse bruxo não precisava estar trabalhando: faria aparecer dinheiro.

— Vou pedir pro papai mandar ele embora. — disse Ana Maria, assustada.

— Não, Aninha. Pode ser uma injustiça com o velho. Nem fala nisso pro teu pai, que eu e o Salatino, amanhã de manhã, vamos investigar este assunto.

3

A INCRÍVEL HISTÓRIA DA VIDA DE ROQUE TAVARES

No outro dia, logo após o café, Pedro Paulo, Salatino e Ana Maria atravessaram o pátio na direção do galpão, onde o velho Roque já começara a trançar a cabeçada, que é a peça que se põe na cabeça do cavalo para prender o freio. Pedro Paulo e Salatino entraram, enquanto Ana Maria se manteve prudentemente encostada à porta.

Após algum tempo, observando a habilidade do velho, que fazia a trança cruzando oito tentos, sempre molhados para que ficassem bem esticados, Pedro Paulo engoliu em seco e foi direto ao assunto:

— Seu Roque, me desculpe a pergunta, mas é um caso que chamou a atenção da gente...

— Já sei do que o patrãozinho vai falar – interrompeu o velho. – É a respeito do Coronel Onofre Pires, não é?

— Dele... e do seu ferimento, que desapareceu tão depressa.

— Pois é, o ferimento não dá pra esconder e o caso do coronel foi distração minha.

— O senhor não pode contar mais sobre isso? – perguntou Salatino, entrando na conversa.

— Olha, moço, é uma história muito comprida, que eu não gosto de contar, primeiro porque é triste e segundo porque ninguém acredita. Quando falo, me chamam de louco ou de mentiroso. Uma vez quiseram até me botar num hospício.

— Mas pra nós o senhor pode contar; a gente vai acreditar – insistiu Salatino.

— Acho difícil. Além disso o pai de vocês pode não gostar. Vai dizer que eu vim aqui contar mentiras pros meninos. É melhor vocês me deixarem quieto no meu serviço.

— E se o meu pai deixar? – perguntou, curiosa, Ana Maria.

— Bueno, nesse caso eu até posso contar, mas com uma condição: fica acertado que essa história é só uma história, que não é a minha. Só pra não pensarem que sou mentiroso, que isso nunca fui na vida.

Quase correndo, os jovens foram até a mangueira onde as ovelhas estavam sendo tosadas e procuraram o tio Manoel. Depois de explicar a conversa com o velho

Roque e as condições que ele havia imposto para contar sua história, obtiveram a licença, também com a condição de não atrapalharem o serviço do homem.

– Pois se o patrão autorizou – concordou o velho Roque –, então vou lhes contar a história. Desculpem se esquecer alguma coisa, pois é muito assunto e a cabeça já começa a me falhar de vez em quando.

Pedro Paulo e Salatino sentaram-se em dois pelegos e Ana Maria foi buscar uma cadeira para não sujar as calças *jeans* novas.

Roque Tavares acomodou-se melhor no banquinho, molhou mais uma vez os tentos e ficou algum tempo em silêncio, como a acomodar as lembranças. Pigarreando para limpar a garganta, começou o relato:

"Quando eu nasci, todo este Rio Grande era campo e mato e os índios eram os únicos donos da terra. Minha mãe me deu o nome de Nheçá...."

– Espere um pouco seu Roque – disse Pedro Paulo, espantado. – O senhor está querendo dizer que nasceu há tanto tempo que o Rio Grande ainda era despovoado?

– Eu disse que vocês não iam acreditar. Ninguém acredita. Acho melhor parar por aqui...

– Não! Desculpe, eu não quis dizer isso! Por favor, continue.

– Está bem. Então, continuamos:

"Despovoado, não era. Ao contrário, era todo habitado. Na região da serra andavam os guaianás, do grupo Gê, também chamados de coroados, de quem descendem hoje os kaigangues, esses que vocês veem vendendo artesanato. No centro do estado viviam os tapes, da Nação Guarani. No litoral e na região da Lagoa dos Patos se encontravam os carijós e os arachanes, também guaranis, e no sul os charruas e os minuanos, guerreiros ferozes e bons cavaleiros, descendentes de um povo muito antigo, chamado de "homens dos cerritos".

Isso foi há muito tempo. Eu era um índio grande e forte. O melhor caçador da grande tribo dos tapes. A minha flecha alcançava qualquer bicho, por ligeiro ou esperto que fosse. Naquele tempo havia muitos animais: veados, capivaras, porcos-do-mato e até tigres, que eram os mais perigosos."

– Tigres de verdade, desses listrados do circo? – interrompeu Salatino.

– Não, as suçuaranas, como nós chamávamos, ou pumas; eram menores e tinham o pelo liso, pardo. Mas eram muito ferozes. As onças, também, eram comuns.

"Quando não estávamos caçando, os homens faziam as coivaras, isto é, cortavam e queimavam o mato para fazer as roças onde as mulheres plantavam milho, feijão, mandioca, abóbora, amendoim, e colhiam erva-mate, conhecida como *caami* entre os índios."

– Então, naquele tempo vocês já tomavam chimarrão? – perguntou Pedro Paulo.

– Era um costume muito antigo, acho que dos poucos que permanecem até hoje.

Isso foi há muito tempo!

"Morávamos numa grande aldeia, a taba, em cabanas de tronco e palha, que chamávamos de ocas. Em cada uma viviam várias famílias e no centro da taba havia um espaço aberto onde se realizavam as festas. O chefe era o Cacique, também chamado de Tubichá, sempre o melhor guerreiro, pois quando não havia guerras quase não se precisava de um chefe; todos conheciam bem suas obrigações. Cabia também a ele apaziguar desavenças e fazer cumprir as leis.

Um dia chegou a notícia de que íamos guerrear contra os guaianás, que moravam mais para o norte, nas terras altas. Eles haviam atacado a aldeia de nossos irmãos em Turuçu quando os homens estavam fora. Mataram os velhos e as crianças e levaram as mulheres.

Eu era jovem e ainda não havia participado de uma guerra. Preparei minhas flechas, fiz uma lança nova, mais pesada, e enfeitei meu tacape com plumas. Prometi a mim mesmo trazer cabeças de grandes guerreiros inimigos para espetar em varas na frente da minha oca."

– Que horror! – exclamou Ana Maria. – E o senhor fez isso?

– Não se espante, moça! As guerras hoje são muito mais cruéis. Naquele tempo, era costume um guerreiro mostrar o seu valor pelo número de cabeças de inimigos que tivesse abatido em combate. A diferença é que eram combates leais, em igualdade de condições, com as mesmas armas.

"Nesse dia, minha mãe me ajudou a fazer a pintura de guerra no rosto e no corpo. Meu pai, já idoso, segurou meu braço, olhou-me nos olhos e disse:

– Nheçá, tu és homem e vais ser um guerreiro tape. Teu avô e teu pai foram valentes.

– Eu sei, meu pai – respondi.

– A vida não vale a pena para os covardes. Tua perna não vai tremer e o teu braço estará rijo. Voltarás vitorioso trazendo muitas cabeças e eu direi a todos que tu és meu filho.

Cerrei os punhos e o sangue me ferveu nas veias. Queria partir correndo e despejar o tacape sobre a cabeça de mil guerreiros inimigos.

À noite os guerreiros se reuniram, tomaram muito cauim e dançaram a dança da guerra, sacudindo as maracas, gritando e batendo com os pés no chão."

– O que é cauim, seu Roque? – perguntou Salatino.

– É uma bebida forte, feita do milho fermentado, que tonteia como cachaça.

"Pois, no dia seguinte, muito cedo, o nosso grande cacique Ibirá partiu acompanhado pelos seus guerreiros. Marchamos pelas trilhas no mato por três dias e três noites. Era preciso andar rápido, para atacar de surpresa."

– Sem parar? – tornou a perguntar Salatino.

– Parávamos pra comer e pra descansar um pouco, e logo continuávamos a caminhada.

— Pô, Salatino, para de interromper o seu Roque, que corta o fio do assunto! — reclamou Pedro Paulo, interessado na história.

— Deixa, moço. Não faz mal. Quem tem vergonha de perguntar nunca aprende — respondeu o velho, ajustando uma presilha no trançado.

"O cacique sabia que não era possível chegar perto do inimigo com um grupo tão grande sem ser notado — o pio das aves, o movimento dos bichos e até o cheiro levado pelo vento vão avisando a presença de gente estranha. Dividiu então os guerreiros em vários grupos: um seguiu pela trilha, fazendo grande ruído, pra que os guaianás pensassem que ali estavam todos; os demais foram silenciosamente pelo meio do mato.

O primeiro grupo, que vinha pela trilha, saiu do mato no clarear do dia. Na frente havia um campo aberto, com algumas roças de milho e mandioca. Mais além, já se podia ver a taba. Sabíamos que eles estavam nos esperando, e não deu outra! Do meio das roças partiu uma chuvarada de flechas na nossa direção. Fingimos que íamos fugir. Voltamos para o mato e eles caíram na armadilha: saíram das roças e correram atrás de nós! Foi quando os nossos outros grupos atacaram, vindos de todas as direções. Avancei, furioso, e despenquei o tacape na cabeça do primeiro que me surgiu pela frente. Outro, mais outro, e eu ia deixando um rastro de inimigos caídos por onde passava.

Não sei quanto tempo durou o combate, mas quando terminou havíamos vencido. Muitos guaianás fugiram e a maioria ficou estendida no meio das roças e na frente da taba. Os feridos foram aprisionados e voltamos com eles, trazendo as nossas mulheres que tinham sido roubadas. Só que havia uma grande tristeza: o nosso cacique Ibirá estava muito ferido, com uma flecha espetada na barriga. Veio carregado em uma rede, mas morreu antes de chegar na taba. Foi enterrado em um grande vaso de barro, chamado *igaçaba*, com as armas e os enfeites de guerra.

Na oca, contei meus feitos para os meus pais e para os mais moços, que me escutaram em respeitoso silêncio, com uma expressão de inveja no olhar.

Espetei as cabeças dos inimigos em varas em frente à minha oca. Nenhuma das outras ocas da taba tinha tantos troféus.

Nessa noite, não consegui dormir. Saí da oca e fiquei olhando para o céu. A lua parecia uma grande fogueira e em redor dela brilhavam as estrelas, que eram os guerreiros. As maiores, pensei, devem ser os caciques, e as bem pequenas, as crianças.

Do topo das varas, as cabeças dos inimigos me olhavam com seus olhos mortos. No silêncio, elas diziam: 'Nheçá, tu és um grande guerreiro e nós nos orgulhamos de ter sido vencidos pelo teu braço forte'. Estendi-me no chão, exausto, e fiquei ali até cair no sono.

No outro dia, logo que Quaraí, o sol, se levantou, o pajé me levou até a sua oca. Mandou-me que sentasse à sua frente. Fumou o cachimbo, soltou a fumaça e falou com voz pausada e grave: 'Nheçá, o Cacique Ibirá morreu, mas seu espírito está conosco. Esta noite ele me apareceu em sonho e disse que, na guerra, foste o mais forte e o mais bravo de todos os tapes. Amanhã haverá uma grande cerimônia, e tu serás anunciado como o novo cacique.'

Durante o resto do dia e no correr da noite, o pajé contou-me a história do nosso povo e falou das responsabilidades que eu teria como cacique."

– Bueno – disse Roque Tavares –, por hoje chega, que quando falo muito minha voz vai ficando rouca.

4

Os primeiros homens brancos

— E aí? – perguntou o tio Manoel, logo após o jantar. – Que tal a história do velho Roque?

— Bah, pai, tu nem sabes! – respondeu Ana Maria com os olhos arregalados. – Ele disse que era índio e que nasceu antes de os primeiros homens brancos chegarem no Rio Grande do Sul. Depois contou histórias das guerras dos índios e de como ele virou cacique.

— É mesmo? Então, além de correeiro, o homem é bom de causos. Qualquer dia vou lá escutar um.

— Mas, tio Manoel, ele conta como sendo verdade, com todos os detalhes! – disse Pedro Paulo. – Parece que a gente está vendo!

— E ele já explicou qual é o segredo de tanta longevidade? Eu até gostaria de aprender.

— Não, isso ele não falou... mas que parece verdade, parece. Ele até disse que não gosta de contar, para não passar por mentiroso...

— Claro – riu o tio Manoel –, todo bom mentiroso jura que as suas lorotas são verdade.

— Será mesmo? – indagou Salatino, com ar pensativo. – Amanhã vou perguntar pra ele como conseguiu ficar tão velho.

Roque Tavares ainda trabalhava na cabeçada, ajustando as argolas e preparando as presilhas para colocar no freio, quando os jovens entraram no galpão.

— Bom dia! Dormiu bem, seu Roque? – cumprimentou Salatino.

— Melhor do que estou acostumado – respondeu o velho, sem tirar os olhos do serviço. – Pedi só uns pelegos pra deitar e o patrão me deu um quartinho com cama e travesseiro. É até demais pra um índio gaudério como eu.

— O que que é gaudério, seu Roque? – perguntou Ana Maria.

— Ora, moça... é assim quem anda pelo mundo sem ter casa, de um lado para o outro, trabalhando às vezes, aqui ou ali.

— E o senhor nunca teve família? – indagou Pedro Paulo.

— Uma ou outra vez. Depois não quis mais, porque é muito ruim ver os filhos morrerem antes da gente.

Os jovens se calaram. Por algum tempo, permaneceram com os olhos fixos no movimento dos dedos hábeis do velho, até que Salatino rompeu o silêncio:

– Desculpe a curiosidade, seu Roque, mas como o senhor fez para conseguir viver tanto tempo?

– Posso lhes garantir que viver tanto tempo não é bom. A gente vai vendo os amigos se irem e vamos ficando cada vez mais sozinhos. Não desejo isso pra ninguém... Mas lhes conto como foi:

"Nesse tempo, então, eu já era cacique e vivia com minhas sete mulheres e dois filhos..."

– Sete mulheres? – espantou-se Pedro Paulo. – Isso não era errado?

– Não, moço. No nosso costume, um homem podia ter todas as mulheres que pudesse sustentar. A lei era essa.

– Machistas! Até os índios! – resmungou Ana Maria. – E as mulheres aceitavam isso?

– A maneira de ver as coisas era diferente, moça. As mulheres queriam ter filhos dos homens mais fortes e capazes, porque assim os filhos também seriam fortes e elas estariam protegidas.

"Pois bem, um dia chegou em visita à nossa taba o cacique de uma aldeia tape que se situava rio abaixo, cerca de quatro dias de canoa. Trouxe a notícia de que haviam chegado uns homens estranhos, que andavam vestidos com uma roupa preta. Falavam a língua guarani e tinham ferramentas desconhecidas. Mostrou um machado de ferro, muito afiado, diferente dos nossos, feito de pedra. Disse que construíam casas com pedras e barro. Falavam também do seu Deus, que era poderoso e podia curar doenças e ferimentos. Acrescentou que esses homens tencionavam vir até a taba de Nheçá e que ele viera avisar e pedir que os recebêssemos bem.

Não demorou muito e os tais homens chegaram. As mulheres e as crianças se esconderam nas ocas e eu, com o pajé e um grupo de guerreiros, fui recebê-los. O chefe era um homem magro e alto, com a pele branca e os cabelos grisalhos. Usava barba, coisa que estranhamos, pois quase não tínhamos pelos no rosto. Vestia-se todo de preto e trazia dependurado ao pescoço um cordão com dois pauzinhos cruzados, que depois aprendi que era uma cruz. Disse que se chamava Padre Roque González e apresentou seus companheiros, uns de preto também e outros com calças e camisas, que eram roupas que desconhecíamos."

– Vocês andavam nus? – perguntou Pedro Paulo.

– Sim, quando estava quente. No inverno, nos cobríamos com peles de animais. Só mais tarde, aprendemos com os padres a cultivar e a tecer o algodão, cujas sementes foram trazidas por eles.

"Bem, continuando – disse o velho, levantando-se um pouco para esticar as pernas –, os visitantes nos deram muitos presentes, como colares para as mulheres, espelhos de metal polido, que nos encantavam, pois só víamos o nosso rosto nos remansos calmos das águas dos rios, machados, facões e anzóis.

Em pouco tempo conquistaram a nossa simpatia e, com minha permissão, se instalaram ao lado da taba. Usando as novas ferramentas, nos ensinaram a tirar tábuas dos troncos das árvores e a fazer construções com elas. Pouco depois chegaram outros, trazendo animais desconhecidos que nos deram um grande susto. Eram os cavalos e os bois. Ganhei de presente um potro tobiano e aprendi a montar. Em pouco tempo galopava pelas várzeas, sentindo o vento no rosto e me imaginando o mais poderoso dos caciques."

— O senhor não tem ideia de em que ano foi isso? – perguntou Ana Maria.

— Na época não se tinha conhecimento do calendário, mas, pelo que soube depois, devia ser por volta de mil seiscentos e vinte e poucos.

— E que idade o senhor tinha quando conheceu o Padre Roque González?

— Acho que uns trinta anos, mais ou menos.

— Quer dizer então que hoje o senhor tem uns quatrocentos e dez anos de idade? – tornou a perguntar Ana Maria, com a testa franzida, depois de fazer alguns cálculos.

— De nascimento sim, mas de certidão oficial tenho só cento e quarenta e oito.

— Como assim? – indagou Pedro Paulo.

— Só fui registrado em 1893, pelo meu padrinho, General Joca Tavares, que me deu seu sobrenome. Como eu não sabia a data do meu nascimento e, na época, aparentava uns quarenta anos, ele me registrou como se tivesse nascido em 1853. Isso é o certo, mas não tive sorte, pois logo depois a minha certidão se extraviou. Quando fui buscar uma cópia, o cartório tinha pegado fogo e, aí, nunca mais me interessei.

— E o primeiro nome?

— É de batismo. Foi o Padre Roque González que me batizou. Tinha que ser um nome cristão, e escolhi o dele.

"Era um homem muito bom e preparado. Sabia fazer curas com remédios que nós não conhecíamos. Ensinava-nos muitas coisas, mas o que mais me prendia eram as histórias do seu Deus. Pediu-me que retirasse da oca as varas com a caveiras dos inimigos e lhes desse um enterro decente, pois todos eram filhos de Deus e, portanto, irmãos. Falava-me de Nossa Senhora, mãe de Deus, muito bondosa, e do Anjo da Guarda, que sempre estava às nossas costas para ajudar nos momentos difíceis. Mostrou-me a cruz com a figura do filho de Deus, pregado pelos pés e pelas mãos. Senti ódio dos homens maus que fizeram aquilo e, se pudesse, arrebataria a cabeça deles com o meu tacape. Então o padre me ensinou o que significava perdão e misericórdia. Lhes confesso que isso não pude entender direito. Me falou também do diabo, um espírito ruim que vivia soprando nos ouvidos da gente coisas erradas. E acho que foi esse diabo que fez toda a minha desgraceira.

Pois outra coisa que o padre me ensinou é que a gente só podia ter uma mulher. Ter mais de uma era pecado. Foi difícil, pois as mulheres eram a minha família. Mas nesse tempo eu já acreditava tanto no que ele dizia que escolhi a Jandira, também já batizada, e passei a viver só com ela.

Isso não foi bom. O pajé andava enciumado com a influência do padre, pois havia perdido muito poder. Então começou a dizer que eu era um fraco, dominado pelo padre, e que não servia mais para ser o cacique – onde já se viu cacique com uma mulher só? Senti que não me respeitavam como antes. Quando passava, ouvia cochichos e sentia um ar de desprezo na face dos outros. Comecei a desconfiar que até as mulheres estavam rindo de mim. Quando vagava pelo mato, os gritos dos bugios soavam como gargalhadas de deboche. Furioso, eu respondia com flechas, que se perdiam no ar, sem rumo e sem pontaria. Aos poucos, fui ficando cego de ódio e de desejo de vingança.

Um dia, o Padre Roque González e três ajudantes preparavam um sino para colocar na capela, recém-construída ali no Cerro de Caaró, pertinho da taba. Reuni alguns dos meus guerreiros e, sem aviso, caímos sobre eles a bordoadas. O padre estava ajoelhado, falquejando um eixo de madeira. Virou-se e me encarou bem nos olhos. Por um instante o meu braço fraquejou, mas o demônio foi mais forte e o tacape desceu duas vezes sobre a sua cabeça. Quase todos os homens brancos foram mortos. Dois ou três conseguiram fugir.

A visão do sangue aumentou a minha fúria. Arranquei o coração do padre e o espetei numa flecha, que levei para a taba como um troféu."

– Que horror, seu Roque! – exclamou Ana Maria, levando as mãos aos olhos, como para não ver a cena. – Como o senhor teve coragem de fazer isso?

– O ódio envenena a alma, moça. Nos leva a cometer tamanhas barbaridades, que nem mil anos de arrependimento garantem perdão.

"Fizemos uma enorme fogueira e queimamos os corpos. Me embebedei com cauim e, na frente de toda a tribo, lancei o coração do padre no fogo, que ardia em grandes labaredas. Não havia vento, e a fumaça subia para o céu quase em linha reta, indo se juntar com as nuvens. Mandei chamar de volta as minhas mulheres e continuei a beber até perder a consciência.

No outro dia, levantei-me quando o sol já estava alto e ouvi um burburinho de vozes e gritos. Fui até o local da fogueira, onde muitos índios estavam reunidos. Os corpos jaziam carbonizados entre as cinzas, mas, bem no centro, sobressaía intacto o coração do Padre Roque González! Avancei sem me importar com as brasas que me queimavam os pés e o recolhi. Todos ficaram em silêncio. Os meus olhos se encontraram com os do pajé, que deu meia-volta e sumiu na direção da oca.

Depositei o coração numa vasilha de barro, ao lado da minha rede. Nos dias que se seguiram, notei que ele não se deteriorava, como acontece com as coisas mortas. Parecia estar vivo.

Por um instante o meu braço fraquejou...

Uma noite, tomei o coração nas mãos e saí da oca. Subi o Cerro do Caaró, onde ficava a capela, e me sentei, encostado na parede de tábuas. O sino ainda estava ali. Fiquei muito tempo examinando o coração, tentando entender o significado de tudo aquilo. Olhei para o céu e vi, bem perto das Três Marias, uma estrela mais brilhante que as outras. Aquela estrela não estava lá, pensei. Era nova. Seria o padre? Fixei os olhos, sem poder afastá-los daquela estrela, como se estivesse enfeitiçado. Por encanto, as outras estrelas se aproximaram e se dispuseram em círculo ao redor dela, que foi se tornando mais e mais brilhante. O sino, no chão, começou a tocar como se estivesse na torre da capela. Não tive medo. Ao contrário, queria sempre, mais e mais, olhar a estrela e me sentir envolvido pela claridade que vinha do céu.

Num relance, sem ouvir nada com os ouvidos, senti que alguém falava comigo, assim, dentro da cabeça. Nunca mais esqueci as palavras: 'Roque, tens nas tuas mãos o meu coração. Por vontade de Deus, ele permanecerá vivo por muito tempo, e durante esse tempo tu também viverás para testemunhar o Seu infinito poder. Não terás parada nem descanso, até que o ódio desapareça do teu coração.'

O céu escureceu de repente e eu desci o cerro correndo. Depositei o coração na vasilha de barro e me deitei na rede, assustado, sem saber se aquilo acontecera de verdade ou se fora um sonho."

– E foi assim... – murmurou Pedro Paulo, pensativo.

– Foi, moço. Foi assim – respondeu o velho Roque, dando por concluída a cabeçada, que passou a revisar cuidadosamente.

"Em seguida, percebi que tudo estava se passando como a voz anunciara. Qualquer ferimento cicatrizava de um dia para o outro, sem deixar marca. Enquanto as pessoas envelheciam, eu me conservava moço. No começo achei bom. Podia ir para as guerras sem receio e não tinha doenças. Só depois de muito tempo, quando perdi tantos amigos e enjoei de viver, foi que senti a dureza do castigo."

– E o coração? – indagou Salatino.

– Tempos depois, chegaram novos padres de uma redução próxima. Redução era como se chamavam as aldeias dos padres. Entreguei o coração, imaginando que assim poderia diminuir o meu pecado. Soube, há alguns anos, que ele foi posto numa caixa e levado para Roma, onde ficou muito tempo. Hoje está numa igreja, em Assunção, no Paraguai, onde o Padre Roque González nasceu.

– E continua conservado? – perguntou Pedro Paulo.

– Nunca mais vi. Mas dizem que sim.

5

Os caçadores de índios

— Já ouvi falar nesse caso do coração do Padre Roque Gonzáles — disse o tio Manoel, pensativo, após ouvir o relato que lhe fizeram Pedro Paulo, Salatino e Ana Maria, cada um falando mais depressa que o outro. — Acho que foi no ginásio. De fato, é esquisito que uma pessoa de pouco estudo como esse Roque saiba dessas coisas.

— Tem outra coisa que me intriga, pai — interveio Ana Maria. — É a maneira como ele fala. Não é como os peões, que dizem *fizemo, nos sentemo, lavemo os pé*. Tem bom vocabulário e conversa como uma pessoa instruída e bem-educada.

— É interessante — continuou o tio Manoel —, mas falar bem não é só uma questão de estudo. É até mais de atenção e capricho, e caprichoso o velho é. Basta ver a cabeçada que me mostrou ontem de noite. Está perfeita. E então, a história continua hoje?

— Ele foi ajudar o Jovino a consertar o trator que não quis pegar. Depois vai continuar a história — respondeu Pedro Paulo.

— Mas então é mecânico também?

O ruído do motor do trator dispensou a resposta.

Roque Tavares iniciara o trançado das rédeas.

— Até que série o senhor estudou, seu Roque? — perguntou Salatino, tentando fazer uma trança com três tentos.

— Estudar mesmo, em colégio, nunca estudei — respondeu o velho —, mas nessa vida aprendi muito, primeiro dando cabeçadas e depois aproveitando a experiência dos outros; vendo como procediam, perguntando muito, procurando imitar o que dava certo e não fazendo o que dava errado. Ouvindo mais do que falando. Sempre gostei mais da caladice da coruja que da falação do papagaio.

— E a sua história, como é que continuou, depois do caso dos padres? — perguntou Pedro Paulo.

Roque Tavares respirou fundo, apertou bem o nó da presilha da argola e retomou o assunto:

"A vida continuava. Eu havia recuperado a autoridade de cacique e, com meu cavalo, passei a viajar mais longe e mais rápido. Foi nesse tempo que começaram a chegar notícias de guerras contra homens brancos, que aprisionavam índios para vendê-los como escravos."

— Levavam pra onde? — perguntou Ana Maria.

— Na época, não se tinha ideia. Fui saber depois. Os homens brancos eram paulistas e caçavam os índios para trabalharem nas minas e nas plantações de cana-de-açúcar.

— Mas os escravos não eram os negros? — perguntou Salatino. — Sempre ouvi dizer que os índios não se prestavam para a escravatura.

— Parece que na época os holandeses haviam tomado conta da região de Angola, na África, de onde eram trazidos os escravos, e restringiram a captura e o tráfico de negros. Começou a haver escassez de mão de obra por aqui. Então os paulistas organizaram grupos de mais ou menos cem homens, que chamavam de *bandeiras*, e passaram a fazer um bom negócio: a captura e a venda de escravos índios. Para eles não era muito difícil, pois tinham armas de fogo, que nós não conhecíamos, e usavam casacos de couro acolchoados que os protegiam das nossas flechas. Vinham de barco até Igaí, que hoje é Porto Alegre, e ali contavam com a ajuda dos índios ibiraiaras, que eram nossos inimigos e não gostavam dos jesuítas. Os bandeirantes preferiam capturar índios das reduções dos padres, porque já eram mais obedientes e instruídos nos ofícios de agricultura, carpintaria, olaria e cantaria."

— Cantaria? — perguntou Salatino. — O que é isso?

— É o trabalho de cortar pedras em esquadro, para uso na construção.

— Por que não usavam tijolos?

— As pedras eram preferidas nos fortes, que precisavam ter paredes resistentes.

— É mesmo... — concordou Salatino.

"Um dia, tivemos aviso de que uma dessas bandeiras vinha na direção da nossa taba. Diziam que era comandada por um tal de Raposo Tavares, que já havia destruído outras reduções e aprisionado muitos índios.

Reuni meus guerreiros e saímos para atacá-los. A luta foi desigual. Os tiros dos bacamartes, como se chamavam as espingardas, nos atingiam antes que as flechas pudessem alcançá-los. Tivemos que recuar, deixando mortos e feridos espalhados pelo campo. Esgotadas as minhas flechas, avancei endemoniado, como se Anhangá-puitã, o diabo vermelho, tivesse tomado conta do meu corpo. Sentia os trancos das balas, mas mesmo assim o meu tacape ainda esborrachou a cabeça de muitos inimigos. Aos poucos minhas forças se esgotaram, e então não vi mais nada.

Raposo Tavares mandou que recolhessem os mortos para lhes dar enterro cristão. Quando abri os olhos, vi que estava no meio dos cadáveres. Pensaram que eu tinha morrido e me empilharam junto com os outros. Espiei em redor e vi homens e mulheres em fila, com cordas amarradas no pescoço. Alguns prisioneiros abriam

Os caçadores de índios.

covas para os enterros. Aproveitando um momento de descuido dos guardas, levantei-me num salto e corri para o mato. Foi tamanho o espanto de ver um morto correndo, que ninguém se animou a me perseguir."

— E as suas mulheres e os filhos? – quis saber Ana Maria.

— Nunca mais tive notícia deles – suspirou o velho Roque, desfazendo um trecho do trançado, que não tinha ficado a seu gosto.

— E os ferimentos, seu Roque? – perguntou Pedro Paulo.

— Logo as balas saíram, como se o meu corpo as tivesse expulsado, e em seguida não havia mais sinal.

"Vaguei por algum tempo sem rumo, evitando as povoações e qualquer contato com os homens brancos.

Uma tarde, seguindo as pegadas de um tapir, que era o nome da anta, fui encontrar o bicho na margem de um riacho. Entesei o arco e disparei a flecha. Uma só. O animal saltou, e quando dei de olhos nele novamente vi duas flechas cravadas logo abaixo da paleta, uma ao lado da outra.

Procurei em redor e vi um índio grande e forte que me olhava desconfiado, tão surpreso quanto eu. Foi assim que conheci o grande cacique Nicolau Nhenguiru, que tinha fama de guerreiro valente, aliado dos jesuítas. Ficamos amigos. Sabendo do que acontecera ao meu povo, ele me convidou para morar na redução de Mbororé, perto de Itaqui. Lá passei a aprender vários ofícios e a usar armas de fogo, pois os padres tinham receio de novos ataques dos bandeirantes e nos instruíam para combatê-los. Nhenguiru me contou que em 1637 os índios haviam conseguido uma vitória importante contra a bandeira de Fernão Dias Pais Leme."

— Desse nome eu me lembro do colégio – disse Ana Maria. – Fernão Dias Pais Leme, o caçador de esmeraldas!

— Esmeraldas parece que não encontrou muitas – respondeu o velho –, mas índios caçou bastante. Não que se queira tirar o valor das bandeiras, que tiveram grande importância no desbravamento e na conquista da nossa terra. Eram formadas com homens dispostos e valentes, e os tempos eram outros. Não se podem julgar os fatos fora da época em que ocorreram. A atual grandeza do território brasileiro se deve muito a esses homens. Afinal, a escravidão do índio era legal, até que o Papa a proibiu, sob pena de excomunhão.

"Mas, voltando ao assunto, em 1641 entrou no território dos tapes a última das grandes bandeiras. Só que então encontrou índios numerosos e bem armados. Quando os bandeirantes atacaram Mbororé nós já estávamos esperando. A luta foi feroz e eles sofreram uma grande derrota.

Logo depois, acho que, desanimados por tantas dificuldades, os padres abandonaram as reduções no Rio Grande e foram para o outro lado do Rio Uruguai."

— Levaram tudo embora? – perguntou Salatino.

– Quase tudo, mas deixaram algum gado. Os animais se reproduziram soltos, formando grandes rebanhos xucros, que se espalharam pelo Rio Grande.

"Depois da batalha, me despedi de Nhenguiru, montei a cavalo e segui campo afora."

– Por que o senhor não ficou lá? – perguntou Ana Maria.

O velho inclinou-se para trás no banco, como para descansar as costas, sorriu e respondeu:

– Por vergonha, moça. Imagine que, no combate, um golpe de espada me decepou a orelha. Dois ou três dias depois notei que uma nova orelha começava a crescer. Não tinha como explicar isso e preferi ir embora.

– E para onde foi? – insistiu Ana Maria, olhando discretamente para as orelhas do velho.

– Desci para o sul, entrando no território dos charruas e minuanos. Mas isso já é outra história.

6

O PAMPA

Sábado de manhã a família foi à cidade fazer compras. Tio Manoel entrou na Casa Agropecuária Moraes, onde amigos seus formavam uma roda de chimarrão. Tia Mariana dedicou o tempo a visitar amigas da Congregação de Nossa Senhora Imaculada, enquanto Pepo, Salatino e Ana Maria preferiram ficar na praça tomando sorvetes.

— Será que essas histórias do seu Roque são de verdade? — perguntou Ana Maria, pensativa.

— Pior que a gente não sabe, nem tem como conferir — resmungou Salatino, limpando a boca com as costas da mão.

— Pois eu acho que tem... — disse Pedro Paulo, dando com os olhos em uma livraria no outro lado da rua.

— De que jeito, Pepo? A gente não estava lá pra ver.

— O assunto de ele não morrer... isso é difícil mesmo — continuou Pedro Paulo —, mas a história dos padres e dos bandeirantes, se aconteceu mesmo como ele contou, tem que estar em algum livro de história do Rio Grande.

— Pô, cara, é isso aí! — concordou Salatino, entusiasmando-se. — Quanto será que custa um livro desses?

— Vamos ver se tem — sugeriu Ana Maria, aderindo à ideia.

Após a consulta, o livreiro foi até a prateleira central e trouxe um volume da *História do Rio Grande do Sul*. — Este é um livro excelente — disse, folheando algumas páginas. — O autor é um grande conhecedor do folclore e da história do Rio Grande.

Juntando os trocados que traziam nos bolsos, compraram o livro e voltaram ao banco da praça para examiná-lo.

— Bah, velho, olha só aqui! — exclamou Pedro Paulo, depois de algum tempo. — Diz que o Padre Roque González foi morto por um cacique chamado Nheçu. Fala também nas bandeiras de Raposo Tavares e Fernão Dias Pais Leme, que caçavam índios para serem vendidos como escravos! Olha aqui de novo! A tal batalha de Mbororé, em que os bandeirantes foram derrotados! Diz também que os jesuítas foram embora e deixaram o gado! Bem como o seu Roque contou!

— É, mas o seu Roque disse que o nome dele era Nheçá, e não Nheçu — observou Ana Maria.

– Isso pode ser até questão de pronúncia – disse Salatino –, mas que está tudo certo, está!

No regresso à fazenda, ainda no automóvel, contaram ao tio Manoel e à tia Marina a sua descoberta, que confirmava as histórias do velho Roque Tavares.

– O que tu achas disso? – perguntou tia Marina, dirigindo-se ao marido.

– Só há uma coisa que se pode achar – respondeu tio Manoel –, o homem deve ser um curioso. Decorou isso em algum livro e anda contando para a gurizada como se fosse a sua história. Ou será que alguém pode acreditar que ele tenha quatrocentos e tantos anos de idade?

– Não... claro que não – concordou tia Marina –, mas mal ele não faz. Até despertou o interesse dos moços para a nossa história, que, aliás, nem eu conheço bem.

– Pois te confesso que nem eu... – reconheceu o tio Manoel, falando baixo para não ser ouvido no banco de trás do carro.

Antes de chegarem à fazenda, Pepo, Salatino e Ana Maria combinaram que não falariam sobre o livro ao seu Roque, para poderem conferir tudo o que ele contasse dali por diante.

O velho Roque acabara de varrer bem o galpão. Tudo estava limpo, organizado e nos seus lugares. A chaleira de ferro chiava, encostada no braseiro do fogo de chão, enquanto o mate era cevado.

– Trabalho limpo só se pode fazer em lugar limpo – disse ele dirigindo-se aos três jovens, enquanto introduzia a bomba na cuia. – Aprendi isso com o padre Calderón, um espanhol que me ensinou a trançar couro.

– Espanhol? – estranhou Pedro Paulo. – Eu pensava que esses trançados eram trabalho dos índios.

– Dos índios, alguma coisa em palha. Em couro, muito pouco – respondeu o velho, retomando o serviço. – O trançado de cordas e couros é uma arte muito desenvolvida na Europa. O padre Calderón tinha um livro com desenhos de mil e um tipos de tranças.

– Ontem – disse Salatino, ansioso, mudando de assunto – o senhor contou que quando se despediu da redução foi para o sul...

– Pois é – continuou Roque Tavares –, fui mesmo. De Itaqui desci costeando o Rio Uruguai, cruzei o Ibicuí e fui para os lados de Uruguaiana. A paisagem se modificava. Os cerros e as coxilhas davam lugar a uma imensa planura. Eu estava no pampa.

"Uma tarde, em fim de jornada, dia calorento, parei num capão de mato onde corria uma sanga de água fresca e limpinha. Amarrei o cavalo num galho de camboim e fui me banhar. Sentei no fundo, me recostei numa pedra de onde descia uma pequena cascata e deixei a água escorrer sobre os ombros. Acho que cochilei por uns instantes. Quando abri os olhos, me deparei com um grupo de índios, todos a cavalo, armados de lanças, que me observavam com curiosidade. Montavam sobre peles de tigre, abertas sobre o lombo dos cavalos, e traziam amarradas à cintura três bolas forradas de couro. Percebendo que eu estava desarmado e que me levantava erguendo a mão direita aberta – que é sempre sinal de paz –, aproximaram-se. O da frente apeou e me dirigiu a palavra em uma língua que não entendi. Pela região onde estávamos, eu sabia que devia ser um minuano. Fez-me sinal para que o acompanhasse.

Montei e seguimos até a aldeia, em cujo centro chamava a atenção um pequeno monte, que, pelo tipo, não podia ser um acidente natural. Com toda a certeza tinha sido construído. Eu já ouvira falar nesses *cerritos,* que, em espanhol, querem dizer *pequenos morros,* característicos das aldeias de minuanos e charruas."

– Para que serviam esses cerritos? – perguntou Ana Maria.

– Tive a sorte de encontrar na aldeia um homem branco, de cabelos ruivos, que falava guarani. Por seus conhecimentos de medicina, escapara de ser morto e fora mantido como escravo. Entre outras coisas, contou-me que os cerritos eram elevações construídas pelos próprios índios, servindo como locais de acampamento e de cerimônias religiosas, onde – ele suspeitava, porque ainda não tinha visto – ocorriam sacrifícios humanos.

"As notícias das caçadas de escravos pelos bandeirantes tinham chegado ao conhecimento de todas as nações indígenas. Assim, quando relatei minhas façanhas combatendo os paulistas, passei a ter boa acolhida entre os minuanos. Fiquei algum tempo com eles, que eram os melhores cavaleiros que eu já tinha visto. Aprendi o disfarce que usavam para surpreender o inimigo em campo aberto, onde não há esconderijo."

– Como era? – perguntou Pedro Paulo. – Cavavam buracos pra se esconder?

– E como esconderiam os cavalos? – retrucou o velho Roque. – Não. Montavam deitados ao lado do animal, firmando-se com um braço e uma perna sobre o lombo. Quem olhava de longe percebia apenas os cavalos, como se estivessem soltos no campo. Chegado o momento certo, atacavam a galope com suas lanças, pegando o inimigo inteiramente de surpresa.

– Bah, que lance! – exclamou Salatino. – Espertos, esses caras!

– Na luta pela sobrevivência, moço, a força ajuda muito, mas quem comanda de verdade e produz o resultado é a inteligência.

"Aprendi também a usar as bolas, ou boleadeiras. São feitas de três cordas, presas entre si por uma das pontas. Na outra ponta, cada corda tem uma bola, feita de pedra polida, com um friso escavado no meio, onde se amarra a corda. Podem também ser forradas com uma capa de couro, que se chama retovo. Duas delas têm o mesmo tamanho, assim como o de uma laranja; a terceira, a manicla, é um pouco

História do Rio Grande do Sul para Jovens 37

Sabia que deviam ser minuanos.

menor. A gente empunha a manicla e faz as outras duas girarem sobre a cabeça, como num tiro de laço. Em seguida, elas são arremessadas na direção das patas do animal que se quer derrubar. Se forem bem lançadas, elas se enroscam nas patas e o serviço está feito."

– O senhor pode fazer umas boleadeiras pra nós? – pediu Salatino. – Garanto que consigo acertar.

– Acerta nada – debochou Ana Maria. – Tu ias acabar todo enrolado nas cordas.

– Tá bem, Olívia – respondeu Salatino. – Só o Popeye é que é o bom!

– Olha, Salatino: vai pro inferno, ouviste?

– Calma, calma – interveio Roque Tavares. – É preciso ter cuidado, pois elas também eram usadas como armas. Uma bola dessas que bata em alguém pode machucar muito e até matar. Eu já senti na pele!

– Como foi, seu Roque? – perguntou Pedro Paulo. – Conte pra nós!

"Pois, como eu disse, vivi um tempo entre os minuanos. Ganhei destaque na tribo, pois ensinei a eles muito do que havia aprendido com os jesuítas. Acontece que em uma das cabanas morava uma indiazinha muito bonita, chamada Juçaí, que era prometida em casamento a um dos mais temíveis guerreiros da tribo. A moça começou a me olhar e a querer ficar perto de mim, principalmente durante as festas. Eu procurava evitar, desviava os olhos, mas não adiantou: o noivo percebeu e se encheu de ódio.

Na volta de uma caçada, eu trazia atravessado sobre o lombo do cavalo um belo veado campeiro. Ao cruzar em frente à oca da moça, ela apareceu à porta e aí, por falta de sorte, a carcaça do veado escorregou e caiu no chão. Aquilo foi interpretado como se eu estivesse lhe dando o veado de presente. Foi o que bastou: o índio, cujo nome era Piaguaçu, saltou para o centro do terreiro e me desafiou, chamando-me, entre outras graves ofensas, de diabo, de perna frouxa e de mulher de padre.

– Mas que pepino, seu Roque! – comentou Pedro Paulo.

– Ah, sabendo que não podia morrer – observou Salatino com ar de esperteza –, não tinha perigo... até eu enfrentava o tal índio!

– Até certo ponto – retrucou o velho. – Mas e a dor do ferimento? Além do que, até hoje eu não sei o que aconteceria num caso mais sério.

– Como assim? – Indagou Pedro Paulo.

– Imagine se me cortassem a cabeça, ou me esquartejassem? Ou, ainda, se queimassem o meu corpo, como era costume? Seria possível isso tudo se regenerar? Talvez sobrasse só o coração, como no caso do Padre Roque González.

– É verdade – concluiu Salatino. – Então era pepino mesmo!

"Apeei do cavalo, segurei firme o tacape, que era a arma que eu manejava melhor, e avancei para o centro do terreiro. De todas as ocas saíram índios, que fizeram um círculo a uma certa distância. As mulheres e crianças se esconderam.

Examinei o meu rival. Era um pouco mais alto do que eu e muito forte. Os seus olhos faiscavam de raiva e todos os músculos estavam retesados. Na mão esquerda empunhava uma lança e na direita as temíveis boleadeiras. Tinha as pernas afastadas e levemente dobradas, como uma fera pronta para dar o bote. Nesse tempo eu já falava alguma coisa na língua dos minuanos. Disse em voz alta que não tivera a intenção de ofender; que a queda da carcaça fora um acidente, mas que, também, não tolerava insultos.

Não tive tempo de concluir a fala. As boleadeiras rodaram no ar e, num salto de gato, consegui me esquivar da pontaria certeira, sem, entretanto, evitar que uma das bolas me atingisse o braço esquerdo. Senti uma dor terrível e percebi no ato que o osso tinha quebrado. Minha situação era crítica, pois em seguida viria o golpe fatal. Não havia saída. Como um louco, joguei-me para a frente, sobre a lança do índio, apenas tentando desviar o corpo. A ponta entrou no meu lado direito e me atravessou a barriga, saindo nas costas. Mesmo assim, não parei de avançar, até chegar na distância para o golpe de tacape. O meu braço desceu com a força do desespero e acertou-lhe o ombro, ao lado do pescoço. Deu para ouvir o ruído dos ossos se partindo.

No balanço da luta, eu tinha um braço quebrado e um furo de lança que, por sorte, passou logo abaixo do couro, sem atingir nenhum órgão importante. O índio Piaguaçu jazia desmaiado, com a clavícula e parte do ombro destruídos.

Nos dias que se seguiram, enfaixei o braço com panos para que não soubessem da minha cura e ajudei o pajé a tentar consertar um pouco o ombro do índio. Digo um pouco porque o estrago foi muito grande e ele, quase certo, ficaria sem movimentos no braço.

O pai de Juçaí me trouxe a moça, dizendo que a partir de agora ela estava prometida para mim. Recusar seria uma grave ofensa, e casar eu não queria mais. Então resolvi partir.

Numa noite muito escura, de lua nova, montei meu cavalo e rumei para o sul, até entrar no território que hoje é o Uruguai.

Ali, encontrei os charruas e conheci o mar."

7

Conheci o mar

"O faro do pensamento foi me desviando para o leste. A planície se perdia no horizonte. Haviam-me dito que o mar era assim. Depois de andar muito tempo encontrei outra aldeia de minuanos, na margem do rio Arapey. Como já conhecia a língua, foi fácil permanecer com eles. Gostei e vivi ali muitos anos. Mas, não sei se por força do meu destino, o espírito já ansiava por outras andanças.

Um dia perguntei ao pajé, um homem muito velho e respeitado por sua mágica e sabedoria:

– O senhor, que sabe tudo e conhece todos os segredos, me diga: onde fica o mar?

O pajé me olhou no fundo dos olhos e respondeu com voz rouca, que parecia vir do fundo de uma caverna:

– Nheçá, para chegares ao difícil, começa pelo fácil; para alcançares o grande, pelo pequeno. Se queres ir ao mar, o rio te levará a ele – concluiu, apontando o dedo magro e recurvado para a margem do Arapey.

Ao partir, ganhei de presente do cacique uma boleadeira. Com o tacape, o arco e a aljava de flechas que não dispensava, estava armado para enfrentar os perigos daquele deserto desconhecido. Sob a pele de tigre que servia de arreio no lombo do cavalo, espalhei uma manta de carne de capivara. O peso das armas não se pode levar sem a satisfação das tripas, como dizia um gaudério meio louco de um livro espanhol que o frei Calderón – aquele que me ensinou os trançados – me emprestou com muita recomendação."

– O senhor pôs a carne no lombo do cavalo? – perguntou Ana Maria.

– Naquele tempo e naquele lugar, moça, não havia sal para conservar carne. A caça na planície é mais difícil, pois os animais nos veem de longe. É preciso ter uma reserva. No lombo do cavalo, a carne recebe o suor do animal, que contém sal, e fica conservada.

– Credo, que nojo! Eu é que não ia comer essa carne – exclamou Ana Maria.

– Diz isso quem nunca sentiu fome de verdade, dona Ana. Quando a danada aperta, se come até o couro das botinas.

– Ainda bem que não nasci naquela época! – disse Salatino, lembrando-se da pizza que comera no jantar.

"Seguindo o conselho do pajé, desci costeando o rio. O sol andava muito quente e era preferível marchar à noite. Pois, numa dessas noites tive que me afastar da margem para evitar os lugares baixos, onde havia um labirinto de tremedais."

– O que é tremedal? – interrompeu Pedro Paulo.

– São banhados, geralmente recobertos pelo capim. Quando se pisa neles, o chão balança e se o vivente afundar é muito difícil sair. Acaba sumindo no barro com cavalo e tudo.

"Ao amanhecer, a fome apertou e eu não tinha mais provisões. Na véspera tinha pescado uma piava pequena, que não deu para acalmar o estômago. De repente, avistei um bando de *inhandus*, que são as emas ou avestruzes, pastando no campo. Ao passo, bem devagar, fui me chegando, mas elas perceberam e desandaram a fugir. Desatei a boleadeira da cintura e finquei os calcanhares na barriga do cavalo, que partiu como um vento. Na corrida, uma das emas se desgarrou do bando e saiu na direção do rio. Segui atrás dela, girando as bolas e esperando o melhor momento para o tiro.

Foi quando senti o cavalo afundar embaixo de mim. Ainda agarrado nas rédeas, fui jogado ao chão e o meu corpo sumiu até a cintura no lodo do tremedal. Coisa muito feia, seus moços! O pobre cavalo esticava o pescoço, com os olhos arregalados, bufando, espemeando, e cada vez afundava mais. Eu sabia que era melhor me manter imóvel, pois quanto mais a gente se mexe, pior é. Procurei me apoiar numa macega próxima e vi a cabeça do cavalo sumir no tremedal, depois de um último arranco. Olhei em redor. O terreno firme estava próximo, cerca de uns dez ou quinze metros. Mas como chegar lá? Fiquei assim, quase sem respirar, por um longo tempo, pensando na minha desgraça. E se por fim eu também afundasse e continuasse vivo? Estaria condenado a passar uma eternidade enfiado no fundo da lama?

O lodo já me alcançava o pescoço. Com a mão agarrada na macega, senti que ela começava a afundar junto comigo. Foi quando escutei ruído de patas de cavalo e logo apareceu um grupo de índios, que percebi não serem minuanos. Depois de me observarem por algum tempo, alheios aos meus gritos desesperados de socorro, apearam e um deles me lançou uma corda, que, na segunda tentativa, consegui segurar. A outra ponta da corda foi amarrada ao pescoço de um cavalo e, lentamente, fui sendo arrastado para fora do banhado."

– Como o senhor soube que não eram minuanos? – perguntou Ana Maria.

– Pela cor da pele, moça. Eram bem escuros, quase negros, e os minuanos eram mais claros.

"Deviam estar voltando de alguma guerra, pois traziam prisioneiros. Por sorte, a língua deles tinha alguma semelhança com a dos minuanos. Consegui dizer quem eu era e fiquei sabendo que pertenciam à tribo dos charruas. Apesar dos meus protestos, me fizeram prisioneiro. Meus pulsos foram amarrados com embiras e segui a pé, junto com os demais."

— Embira é uma corda, seu Roque? – perguntou Salatino.

— É uma fibra que se tira da casca de algumas plantas. É muito resistente e flexível.

— E o senhor, a pé, conseguia acompanhar os cavalos? – indagou Pedro Paulo.

— Nas viagens longas, os cavalos andam ao passo. Mas eles às vezes trotavam, e aí eu e os outros prisioneiros tínhamos que correr. Quem ficasse para trás era cutucado por uma lança.

"A viagem foi longa. Costeando o Arapey, chegamos ao Rio Uruguai, que fomos descendo pela margem esquerda. Os charruas eram bons caçadores, e por isso não passamos fome. Naquela região já se encontravam pontas de gado alçado, que são os bois e vacas nascidos livres no pampa, descendentes dos primeiros animais trazidos pelos espanhóis. Como chovia muito e não se conseguia acender fogo, a carne era comida crua.

Chegamos à aldeia. Os prisioneiros foram exibidos como troféus no centro do terreiro. As mulheres e as crianças nos batiam com varas, gritavam e riam muito quando algum de nós mostrava algum sinal de sofrimento. Éramos oito, ao todo. Não sei por quantos dias ficamos amarrados em postes, sem saber o que nos estava reservado. Numa manhã, já extenuados, nos soltaram das cordas. Havia um burburinho na aldeia. Os jovens, que se preparavam para ser guerreiros, estavam a cavalo. Empunhavam suas lanças e gritavam como demônios.

Do fundo da aldeia surgiu um índio conduzindo oito cavalos, todos velhos e magros. Cada um de nós recebeu a sua montaria. Percebi então o que iria acontecer: seríamos a caça dos jovens guerreiros. Examinei o animal que me foi destinado. Era um baio, baixo, com o lombo em facão e as costelas aparecendo, assim como um reco-reco."

— Como é lombo de facão, seu Roque? – perguntou Salatino.

— Quando o animal é muito magro, o espinhaço fica saliente e o lombo parece um fio de faca. É muito incômodo para quem monta em pelo, isto é, sem arreios.

"Montamos e saímos da aldeia, esperando o ataque. Os caçadores deram alguma distância. Logo adiante, nos dispersamos em várias direções, na esperança de que pelo menos um pudesse escapar. Levei as rédeas do baio para o rumo do mato, na beira do rio, ouvindo os gritos de guerra e o tropel da cavalhada que arrancava atrás de nós. Tinha começado a caçada!

O meu cavalo resfolegava no seu galopito curto e socado. Olhei para trás e vi uns quatro ou cinco guerreiros na minha direção, levantando poeira. Montavam potros fortes e velozes. Pouco antes do mato, me alcançaram. Em vez de atacar de uma só vez, como fariam guerreiros mais experientes, passaram a fazer voltas ao meu redor, gritando e agitando as lanças, querendo prolongar a diversão. Eu estava perto do rio, que ficava logo ali, depois das árvores. Sem me importar com a algazarra que faziam, continuei galopando, até que um deles me alcançou e atropelou meu cavalo. O animal se planchou no capim e eu fui lançado dentro de uma pequena sanga que corria para o rio. Meio atordoado, vi uma pedra bem ao alcance da mão.

O índio apeou e veio com a lança completar o serviço. Os outros, dando por encerrada a tarefa, também apearam. Quando o maldito se aproximou, me levantei num salto e joguei a pedra com toda a força – do braço e da raiva. Acertei bem no meio das sobrancelhas, ali onde se juntam com o nariz! Não esperei para ver o sangue espirrar e disparei para o rio. Uma lança me roçou em cima do ombro, deixando um risco. A pé, sabia que não me alcançavam. Só temia um tiro de boleadeira, que, por sorte, não veio. Ali o Rio Uruguai era largo. Mergulhei na corrida e nadei até o meio, me deixando levar pela correnteza. Um deles nadou atrás de mim. De propósito, deixei que me alcançasse."

– Por que, seu Roque? – perguntou Salatino. – Não era melhor escapar logo?

– Tinham me humilhado muito, moço, e me matariam como se mata um animal. Eu precisava dar o troco! Além disso, eu tinha muito fôlego, e sabia que na água isso faz muita vantagem.

"Quando o infeliz estava bem perto, mergulhei e fiz a volta por baixo d'água, voltando à tona por trás dele. Abracei-o para lhe tirar os movimentos e afundamos juntos. Por algum tempo ele esperneou e tentou livrar os braços. Era luta de vida ou morte; venceria quem aguentasse mais tempo. O guerreiro era mais forte do que eu imaginava, e ficamos assim, por longo tempo, levados pela correnteza, quase no fundo do rio. Eu já estava no limite da resistência, mas me determinara a ir até o fim, fosse qual fosse esse fim. Então senti que o meu inimigo, aos poucos, afrouxava o corpo e cessava os movimentos. Esperei mais um pouco, até sentir o desespero da sufocação, e então o soltei, mal conseguindo chegar à superfície. Abri a boca e inspirei como se quisesse sugar todo ar do mundo. Ele não apareceu mais."

– Bah, seu Roque! O senhor matou o índio afogado! – disse Pedro Paulo, com os olhos muito abertos.

– Foi, moço. É verdade – concordou o velho com expressão triste. – Hoje não mato nem uma mosca. É a diferença entre o homem ignorante e o civilizado.

– É, seu Roque – continuou Pedro Paulo –, mas os homens civilizados de hoje continuam matando pessoas.

– Homens que se dizem civilizados – retrucou Roque Tavares. – Ciência e técnica, sozinhas, não são sinônimos de civilização. Civilização é a sabedoria de aplicar o conhecimento para o bem.

Avistei ao longe três barcos enormes...

O velho terminou de colocar as franjas na argola da rédea, encheu mais um mate e continuou seu relato:

"Desci mais um tempo pela correnteza, até que enxerguei uma canoa encostada na outra margem. Nadei até ela, observando o mato que se estendia ao longo do rio. Não avistei ninguém. Desamarrei a canoa, embarquei e remei silenciosamente, afastando-me da margem. Assim, pude continuar minha viagem.

Bem mais adiante, não sei quantos dias depois, vi um outro grande rio que desembocava na margem direita do Uruguai, por onde eu vinha, bem aqui, ó – mostrou, riscando o chão com uma vara. – Depois fiquei sabendo que era o Paraná. Logo adiante o rio se alargou e continuei remando junto à margem direita. Foi quando tomei um grande susto! Avistei ao longe três barcos enormes, com grandes panos pendurados em mastros, fundeados a uma boa distância da margem. Em terra, via-se o movimento de gente em redor de um casario. Encostei a canoa, escondi o remo, e fui me aproximando, procurando não ser visto. Observando as pessoas vestidas, dei-me conta de que estava nu. Fiquei escondido, vendo o que se passava.

Depois de algum tempo, aproximou-se um homem usando roupa preta, que reconheci ser um padre. Abandonei o esconderijo e me dirigi a ele. Contei de onde vinha e pedi ajuda. Ele me respondeu em charrua. Levou-me até a capela e me emprestou um pano com que fiz um chiripá. Pronto! Estava vestido! Comi bolo de milho e tomei uma caneca de leite.

O padre depois me disse que aquele lugar se chamava Buenos Aires e que o rio, conhecido dos índios como Paraná-Guaçu, na verdade era o Rio da Prata. Perguntei que barcos grandes eram aqueles. Respondeu-me que eram galeões que levavam prata para a Espanha, um lugar muito longe daqui, do outro lado do mar, onde ele tinha nascido. Por isso o rio se chamava assim.

Eu estava ansioso por conhecer o mar e quis saber se ficava muito longe.

– Lá adiante, sempre descendo o Rio da Prata – ele me respondeu. Quase não acreditei!

Passei a ajudar o padre espanhol, que se chamava Irigoyen, varrendo a capela, cuidando da roça e, de vez em quando, descarregando sacos de mantimentos no porto, um lugar imundo que fedia à lama misturada com excrementos de animais, peixe podre e alcatrão.

Um dia daqueles, durante o trabalho nas balsas de carga, subi num dos navios e vi barras de prata empilhadas no porão. Um marinheiro me disse que eram trazidas da Bolívia, de um lugar chamado Potosi.

Fiquei pouco tempo. Queria ver o mar. Uma tarde, quando terminava de descarregar um galeão, soube que ele partiria na manhã seguinte. Sem ser visto, permaneci a bordo, escondido sob uma lona perto da popa. Por uma fresta, pude ver que o barco se afastava da praia e tomava o rumo do nascente. Horas depois, avistei no horizonte uma faixa azul, diferente da água barrenta do rio.

    Só podia ser o mar! Costeávamos a margem esquerda do Rio da Prata e eu me quedava fascinado, espiando aquele azulão sem fim. De repente vi que a margem do rio estava terminando e a água mudando de cor. Experimentei o balanço das primeiras ondas. Saí do esconderijo, subi na amurada e me lancei nas águas. Estava no mar!"

8

A COLÔNIA DO SACRAMENTO

– Olhem aqui o que eu resolvi fazer – disse Ana Maria, mostrando a tela do computador.
– O que é? – perguntou Salatino, olhando por sobre o ombro de Pedro Paulo, que examinava o que Ana Maria havia escrito.
– É um resumo das coisas que o seu Roque tem nos contado. Se não fizermos assim, a gente esquece tudo. Vamos ver então:

– *O seu Roque era um índio da tribo dos Tapes, que falava a língua Guarani.*
– *Sua primeira guerra foi contra os Guaianás, ao norte. O livro diz que eram do grupo Gê, ao qual também pertenciam os Coroados, todos da grande nação Guarani.*
– *Nos arredores de Uruguaiana encontra os Minuanos. Entra no Uruguai e ali também há Minuanos.*
– *Aí, desce para sudeste pelo Rio Uruguai. É feito prisioneiro dos Charruas; foge e chega até Buenos Aires. Minuanos e Charruas eram índios pampeanos, de índole guerreira e insubmissa.*
– *Depois conhece o mar, convive durante algum tempo com os índios do litoral, entre eles, os Arachanes e Carijós.*

– Até aqui já dá para ver, mais ou menos, como é que os índios se distribuíam – disse Ana Maria. – Agora, vamos adiante:

– *Em 1630 o padre Roque González chega para fundar a redução de São Miguel. O livro diz que ele já havia fundado várias outras.*
– *Os bandeirantes vêm ao Rio Grande caçar índios, para vendê-los como escravos. Procuram as reduções, onde os índios já se encontram domesticados e possuem conhecimentos e habilidades artesanais. A última bandeira, quando são definitivamente derrotados, ocorre em 1641.*
– *Logo em seguida, os jesuítas abandonam as reduções e vão para o outro lado do Rio Uruguai. Deixam gado, que se multiplica, dando origem às futuras vacarias.*
– *Quando o seu Roque desceu o Rio Uruguai, até chegar ao Rio da Prata, a cidade de Buenos Aires já existia.*

— Mas então Buenos Aires é muito antiga — comentou Pedro Paulo —, pois, pelo que diz o seu Roque, no Rio Grande ainda não havia nada. Entra na Internet e descobre quando ela foi fundada.

Depois de alguns minutos, Ana Maria encontrou o que procuravam.

— Está aqui, gente! Puxa vida, 1580.

— Pô, Ana, tá tri o teu lance — disse Salatino. — Vamos ver se a gente mantém isso bem atualizado.

"Pois foi assim que conheci o mar — disse o velho Roque, cortando novos tentos na lonca, dessa vez mais largos, pois se destinavam ao cabresto, que serve para conduzir o cavalo quando se anda a pé ou para prendê-lo ao palanque. Precisa ser resistente, para suportar algum tranco do animal.

Andei muito pela areia fina, examinando as conchas e correndo atrás dos siris e mariscos que as ondas deixavam na praia. Subia nos cômoros e descia escorregando até as pequenas lagoas formadas pela chuva. Era diferente de tudo o que eu já havia conhecido. Um dia subi num daqueles montes de areia e olhei o mar, imaginando o que poderia haver do outro lado. Sabia que era para lá que iam os galeões. Fiquei na ponta dos pés tentando ver alguma coisa...

Tempos depois, encontrei uma pequena aldeia de índios carijós. Ao lado da aldeia havia um grande depósito de conchas, que chamavam de sambaquis. Diziam que era um lugar sagrado, pois ali moravam os seus antepassados.

A verdade é que o mar não me agradava muito. A vida era monótona. Comíamos peixes, moluscos, caçávamos ratões-do-banhado e capinchos, e pouco mais havia o que fazer. Depois de algum tempo, comecei a sentir saudades do mato, dos campos, e, pra não mentir, das guerras. Tomei o caminho de volta, costeando a praia e fui andando até o Rio da Prata. Segui, subindo pela margem esquerda, quando me veio à cabeça uma ideia maluca: entrar num galeão e atravessar o mar para conhecer a Espanha.

Havia um problema: para voltar a Buenos Aires, onde estavam os galeões, era preciso cruzar o Rio da Prata, uma imensidão de água que não era possível vencer a nado. Continuei caminhando, dias e dias, procurando alguma canoa. Uma tarde, quando o sol já ia baixando, avistei ao longe, perto da margem, quatro grandes navios. Fui me aproximando e vi que as bandeiras nos mastros eram diferentes das espanholas. Em terra, havia movimento de gente e algumas construções. Por precaução, resolvi permanecer aquela noite onde estava.

No clarear do dia, escondi as armas e saí do mato, indo em direção ao pequeno povoado. No centro das casas estava sendo construída uma fortaleza. Me ofereci para trabalhar e fui aceito. Não que precisasse, pois sabia viver sozinho, mas estava de olho nos navios e na possibilidade de ir para o outro lado do mar.

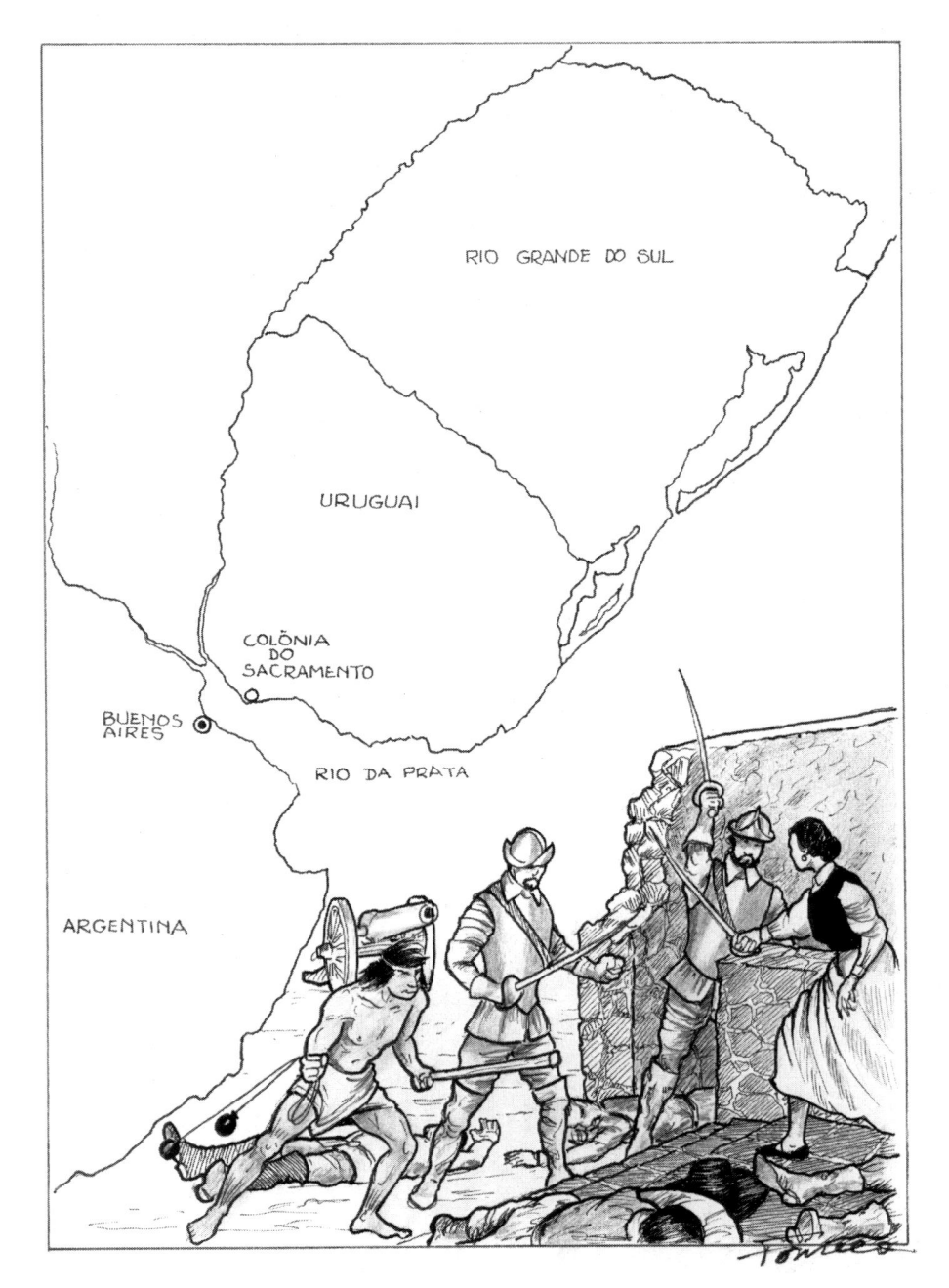

A Colônia do Sacramento

A língua que os brancos falavam era parecida com alguma coisa do espanhol que o padre Irigoyen me ensinara. Como aprendia depressa e trabalhava duro, logo fiz amizade com o mestre carpinteiro, chamado João Borba. Ele me disse, então, que eles eram de Portugal, um país que ficava ao lado da Espanha. Como eu era curioso e perguntava muito, ele explicou que, de 1580 até 1640, Portugal e Espanha eram uma coisa só, porque os reinos dos dois países estavam unidos. Depois se separaram, e os portugueses que moravam em Buenos Aires foram mandados embora. Com isso foram prejudicados nos seus negócios, que envolviam o rico comércio de ouro e prata, e também o contrabando de couro. Portugal resolveu então, naquele ano de 1680, fundar uma colônia em frente a Buenos Aires, para tomar conta da terra e continuar a exploração das riquezas do Rio da Prata."

– O senhor pode repetir quando foi? – perguntou Ana Maria, fazendo anotações.

– Foi em 1680, moça.

– Sempre os negócios estão no meio, não é seu Roque? – comentou Pedro Paulo.

– Com os homens brancos, é verdade, moço. Sempre os negócios. Mas entre os índios não era assim. A natureza e a terra eram de todos. Não havia ambições maiores do que ter o que comer, criar os filhos e ser um bom guerreiro.

– Pena que não é mais assim – disse Ana Maria, com ar triste.

– Também não precisa exagerar! – retrucou Salatino. – Já pensou, uma dor de dente naquele tempo?

– Bah! É mesmo! – concordou Ana Maria. – Como é que faziam, seu Roque?

– Os índios – comentou o velho – tinham dentes fortes, resultado da alimentação natural, sem açúcar, sem refrigerantes e tantas outras coisas que fazem mal. Às vezes, quando alguém sentia muita dor de dente, o pajé fazia a extração. Primeiro batia no dente e o sacudia, para que ele afrouxasse. Depois enrolava uma tira de couro, bem apertada, e puxava num arranco.

– Credo! – exclamou Salatino, levando as duas mãos à boca. – Sem anestesia?

– A resistência à dor era um atributo de coragem, patrãozinho. Não se ouvia um só gemido.

– E depois, seu Roque – quis saber Paulo, impaciente –, o senhor continuou com os portugueses?

– Continuei, mas por pouco tempo – respondeu Roque Tavares, prosseguindo em sua narrativa:

"O povoado se chamava Colônia do Sacramento e seu comandante era um homem já de alguma idade, Dom Manoel Lobo. Éramos ao todo uns trezentos homens, mais algumas mulheres e crianças.

Aconteceu que os espanhóis não se conformaram com a presença dos portugueses e, no mesmo ano, mandaram mais de trezentos soldados e três mil índios guaranis nos atacar. A fortaleza foi cercada. Para complicar a questão, Dom Manoel Lobo adoeceu e passou o comando para Dom Manuel Galvão. O comandante espanhol mandou um aviso para que a fortaleza se rendesse. Os portugueses não aceitaram e o ataque começou.

Foi de madrugada. Eu estava de vigia no muro, quando vi aquele formigueiro de gente avançando. Dei o aviso e começou o entrevero. Sobre a fortaleza, choviam balas de canhão, derrubando as pedras, além de tiros de bacamarte e uma nuvem de flechas. Nunca tinha visto coisa parecida. Do nosso lado, até as mulheres e crianças entraram na peleia. Os espanhóis e os índios avançaram pelos muros derrubados e começou a luta corpo a corpo. Era muito desigual. Os nossos foram morrendo e no fim só restava um pequeno grupo em redor do comandante e da sua mulher, Dona Joana. Quando corri para me juntar a eles, abrindo caminho a golpes de tacape, levei um tiro no quadril que me derrubou. Ainda pude ver Dom Manuel Galvão ser atravessado por um golpe de espada. Dona Joana pegou a espada dele e continuou a luta. Lhe ofereceram rendição e ela não aceitou. Caiu combatendo ao lado do marido. Que mulher, seus moços! Coragem de fazer inveja a muito homem que pensa que é valente!

Os espanhóis foram embora, levando alguns prisioneiros feridos. Isso depois de terem saqueado e arrasado a colônia."

— E o senhor, seu Roque? – Perguntou Salatino.

— Fiquei desacordado; acho que me deram por morto. No outro dia, abri os olhos e me senti melhor. O ferimento estava fechado. Levantei e olhei com tristeza em redor. Não havia sobrado quase nada; alguns paus ainda queimando e aquele cheiro ruim de gente morta. Os desgraçados não tinham, nem sequer, enterrado todos.

"Desisti da minha ideia de atravessar o mar. Consegui pegar um cavalo que pastava por perto e segui para o norte. Estava pensando em voltar para o meu povo. E fiz muito bem, pois, segundo soube depois, a Colônia do Sacramento foi reconstruída pelos portugueses e atacada pelos espanhóis mais quatro vezes. Essa briga durou quase cem anos, até que em 1750, pelo Tratado de Madrid, a região ficou com a Espanha. Em troca, os portugueses receberam a região dos Sete Povos da Missões. Mesmo assim, a questão só foi resolvida definitivamente em 1777, com o Tratado de Santo Ildefonso."

— Mas essa colônia era tão importante assim? – perguntou Pedro Paulo.

— E muito! – respondeu o velho. – A costa do Rio Grande do Sul é reta e sem ancoradouros seguros. Batida pelo traiçoeiro vento pampeiro, já no começo das expedições era conhecida como cemitério de navios. Tanto, que os portugueses só tinham conseguido chegar até Laguna, onde fundaram uma povoação importante. Por outro lado, o Rio da Prata oferecia boa navegação e era rota para as regiões ricas em ouro e prata da Bolívia. Conforme as leis da época, quem dominasse as duas margens dominaria a passagem pelo rio, e os espanhóis queriam o monopólio do comércio. A dificuldade de manter a colônia foi a razão para que os portugueses fundassem a cidade de Rio Grande, bem na saída da Lagoa dos Patos para o mar. Era um lugar que, apesar dos perigos de navegação na barra, possibilitava a ancoragem dos navios.

– Então é daí que vem a rivalidade com os argentinos – comentou Salatino. – Se eu um dia chegar à seleção brasileira de futebol, vou baixar o cacete neles.

– É verdade, moço. Por muito e muito tempo as disputas territoriais foram motivo de brigas e desconfianças. Graças a Deus, isso não existe mais. Mas a Colônia do Sacramento foi também o berço do gaúcho e do seu amor à terra. Dali saíram os primeiros homens que se mesclaram com as índias, que foram buscar couros nas vacarias, que vagaram gaudérios pelos campos e que empunharam suas espadas e lanças na construção do nosso território.

9

As Vacarias do Mar

"Pois, no intento de voltar ao meu povo, fui subindo para o norte. Não tinha pressa. Havia muito gado perdido no campo e a alimentação era fácil e farta. Andei muitos anos de um lado para outro até que, um dia, cheguei à margem do rio Yi, ainda no território que hoje é o Uruguai. Ali encontrei um grande acampamento de índios. Resolvi permanecer algum tempo entre eles, pois quem anda sozinho sente gosto em estar com outras pessoas."

– É mesmo – comentou Ana Maria –, não sei como o senhor aguentava viver sozinho tanto tempo nessas viagens.

– Às vezes é bom estar só, moça. Dá menos complicação. Outras vezes se sente falta de companhia. Mas o que eu ia fazer? Era a minha sina.

"Fiz amizade com um índio velho, chamado Caraí, que me contou muitas coisas da história do seu povo. Era minuano, e pertencia à grande nação dos mbaias, que também incluía os charruas, os mboanes, os guenoas e os jaros. Os mbaias sempre se distinguiram dos outros índios pelo senso de liberdade e independência em relação ao homem branco. Eram grandes cavaleiros e guerreiros indomáveis.

Um dia, perguntei a Caraí a razão daquele grande acampamento.

– Nhanderuvuçu, quando fez o céu, a terra, os rios e o mar, fez também os homens e os animais – disse ele, aspirando a fumaça do seu cachimbo. – Não repartiu nada; deu tudo para todos. Aí vem o homem branco e toma conta da terra. Diz que os animais lhe pertencem. Ataca as pequenas aldeias dos mbaias, com ajuda dos guaranis que se submeteram ao Deus cristão. Mata os nossos irmãos e aprisiona as mulheres e crianças. Nós, então, atacamos os povoados e ficamos com o gado. Agora, soubemos que os espanhóis juntaram uma grande milícia para acabar conosco. Então, reunimos muitas tribos para podermos nos defender melhor."

– Foram espertos, hein seu Roque? – comentou Salatino.

– Ao contrário, moço – o velho alisou com a mão a parte já trançada do cabresto. – E olha que eu avisei a eles! Já conhecia a forma de atacar dos espanhóis, que tinham comandantes com formação militar, armas de fogo e muitos índios treinados pelos padres nas reduções. Os mbaias não teriam chance. Melhor teria sido se espalharem em pequenos grupos, difíceis de perseguir.

"Eu sabia que não poderia ajudar e não queria ver outra carnificina. Então montei a cavalo e segui meu caminho, acompanhando a margem do rio Yi.

Uns dias depois, na hora mais quente do sol, estava sentado na sombra de um salso-chorão, chupando um favo de camoatim, que é um pequeno marimbondo que produz um mel silvestre delicioso, quando de repente ouvi ruído de patas de cavalo. Escondi-me e aguardei, com uma flecha pronta no arco e o tacape ao alcance da mão. Ao longe, avistei dois cavaleiros a galope. Quando se aproximaram, percebi que eram um índio e uma índia. Os cavalos vinham suados e resfolegando de cansaço.

Mostrei-me e fiz sinal com a mão. Em vez de parar, desviaram e prosseguiram. O índio vinha debruçado sobre o pescoço do animal, levado a cabresto pela índia. Montei num salto e saí em perseguição. Logo adiante, o índio escorregou do cavalo e caiu. A índia estancou a montaria, deu meia volta e postou-se ao lado do homem. Armou uma flecha no arco e apontou para mim com ar assustado. Achei até graça e aticei o cavalo. A flecha mal teve força de sair do arco e deslizou no chão ao meu lado. Chegando mais perto, esbarrei o animal e apeei junto ao índio caído.

No momento em que me abaixei, a índia saltou no meu pescoço, mordendo e cravando as unhas como uma tigra furiosa. Segurei-a pelos braços e só então pude ver que era uma mocinha, de uma formosura que nem a raiva conseguia esconder. Os cabelos, negros, formavam uma franja sobre a testa morena e os olhos assustados pareciam duas pedrinhas redondas e brilhantes do fundo do rio. Qualquer um que a visse daria graças a Deus por ter criado tamanha lindeza.

Enquanto levava pontapés e cuspidas, fui tentando explicar que era de paz e estava tentando ajudar. Aos poucos a indiazinha foi se acalmando, até por estar completamente exausta. Quando lhe disse que era amigo de Caraí, o índio com quem eu conversara no acampamento, ela parou de espernear e desandou a chorar. Com o índio atravessado no lombo do cavalo, retornei com eles para a sombra do salso. Ofereci-lhe um favo de mel, que ela chupou com sofreguidão. Devia ter ficado muito tempo sem comer.

Examinei o índio. Tinha um furo de bala logo abaixo do pescoço. Quando respirava, saía por ali um som rouco, acompanhado de bolhas de sangue. Lavei o ferimento e o sangue seco que se espalhava pelo peito, enquanto a indiazinha amparava sua cabeça. Acomodei-o o melhor que pude, pois outra coisa não podia fazer.

— Foram os espanhóis — disse ela, entre soluços. — Atacaram o acampamento. Meus irmãos lutaram como bravos, mas eles eram muitos e tinham armas. Mataram todos e levaram as mulheres e as crianças. Eu consegui fugir com meu pai, que, mesmo ferido, ainda lutou muito."

— Que coisa horrorosa! — comentou Ana Maria. — Aquela gente só pensava em matar!

— É a luta pelo espaço, dona moça, pela terra. Quase todos os países do mundo foram construídos a ferro e fogo.

— E ainda é assim, Ana — completou Pedro Paulo. — Olha o caso atual dos judeus de Israel e dos palestinos. Continuam se matando por causa da terra.

— Mas, então — perguntou Salatino —, os charruas, minuanos e os outros mbaias foram exterminados naquele dia?

— Não — respondeu Roque Tavares. — No acampamento não estavam todas as tribos. Mas com o correr do tempo, sempre perseguidos pelos brancos, acabaram por desaparecer.

O velho deu um tirão no cabresto para esticar a trança e continuou:

"Pois foi assim que conheci Iaci, que, logo depois, ficou sozinha no mundo: enterrei o índio ao lado do salso-chorão e coloquei pedras por cima, para evitar que os bichos mexessem na sepultura.

Passamos a cavalgar juntos. Me agradava ter uma companhia, depois de tanto tempo sozinho, e ela não tinha mais ninguém que a protegesse."

— Que ano foi isso? — perguntou Ana Maria, às voltas com seu caderninho de anotações.

— Se me lembro bem, lá por mil setecentos e bem pouquinho.

— Mas então o senhor já tinha mais de cem anos! Estava assim tão velho?

— Não, moça. Pra mim, o tempo ia passando muito devagar. Ainda tinha a aparência jovem e era forte como um touro.

— E aí, ela se apaixonou pelo senhor? — tornou a perguntar Ana Maria.

— Pois até acho que sim — respondeu Roque Tavares, com um sorriso triste. — E eu por ela. Claro que não lhe disse a minha idade, pois ela não iria compreender.

"Seguimos pelo rio Yi até a sua nascente, durante muitas jornadas, e voltamos a marchar para o sul. Iaci queria encontrar alguém do seu povo. O tempo já começava a esfriar e precisávamos abrigos. Cacei uns capinchos e tiramos as peles para pôr sobre os ombros.

Muito tempo depois, encontramos um posto onde havia algumas cabanas feitas de troncos, cobertas de couro. Ao lado delas, na sombra de uma figueira, descansavam três juntas de bois atreladas a uma grande carreta. Deixei Iaci escondida no mato e me aproximei. De uma das cabanas saiu um homem armado. Parei, fiz sinal de paz e esperei que ele falasse, pois não sabia qual era a sua língua. Perguntou-me quem eu era, em português. Com o pouco que havia aprendido na Colônia do Sacramento, expliquei que estava em viagem e que me dispunha a fazer algum serviço em troca de uns panos de algodão.

Fomos recebidos com cordialidade. O homem, que se chamava Alonso, explicou-me que ali se compravam couros trazidos pelos índios das vacarias do mar, onde pastavam grandes rebanhos de gado selvagem. Os couros eram pagos com mercadorias de troca, como açúcar, ferramentas e outras. No posto moravam alguns coureadores e também os carreteiros, que levavam os couros até o porto de Montevidéu,

Usavam uma lança comprida chamada desjarreteador.

onde eram embarcados. Em uma barraca próxima, vi mulheres conversando e mexendo em panelas de barro, o que me deixou mais seguro para trazer a Iaci.

Nos primeiros dias, saí com os coureadores para aprender o ofício. Eles tinham uma maneira rápida de abater o gado no campo. Usavam uma lança comprida, chamada desjarreteador, que levava na ponta uma lâmina afiada, em forma de meia-lua. Com ela, aproximavam-se a galope e cortavam o jarrete do animal, que tombava em seguida. Era aproveitado apenas o couro, pois não havia como conservar a carne e nem quem a consumisse naquela quantidade. No posto, o couro era estaqueado no chão para secar, antes de ser carregado.

Nessa região dominavam os portugueses, de quem os charruas eram aliados."

— Seu Roque — atalhou Pedro Paulo —, o senhor disse que esses índios não se deixavam dominar pelos brancos.

— Isso mesmo — confirmou o velho. — Havia uma diferença: enquanto os espanhóis reuniam os índios em reduções, para catequizá-los e explorar o seu trabalho, os portugueses faziam com eles uma espécie de associação comercial, deixando-os livres em suas crenças e costumes. Isso lhes facilitava a convivência com o mbaias, independentes e rebeldes por natureza.

"Por ali nos quedamos muitos anos. Enquanto eu corria os campos do mar, trazendo couros, Iaci ajudava na limpeza do posto, cozinhava e tecia panos de lã. Esqueci de dizer que já tínhamos ovelhas, o que, para mim, desde Buenos Aires, não era novidade. Esperávamos um filho para o próximo verão. Não me cansava de encostar o ouvido na barriga dela, para sentir os movimentos e ouvir as batidas do coração do guri. Tinha certeza de que era um guri, e não me enganei.

Nasceu forte e berrando como um terneiro. Na primeira noite, me veio um sobressalto. E se o meu castigo tivesse passado para ele? Enquanto Iaci dormia, peguei-o nos braços e fui para fora da tenda. Era uma noite fria e o céu estava forrado de estrelas. Olhei as Três Marias e procurei algum sinal. Não havia nada. Pedi então ao Padre Roque González, do fundo do coração, que aquele inocente não tivesse que pagar pelo meu pecado. No mesmo instante, uma estrela cadente riscou o céu até o horizonte. Voltei para a tenda aliviado e dormi até o amanhecer."

— Como era o nome do menino? — perguntou Ana Maria.

— Chamei-o de José. Queria um nome cristão, em agradecimento. Cresceu forte e foi aprendendo ligeiro tudo o que eu lhe ensinava. Um dia, muito faceiro, trouxe o primeiro troféu de guerra: uma cobrinha verde, com a cabeça esmagada. Orgulhoso da façanha, lhe recomendei: — É isso mesmo, meu filho, inimigo não se poupa!

— O que é isso, seu Roque? — protestou Ana Maria. — É coisa que se ensine pra criança?

— Cada um ensina o que aprendeu, dona Ana. O que é preciso pra continuar vivendo. Aqueles tempos não eram de paz.

"No passar dos anos e no vaivém dos carreteiros, chegavam as notícias. Bem mais para o norte, onde a grande lagoa deságua no mar, os portugueses já haviam fundado a povoação de Rio Grande, onde se estabelecera forte comércio de couros e de carne salgada. No meu viver errante, tempos depois, resolvi conhecer o lugar. Partimos, eu, a Iaci e o José, em três bons cavalos, levando duas mulas de carga com mantimentos e alguns pertences.

A viagem durou doze dias, ao fim dos quais avistamos o povoado, onde se destacava um forte que, vim a saber depois, se chamava de Jesus-Maria-José, e fora construído para ser um presídio. Em Rio Grande, já se abatiam animais reunidos nas vacarias e trazidos em tropas para aproveitamento da carne e do sebo, que eram salgados e embarcados junto com os couros. Além da importância comercial, Rio Grande abria as portas da navegação para o interior do território, através de uma grande rede de rios e lagoas. A dificuldade maior era a entrada da barra, onde havia bancos de areia que mudavam de posição, tornando perigosa a navegação."

– Já ouvi falar! – disse Pedro Paulo. – Foi por isso que construíram os molhes de pedras, não foi?

– Isso mesmo, moço. Havia épocas, principalmente no inverno, em que os navios não conseguiam chegar no porto.

"Antes que a moça pergunte, posso dizer que corria o ano de 1740, quando o menino estava completando quinze anos. Posso dizer com certeza, porque lá existia um calendário. Rio Grande havia sido fundada três anos antes, em 1737, por um português chamado Silva Pais. Ele trouxera famílias de Laguna, mais ao norte, e da Colônia do Sacramento. Umas duzentas e cinquenta pessoas.

Todo aquele chão, que parecia um continente, era chamado de Rio Grande de São Pedro.

Pois bem. Nesse tempo, apesar do grande amor e amizade que tínhamos um pelo outro, já crescia entre mim e Iaci uma desavença que não havia como remediar..."

– Bueno – disse o velho Roque, olhando pela porta do galpão a sombra espichada dos cinamomos –, já é tarde, e esta é outra história.

10

Novamente a Solidão

Ana Maria ligou o computador, abriu o arquivo "Roque Tavares" e releu o que havia escrito. Consultou a caderneta de anotações e passou a digitar:

– Em 1680, é fundada a Colônia do Sacramento e destruída pelos espanhóis no mesmo ano. Então, cem anos depois da fundação de Buenos Aires.

– A Colônia do Sacramento foi reconstruída e atacada mais quatro vezes, durante quase cem anos, até ser cedida definitivamente aos espanhóis em troca do território das Missões, primeiro pelo Tratado de Madrid e depois pelo de Santo Ildefonso.

– Em mil setecentos e poucos, tem início o grande extermínio de índios Charruas e Minuanos, que não se deixavam dominar.

– Nesse tempo, haviam se formado grandes rebanhos de gado selvagem, descendentes dos primeiros animais trazidos pelos espanhóis. Esses rebanhos eram chamados de "vacarias". Começa, então, a estabelecer-se o comércio de couros.

– Em 1737, Silva Pais funda a cidade de Rio Grande.

– Vocês lembram mais alguma coisa? – Perguntou, dirigindo-se a Pedro Paulo e Salatino.

– Não... acho que está bem assim – disse Pedro Paulo. Salatino não respondeu, entretido em fazer um conjunto de boleadeiras, usando três rolamentos pequenos de trator e cordinha de barrigueira.

O velho Roque estava no campo, ajudando a trazer o gado da invernada do fundo, para a marcação. Quando completam cerca de um ano de idade, os terneiros do rebanho são separados, marcados com ferro em brasa, que tem o desenho da marca do proprietário, e os machos são castrados. É um dia de festa nas estâncias.

Enquanto isso, Salatino testava suas qualidades de índio charrua, atirando as boleadeiras no tronco de uma goiabeira, na entrada do arvoredo, sem conseguir mais do que arrancar lascas da casca da árvore.

– Se dependesse das boleadeiras, esse índio velho morreria de fome – comentou Pedro Paulo.

No dia seguinte, terminada a marcação, o velho Roque retornava para o serviço do trançado quando deu de olhos no Salatino, correndo atrás de uma ovelha guacha e girando a boleadeira sobre a cabeça. Guacho é o animal que perde a mãe, geralmente no parto, e é recolhido para ser criado na fazenda.

– Para um pouco – gritou o velho –, que vai lastimar o bichinho.

Salatino aproximou-se, meio envergonhado, desculpando-se:

– Era só brincadeira, seu Roque. Eu não ia jogar mesmo.

– Está certo, patrãozinho. Boleadeira se usava pra pegar bicho alçado, que não tinha dono. Eles podem se machucar pela batida da bola, ou pelo tombo, quando o tiro é certeiro. Além disso, com essa boleadeira de rolimã, não vai acertar nunca. Uma das bolas tem que ser mais leve. Se vocês querem mesmo, peçam permissão pro patrão, que eu faço uma de verdade pra vocês. Mas tem que haver compromisso de não jogar nos bichos da fazenda.

A notícia das histórias de Roque Tavares já chegara aos empregados. Pediram a ele, e aos moços, que fossem contadas à tardinha, depois da janta, quando teriam tempo para escutar também. Assim é que, nessa noite, logo depois do sol se esconder, formou-se a roda no galpão, em redor do fogo, onde ainda chiava a gordura de uma costela de ovelha.

Pois como lhes disse – continuou então Roque Tavares –, a minha vida com a indiazinha Iaci ia se estragando aos poucos. O caso sério é que ela já estava com uns sessenta anos e bem velhinha, pois, naquele tempo, a vida difícil que se levava enrugava as pessoas muito mais cedo. Eu, ao contrário, continuava moço, como se fosse filho dela. Ninguém entendia e, muito menos, ela e o José. As outras mulheres me viam forte e se chegavam. Iaci começou a ficar triste. Quase não falava mais. Começou a achar que eu tinha algum trato com o diabo, que os índios chamavam de Anhangá. Passou a ter medo de mim e a envenenar o espírito do meu filho com essas desconfianças.

– Barbaridade, seu Roque! – disse o Jovino, acabando de sorver um gole de mate. – Eu pensava que ficar moço pra sempre era uma coisa boa.

– Ninguém é mais sabido do que a natureza, seu Jovino – respondeu o velho, espalitando os dentes com um talo de guanxuma. – Como ela faz as coisas, assim é que tem que ser. Tudo nasce, cresce, envelhece e morre, na hora e no momento certos. Quem não anda de passo emparelhado com essa marcha, acaba se perdendo.

"Comecei então a perceber a grandeza do meu castigo. Iaci foi minguando e murchando como uma florzinha que cansou de viver. Ao mesmo tempo, José não era mais o mesmo companheiro de tropeadas. Andava tristonho e arredio, fazendo o que eu mandava, mais por obrigação do que por amizade e respeito ao pai. Um dia arranjou uma briga com o filho de um carreteiro, bem mais velho que ele. Como era muito forte e ligeiro, logo começou a levar vantagem. O outro, depois de levar três ou quatro tombos, sacou uma faquinha que trazia escondida no chiripá. Gente que estava por perto conseguiu apartar os dois antes que acabassem se matando. José voltou com alguns riscos de faca no corpo, mas o pior foi na testa: um talho que abriu o couro até o osso. Não quis que eu atendesse. Ficou junto da mãe, que foi fazendo os curativos até que cicatrizasse.

Foi um tempo velho muito infeliz. Quando Iaci morreu, enrolei a pobrezinha num pano de lã, novinho, pra que não sentisse frio, e fiz a sepultura no campo, embaixo de um umbu. Também foi nesse dia que o meu filho partiu, sem se despedir de mim. Não levou nada, além das armas e do alazão que eu mesmo havia domado para ele.

De novo, estava sozinho no mundo."

A narrativa foi interrompida por um soluço de Ana Maria, que enxugou os olhos com a manga da blusa. Todos respeitaram o sentimento da moça e permaneceram em silêncio por algum tempo.

"Trabalhei mais um ano como *changador* – continuou o velho –, que era como se chamavam os caçadores de gado. Logo em seguida, começaram a chegar mulas, que vinham de Santa Fé, na Argentina. Fiquei sabendo que, no norte, as minas estavam precisando desses animais.

Logo, chegou ao porto um navio, que trazia gente de Laguna e escravos negros. Vinham buscar as tropas de mulas para vender em São Paulo. Quis embarcar no navio, mas não me deixaram. Um marinheiro me disse que, de Laguna, já estavam partindo navios para São Paulo, carregados de mulas que vinham da Vacaria dos Pinhais. Quem sabe, lá eu poderia arranjar lugar numa tripulação e conhecer São Paulo."

– Puxa, seu Roque – disse Salatino –, o senhor não esquentava lugar!

– Pois é seu moço – respondeu o velho –, eu tinha todo o tempo do mundo.

"A Vacaria dos Pinhais – continuou – ficava, mais ou menos, onde hoje é o município de Vacaria, ali pela divisa com Santa Catarina. De onde eu estava, era muito longe. Procurei, então, encurtar caminho. Com alguns patacões que havia ganho, paguei um barqueiro que subia a Lagoa dos Patos e cheguei até o Porto de Ornelas, primeiro nome da cidade de Porto Alegre. Dali, tencionava seguir por terra até a Vacaria dos Pinhais. Isso foi por volta de 1750 – concluiu, olhando para Ana Maria, que não descuidava suas anotações.

Quando chegamos na vila, havia bastante movimento. Estava atracado no trapiche um barco maior, de onde desciam famílias. Vinham mal vestidas, carregando trouxas e baús. O Porto de Ornelas era um pequeno povoado, em terras pertencentes a um português chamado Jerônimo de Ornelas. Ele e sua esposa estavam ali assistindo ao desembarque daquele povo.

Vaguei um pouco, procurando um lugar para me acomodar e algum pasto para o cavalo. Encontrei um rancho de barro, com telhado de palha, onde se vendiam

... Eram casais vindos das ilhas dos Açores.

fumo, charque, sal, aguardente e cordas. Comprei um pedaço de fumo e puxei conversa com o dono. Me contou, então, que aquela gente que eu vira desembarcar eram casais vindos das ilhas dos Açores, lá no meio do mar. Estavam sendo trazidos para ajudar na colonização."

– Foi aí que o lugar começou a se chamar de Porto dos Casais – comentou Salatino, com ares de sabichão.

– Tá bem, professor Salatino – brincou Pedro Paulo –, quem sabe o senhor continua o assunto?

– Pô! Não enche o saco, Pepo – rosnou Salatino, ouvindo as risadas dos demais. – Eu aprendi na aula, cara!

"Está certo – continuou o velho Roque –, foi assim mesmo. Aquela gente sofreu muito, pois as promessas de receberem ferramentas, animais, sementes e farinha, para se manterem por algum tempo, não foram cumpridas. Passaram frio e fome até conseguirem se estabelecer. E não foi só em Porto Alegre. Outros casais foram levados para Mostardas, Rio Pardo, Taquari e Gravataí, nas mesmas condições. Uma barbaridade, porque índio se arruma de qualquer jeito, mas pra gente acostumada a morar em casas, é difícil viver no mato."

– Seu Roque – perguntou Ana Maria –, aquela ponte de arcos, perto do começo da subida da avenida Borges de Medeiros, em Porto Alegre, que chamam de Ponte dos Açorianos, tem alguma coisa a ver com a chegada deles na cidade?

– É mesmo! – completou Pedro Paulo. – Aliás, eu nem sei bem pra que a ponte, se ali não tem rio! É só um laguinho!

– Ah, pois é – respondeu o velho Roque. – Acontece que era por ali que passava o Arroio Dilúvio, que, bem depois, foi retificado. O arroio tinha bom calado e os barcos menores atracavam ali, perto da ponte. Por isso ela ficou sendo chamada de Ponte dos Açorianos.

"Pois então, continuando a história, naquela noite me acomodei numas palhas na estrebaria, e nos dias seguintes fui ficando, enquanto tirava informações sobre o caminho que deveria seguir para chegar à Vacaria dos Pinhais. Enquanto isso, ia ajudando o seu João, dono da venda, a fazer xarque das reses que se carneavam ali mesmo, nos fundos. Os animais eram do seu Jerônimo de Ornelas, que os entregava em troca de dois terços do xarque produzido, com o sal por conta do dono da venda. Um dia, me convidou para ir de carreta até Viamão, que era a capital da província, levando uns barris de óleo de peixe."

– Para que usavam esse óleo, seu Roque? – perguntou Ana Maria.

– Principalmente para iluminação, nos lampiões – respondeu o velho. – Mas também era usado na argamassa das construções, que ficava mais resistente.

"Entregamos os barris em Viamão, o seu João recebeu o dinheiro, tomamos uns goles de aguardente numa pulperia e iniciamos a viagem de volta. Antes que os meninos perguntem, pulperia era uma espécie de botequim. Chovia bastante nesse dia e vínhamos sentados no chão da carreta, cobertos com um couro. Já na saída, vi que dois cavaleiros nos acompanhavam de longe. Chamei a atenção do seu João, mas ele não deu muita bola. Disse que era comum o movimento de gente por esse caminho. Mesmo assim, fiquei de olho nos viventes. Às vezes apareciam, outras vezes sumiam na dobrada das coxilhas. Não demorou muito e se chegaram a galope. Esbarraram os cavalos ao lado da carreta e apontaram as garruchas, mandando que se entregasse o dinheiro.

Já se comentava que gente fugida da Colônia do Sacramento andava roubando e matando gente como se mata uma rês. Chamavam esses bandidos de *ladroens dos campos* e também de *gauchos*."

— Não pode ser! – disse Pedro Paulo. – Nunca ouvi dizer que *gaúcho* fosse sinônimo de ladrão.

— Pois era o jeito que chamavam, seu moço. – Só bem depois, a palavra *gaúcho* passou a ter o significado nobre que tem hoje.

"Mas, continuando: enquanto o seu João, muito assustado, entregava a bolsa com as moedas, escorreguei por baixo do couro e saí por trás da carreta. Um dos homens me viu, voltou-se e atirou. Acho que a chuva tinha molhado a espoleta, porque a bala não saiu. Antes que piscasse o olho, meu tacape partiu girando no ar. Acertou-lhe as ventas, dando um estouro de coco rachado, e o sujeito se esborrachou no chão. O outro conseguiu atirar com os dois canos da garrucha e fugiu a galope. Os tiros não me acertaram. Saltei no cavalo do primeiro e parti atrás, já desamarrando a boleadeira da cintura. Não foi muito longe! Uma bola no meio das costas derrubou-o, como um passarinho que cai do galho. Juntei a sacola de dinheiro e trouxe o cavalo dele a cabresto."

— Ele morreu, seu Roque? – perguntou Jovino, com os olhos arregalados.

— Não me dei ao trabalho de olhar – respondeu o velho, limpando a unha do polegar com a ponta da faca, de lâmina muito estreita. – Se não morreu, pelo menos, dali não levantou mais.

— Credo, seu Roque! – disse Malva, mulher do Jovino. – Que crueldade!

— Dona Malva, naquele tempo não havia polícia nem juiz. Cada um fazia sua lei e se defendia como pudesse. Nem ao bispo podia se queixar, porque também não havia bispo.

"Bueno, quando cheguei de volta na carreta, o seu João estava caído, com o poncho ensanguentado. Um dos tiros havia acertado o seu rosto, um pouco abaixo do olho direito. Com a água da chuva, lavei o ferimento, acomodei o homem deitado e toquei os bois. À tardinha, chegamos na venda. Pude, então, examinar melhor. A bala havia destruído o osso embaixo do olho, e seguido pela bochecha, saindo atrás da orelha. Cobri o ferimento com folhas de arnica, ensopadas em água fervida, que ia trocando quando secavam. O seu Ornelas trouxe uma pomada, que também ajudou na cura.

Seu João ficou com a cara torta, mas se salvou e salvou também o dinheiro.

No dia que montei a cavalo para partir, me deu uma faca com cabo de chifre de veado, que passou a ser minha companheira – disse o velho, contemplando com carinho a faca que tinha na mão. – Fiz questão de pagar com um vintém, porque faca dada de presente corta a amizade.

Pelas informações que tinha, o melhor caminho para a Vacaria dos Pinhais era a Estrada Real, que saía de Viamão. Chamavam de estrada, mas era apenas um caminho aberto pelas tropas de gado.

Sem tropeços, cheguei na Vacaria no outono de 1751.

Foi então que me aconteceu uma coisa muito estranha! Mas, isso eu conto amanhã."

11

A ESTRADA DOS TROPEIROS

De manhã cedo, Salatino acordou com comichão na barriga e na batata da perna. Depois de muito coçar, queixou-se para a tia Marina. Ela examinou os locais que ele apontava, e reparou na existência de pequenos caroços avermelhados. Levou-o para fora da casa, onde havia mais luz, e chamou o tio Manoel, que vinha chegando do potreiro com o velho Roque, trazendo as medidas da cabeça do cavalo para que o cabresto ficasse bem ajustado.

— Manoel — disse ela —, me dá uma olhada aqui na perna e na barriga do Salatino. Estou achando que ele está com berne.

— E é berne mesmo — disse o marido, passando os dedos sobre os caroços. — Vamos ter que espremer isso aí.

— O que é berne, tio Manoel? — perguntou Salatino, assustado.

— É uma larva de inseto, que entra na pele e se desenvolve. Uma pequena mosca — a mosquinha do berne — bota seus ovos em cima de uma mutuca, em pleno voo. Quando a mutuca pica um animal ou uma pessoa, as larvas passam para a ferida da picada e ali se desenvolvem.

— Bah, que nojo! — disse Salatino, torcendo o nariz. — E dói para espremer?

— Dói um pouco — respondeu, antecipando-se, o velho Roque. — Mas se o patrão permitir, conheço um remédio campeiro que resolve do mesmo jeito, sem doer.

Com a permissão do tio Manoel, o velho foi à cozinha e voltou com um pedaço de toucinho. Pediu ataduras e esparadrapo para a tia Marina e fez os curativos aplicando nacos do toucinho sobre os bernes.

— Qual é a explicação para essa medicina, seu Roque? — perguntou o tio Manoel.

— É simples, patrão. O toucinho é cheiroso e mais macio que a carne da gente. Então o berne passa para ele.

— Faz sentido — concordou o tio Manoel. — Vamos ver se funciona.

Nessa noite havia um convidado na fazenda. O professor Vitoldo Seitz, que lecionava História na Escola Normal, viera para jantar e pernoitar. Quando Roque Tavares ia reiniciar o seu costumeiro relato, ele e o tio Manoel apareceram no galpão. Jovino já providenciara duas cadeiras.

— Podemos assistir, seu Roque? – perguntou o tio Manoel, oferecendo assento ao visitante e acomodando-se ao seu lado.

— O patrão manda – respondeu o velho, levantando-se para cumprimentar. – Só me desculpe se a história for sem graça.

— Pelo que já sei, é boa. Vamos ver, então.

— Pois então, com licença:

"Depois da longa subida, cheguei aos campos de cima da serra e vi, pela primeira vez, os pinheirais. Andei por lá, admirado com a quantidade de gado que vagava por aquelas planuras. Encontrei alguns postos onde havia grandes mangueiras de pedras empilhadas, encerrando vacas, cavalhada e muares. Parei num desses postos e ofereci meus serviços como tropeiro. A próxima tropa sairia daí a uns quinze dias. Durante esse tempo, fiz um tapume de meia-água com galhos de pinheiro e me acomodei por ali mesmo. Nas conversas com os outros peões, fiquei sabendo que havia uma estrada para São Paulo, chamada Estrada dos Tropeiros. Fora marcada por um tal Cristóvão Pereira de Abreu, o maior tropeiro da época, que, inclusive, construíra com seus homens mais de trezentas pontes para encurtar o tempo da viagem."

— É fato – interrompeu o professor Vitoldo. – A descoberta de ouro em Minas Gerais, Goiás e Mato Grosso criou uma grande necessidade de animais para transporte e alimentação. O gado vinha das vacarias do mar até Laguna, onde era embarcado e transportado de navio até São Paulo. Procurando um percurso por terra que evitasse a dificuldade na transposição dos inúmeros cursos de água junto ao litoral, os tropeiros partiram de Laguna, subindo a serra, e demarcaram o que ficou conhecido como o Caminho dos Conventos. Nessa subida até o planalto, encontraram a Vacaria dos Pinhais, uma riqueza de campos, onde havia enorme abundância de gado.

— Em seguida – prosseguiu o professor – Cristóvão Pereira de Abreu aperfeiçoou o caminho, encontrando novos atalhos, que acabaram por isolar Laguna e permitiram o deslocamento das tropas de gado, bem mais numerosas, por via terrestre até Sorocaba, que era o grande entreposto de compra e venda de animais. Era a Estrada dos Tropeiros. Essa estrada, por quase dois séculos, foi a rota de transporte de animais. O caminho não é muito diferente da atual BR 116. Vejam bem que o tropeiro procurou a linha que separava as vertentes dos rios que corriam para o mar e dos que corriam para o interior, encontrando, assim, os lugares próximos às nascentes, onde os passos eram mais estreitos e as pontes mais fáceis de construir. Mas, me desculpe, seu Roque. Isso é só uma curiosidade. Continue, por favor.

"Pois então – retomou o velho Roque, com um gesto de assentimento – saímos da vacaria com uma tropa de uns quatrocentos animais. No começo é difícil e trabalhoso, porque os bichos vão inquietos, mas logo se acostumam com a marcha. Andamos quase dois meses, com chuva e sol, aproveitando as horas mais frescas do dia, fazendo alguma trégua para dar água e pasto à tropa e dormindo por quartos, porque sempre precisava alguém de ronda nas paradas quando não havia uma encerra onde passar a noite.

Eu disse ontem que tinha me acontecido uma coisa esquisita. Pois foi numa dessas rondas. Pela posição da lua cheia, bem no alto do céu, já devia ser em redor de meia-noite."

– O senhor sabe ver as horas pela posição da lua, seu Roque? – perguntou Ana Maria.

– Quando é lua cheia, fica fácil. Ela aparece lá pelas seis da tarde e some às seis da manhã. Depois, quando vai minguando, cada dia aparece uma hora mais tarde e desaparece, também, uma hora depois, até que, quando fica nova, nasce de manhã e desaparece de tardezinha. Observando bem, dá pra saber a hora.

– Vivendo e aprendendo – disse o Tio Manoel. – Nunca tinha prestado atenção nisso.

"Pois como ia lhes dizendo, naquela noite eu andava rondando a tropa, que estava calma. Numa dessas, parei o cavalo e fiquei olhando para cima, procurando as Três Marias. Eu sempre buscava algum sinal. O céu de repente foi escurecendo, se tapando de nuvens, e a noite virou um breu. Quando baixei os olhos, vi duas luzes que pareciam fogueiras. Só que elas andavam de um lado para outro, como se estivessem dançando. Já tinha ouvido falar nessa assombração do Mboi-tatá, que é uma cobra de fogo que anda pelos campos e se alcança o vivente, ele está perdido. Mesmo assim, a curiosidade foi maior. Então fiz como tinham me ensinado. Estiquei o laço no chão e fui arrastando a argola na direção do fogo, para ver mais de perto. Se a cobra viesse, se atracava na argola do laço, e daí não passava. Quando cheguei no lugar o fogo sumiu. Fiquei quieto, que podia ser alguma traição da danada. Dito e feito! Percebi um clarão atrás de mim, me voltei, e ali estava o fogo, pronto pra dar o bote! Risquei as esporas na virilha do cavalo e disparei campo afora, com a cobra grudada na argola do laço. Mas, como o meu pingo era muito ligeiro das patas, ela desistiu. Foi susto pra amolecer as pernas de qualquer vivente!"

– Boi-tatá existe mesmo? – perguntou Jovino.

– Se existe? Lhe garanto que existe, e é coisa mui feia.

– Se me derem licença, posso dar uma explicação – disse o professor Vitoldo. – Essa chama que aparece no campo é chamada de fogo-fátuo. É resultado da inflamação espontânea de gás metano, produzido pela matéria orgânica em decomposição. É comum nos pântanos e nas sepulturas. Pode acontecer que a argola do laço, sendo arrastada, leve com ela algum resto apodrecido, sustentando a chama.

– Essa fico lhe devendo, seu professor – disse o velho Roque, balançando a cabeça. – Se eu tivesse mais estudo, não tinha levado tanto susto nesta vida. Pois então tá explicado! Mas que existe, existe!

Ali estava o boi-tatá, pronto pra dar o bote.

"Bueno, então chegamos em Sorocaba, que era o destino da viagem – continuou, enquanto ajeitava a bomba no porongo. – Era uma vila bem grande, com ruas e muito casario. Entregamos a tropa e recebemos o pagamento. Encontrei um albergue barato, acomodei na estrebaria o meu cavalo e os outros dois de muda e fui descansar os ossos, que já vinham moídos.

No outro dia, muito cedo, pedi água quente na cozinha e preparei o chimarrão, que fui tomar sentado num banco, na porta do albergue, pra ver o movimento. Logo se chegou um moço, com cara de mestiço. Vestia um chiripá de pano azul, botas de garrão, casaco de couro sem mangas e um chapéu de palha com abas largas que caíam pelos ombros. Pediu com-licença e sentou ao meu lado. Ofereci um mate, que ele aceitou, e começamos uma prosa."

– O que é uma bota de garrão? – perguntou Pedro Paulo.

– Olhe, moço: naquele tempo não havia calçados pra vender. As botas eram fabricadas na Europa e só os ricos podiam importar. Então, tirava-se o couro da perna traseira de um potro e se usava a curva do garrão para fazer o calcanhar. Costurava-se a ponta, ou então se deixavam de fora os dedos do pé, e se atava um tento abaixo do joelho, para segurar o cano. Pronto. Estava feita a bota. Meio feia, mas funcionava.

"O tal moço me contou que também estava vindo do Rio Grande, e que ia para as Minas Gerais, onde havia notícia de muito ouro. Gente de todos os lados estava indo pra lá.

Ouro não me atraía, pois o pouco que me importava era o meu cavalo, as armas e a liberdade de andar por onde quisesse. Então perguntei de que parte do Rio Grande ele vinha.

– De São Miguel Arcanjo – respondeu. – Me criei na missão dos padres jesuítas.

Eu nem sabia que os padres tinham voltado, depois de terem ido pra o outro lado da fronteira. Aquilo era novidade. Então, continuei perguntando.

Me contou que havia muitas missões e que eram bonitas e organizadas, mas que ultimamente as coisas andavam se complicando. Os espanhóis e portugueses tinham feito um tratado e mandaram os padres e índios abandonarem as missões. Parece que muitos deles estavam dispostos a não cumprir essas ordens e já se falava em guerra.

Até aí, tudo bem. Guerra não era assunto estranho pra mim. Mas comecei a prestar mais atenção quando ele me falou dum amigo que já era famoso como chefe guerreiro. Disse que o nome dele era Sepé Tiaraju. Quis saber mais e mais desse índio. Me contou que o nome verdadeiro dele era José, um cacique guarani que comandava a missão, junto com os jesuítas. Não sei por que, sem mais nem menos, me passou pela cabeça um sonho maluco. E se esse José fosse o meu filho? Quem sabe, andando sem rumo, teria ido parar na Missão?"

– E era ele mesmo? – perguntou, ansiosa, Ana Maria.

– Um sonho, moça. Só um sonho. Mas eu precisava conferir. No mesmo dia paguei a conta no albergue, comprei mantimentos, uma garrucha de dois canos, pólvora e um saquinho de balas de chumbo. Voltei pelo caminho das tropas até Vacaria e de lá caí para oeste, na direção das missões.

– Está boa a história – interrompeu o tio Manoel –, mas já é tarde e amanhã este pessoal tem que se mexer cedo. Vamos parar hoje por aqui, que, se estiver disposto, o seu Roque continua depois.

Todos se retiraram, e o velho Roque Tavares encostou-se na porta do galpão. Olhou muito tempo para o céu, procurando as Três Marias.

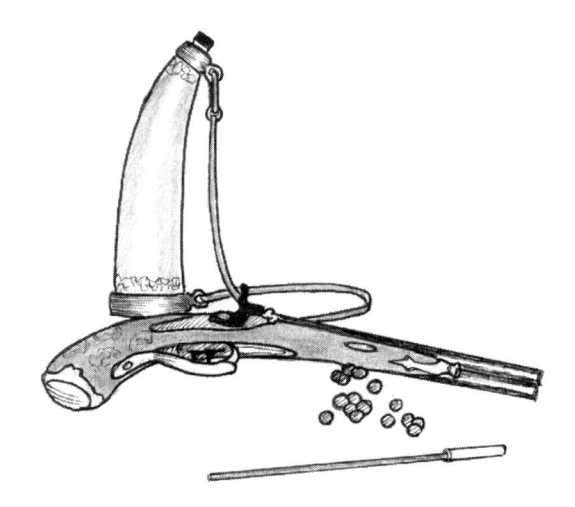

12

Os sete povos das missões

"Pois, conforme ia contando ontem – disse Roque Tavares, atiçando as brasas com uma vara de camboim – era o ano de 1751."

Ana Maria tinha o olhar preso na fisionomia do velho. A luz avermelhada do fogo, que balançava fazendo dançar as sombras, acentuava-lhe as rugas do rosto e refletia chispas nos olhos, abrigados nas órbitas fundas. Enquanto falava, a expressão forte mudava a cada instante, como se estivesse vivendo tudo aquilo de novo.

"Já era começo da primavera – continuou – quando fui chegando perto de São Miguel. Conhecia todos aqueles caminhos, pois foi ali que me criei. Numa manhã clara, do topo de uma coxilha avistei ao longe a redução. Quase não acreditei no que estava lá na frente! Uma construção avermelhada, enorme, muitas casas, plantações cuidadas e caminhos bem traçados; tudo muito diferente do que eu havia conhecido até agora. O coração bateu forte. Talvez ali encontrasse o meu filho!

Encurtei o passo do cavalo e fui chegando, sem ter olhos que bastassem para apreciar o tanto que ia vendo. A redução tinha a forma de um enorme retângulo. Nela se destacava, pela imponência, uma grande construção de pedras de arenito, com duas torres e galerias de arcos. Havia outras construções menores e muitas casas, umas ao lado das outras, em perfeito alinhamento. Muitos índios circulavam nas ruas. Todos andavam descalços. Os homens vestiam calças e camisas de algodão e as mulheres vestidos simples, do mesmo tecido, atados na cintura com um cordão. Por cima do vestido, as mulheres usavam ainda uma túnica, também de algodão, chamada *tipoí*.

No centro avistei uma praça e me dirigi para lá. Dei água para o cavalo num bebedouro de pedra, amarrei o cabresto no palanque ao lado e saí admirando tudo aquilo."

– Seu Roque – interrompeu Pedro Paulo –, essa missão de que o senhor está falando é a mesma que fica lá perto de Santo Ângelo, onde estão as ruínas?

– É essa mesmo – respondeu o velho, com tristeza no olhar. – Uma barbaridade o que fizeram com aquele povo.

– Conta pra gente, então! – pediu Salatino, impaciente.

"Por todos os lados havia limpeza e organização. Bem diferente dos outros povoados que eu havia conhecido, onde se vivia no meio da imundície. Pouco depois, um índio se aproximou e me perguntou, em guarani, quem era eu e de onde vinha. Escondi a verdadeira razão de estar ali. Disse que era da tribo dos tapes e que andava cansado de correr mundo. Procurava estabelecimento e ocupação. O índio me olhou de cima a baixo e me convidou a segui-lo até um prédio ao lado da praça, onde funcionava o cabildo, uma espécie de prefeitura. Fui recebido pelo secretário, que anotou meu nome e me levou ao regedor.

    O regedor era o encarregado de administrar a redução. Depois de fazer muitas perguntas, disse que eu deveria partir no dia seguinte, pois na redução não eram recebidos estranhos, a não ser com permissão especial. Só quem poderia dar essa permissão era o corregedor, que no momento estava viajando, ou então o cura da Catedral, Padre Balda.

    Saí à praça e andei sem rumo, olhando o rosto de cada pessoa para ver se encontrava alguém parecido com o José. Haviam passado mais de vinte anos. Ele seria agora um homem maduro. Parei em frente à catedral e fiquei admirando a grande torre e o átrio sustentado por arcos e colunas."

    – O que é átrio, seu Roque? – perguntou Ana Maria, com a caderneta apoiada sobre os joelhos.

    – É o espaço coberto que fica na frente da porta principal da igreja.

    "Tirei o chapéu e fui subindo os degraus. Lá de dentro vinha o som de vozes graves, que cantavam em coro uma música muito bonita. Sentei num banco, bem atrás, e fiquei escutando, quase sem acreditar que eram índios que estavam cantando. Vaguei os olhos pelo teto alto, pelas belas imagens de madeira dos santos, pelos castiçais de metal brilhante com velas acesas, e me fixei no altar, onde havia uma grande imagem de Jesus crucificado. O padre que regia o coro logo que encerrou o canto dispensou os índios e caminhou na minha direção. Perguntou-me quem eu era e se precisava alguma coisa. Não sei se fui tocado pela mão de Deus, mas, sem pensar, disse que queria me confessar.

    Já me confessara uma vez e tomara a comunhão, mas fazia tanto tempo que já não me lembrava mais dos mandamentos e nem sabia distinguir bem o que era pecado ou não. Assim que, no confessionário, fui contando minha vida e pela primeira vez falei da morte do Padre Roque González, do castigo que havia recebido e que continuava sofrendo, até que Deus tivesse piedade de mim e me deixasse morrer. Só não falei do meu filho, que isso era assunto só meu.

    O padre, que era o próprio cura, chamado pelos índios de Pay Balda, a princípio não acreditou na minha história, como ninguém acredita, mas aos poucos foi se convencendo de que um índio bronco como eu nunca poderia saber tantas coisas, e que portanto ali havia um mistério a ser decifrado. Terminada a confissão, me deu uma penitência leve, pois, sendo verdade o que eu dizia, a pena já era mais do que suficiente. Levou-me até uma sala atrás do altar e prolongou o interrogatório. Parecendo satisfeito, perguntou o que eu sabia fazer. Disse-lhe que sabia caçar, cuidar de gado, domar cavalos e pouco mais do que isso.

A disciplina na redução era rigorosa, pois os jesuítas imaginavam fazer daqueles povos um exemplo de civilização. Assim, entre outras medidas, logo que os jovens índios atingiam a puberdade, eram aconselhados a casar e constituir família. Homens solteiros não eram bem-vindos. Obedecendo a essa regra, Pay Balda me disse que eu poderia trabalhar na fazenda da redução, atendendo o gado, mas só viria ao povoado para assistir à Santa Missa, que é compromisso de todo cristão.

Assim passei a morar na fazenda, onde construí um rancho de taipa, coberto com palhas de coqueiro, feito com todo capricho, assim como casa do joão-de-barro, pois não queria parecer um bicho do mato qualquer."

– Olha o exemplo funcionando! – comentou Pedro Paulo.

– Devia funcionar também pra ti, que deixas tudo desarrumado! – retrucou Ana Maria.

– Pois é verdade – comentou Roque Tavares. – Muito tempo depois, ouvi o General Osório dizer que a palavra pode convencer, mas é o exemplo que arrasta os homens. E era com o exemplo que os jesuítas ensinavam os índios.

"Esperava o domingo com ansiedade, sempre na esperança de ver o meu José na missa.

Pois foi num domingo daqueles. Sentava-me sempre no banco mais de trás, de onde podia ver todos que entrassem na igreja. Um dos últimos foi um homem de meia estatura, de ombros largos e passo decidido, usando o fardamento amarelo e vermelho das tropas espanholas. Não pude ver bem o rosto, mas achei parecido o jeito de andar. Esperei a saída para ver melhor. Lá vinha ele, acompanhado pelo cura, o regedor e outras autoridades da redução. Havia diferença no porte e na postura, mas a fisionomia, de alguma forma, lembrava a do meu José. No rosto queimado de sol, acima das sobrancelhas, trazia uma cicatriz em forma de meia lua, rosada, fazendo contraste com a pele escura.

O corte que o meu filho sofrera era maior e em linha reta. Mas quem sabe o crescimento poderia ter modificado a cicatriz? Vocês sabem, quando se deseja muito alguma coisa, na nossa cabeça ela acaba se tornando verdade, mesmo que não seja. Pois foi assim que, a partir daquele momento, me convenci de que o José Tiaraju era o meu filho.

Era dia de eleições no cabildo. Essas eleições eram realizadas anualmente, para todas as funções de direção e administrativas, sob a coordenação do cura. Normalmente, os índios que ocupavam esses cargos eram reeleitos, a menos que tivessem caído em desagrado ou em caso de morte. Logo correu a notícia de que o Alferes Real Sepé Tiaraju continuava como corregedor da Redução de São Miguel.

Ainda nessa tarde voltei a falar com Pay Balda e lhe disse do meu desejo de aprender a ler, participar das aulas de religião e conhecer algum ofício que me permi-

Os índios esculpiam estátuas de Santos em madeira.

tisse abandonar aquela vida de índio vago e sem parada. A verdade, verdade mesmo, é que eu queria estar perto do meu filho, mesmo que ele não me reconhecesse ou não se importasse comigo. Como até então vinha cumprindo com afinco todas as obrigações e me comportando como bom cristão, obtive permissão de permanecer na redução.

Passei a morar numa das casas do quarteirão dos índios, onde já se acomodavam duas famílias ligadas por parentesco. Cada família tinha o seu lote de terra, onde trabalhava quatro dias por semana para prover o seu sustento. Nos outros dois dias recebiam tarefas numa área coletiva, para ajudar as viúvas, os órfãos e os doentes, que moravam num alojamento especial, chamado *cotiguaçu*. Participavam também de expedições para colheita de erva-mate ou condução de tropas de gado. Além do que colhia no seu lote, cada família recebia diariamente porções de erva-mate e carne fresca.

Depois do horário de trabalho, passei a ter aulas de leitura e a frequentar o catecismo. Quanto ao ofício, ainda não havia me decidido. Primeiro, fui à oficina de carpintaria, onde índios esculpiam estátuas de santos em madeira, faziam móveis e até instrumentos musicais, como órgãos, violinos e harpas. O máximo que consegui fazer foi uma pequena cruz, que dependurei no pescoço com uma tira de couro. A olaria, onde se preparavam vasos, tigelas, potes e outros utensílios, também não me agradou. Por fim, encontrei o meu serviço na selaria, onde eram feitos os arreios. Aprendi a trabalhar o couro e os trançados com o padre Calderón, que desenhava as peças mais lindas que já se viram até hoje."

– Só um pouquinho, seu Roque – disse Pedro Paulo, interrompendo a narrativa. – O senhor está dizendo que, em 1750 ou por aí, quando o Rio Grande mal e mal começava a ser ocupado, já havia uma cidade com tanta civilização? Fabricavam até violinos e órgãos?

– E até mais do que isso, moço. Se me dão licença, vou explicar melhor. Eu conversava muito com o Pay Balda, e dele fiquei sabendo isso que vou contar.

"Os padres jesuítas espanhóis, que vieram catequizar os índios, trouxeram um projeto muito maior do que o simples ensino da religião. Imaginavam construir na América, com os povos livres de todos os vícios europeus, uma nova sociedade, baseada na justiça, na solidariedade, na vida comunitária e no temor a Deus. Uma sociedade livre da influência dos poderosos, que oprimiam e faziam questão de manter ignorantes os seus vassalos para melhor explorá-los. Acalentavam a esperança de que um dia esse exemplo se expandisse para o resto do mundo.

Assim, passo a passo, foram construindo as missões, que chegaram a ser trinta, sendo sete delas no território do Rio Grande de São Pedro. Não foi um caminho fácil. Era preciso se aproximar, falar, instruir, educar, convencer, influir no espírito dos índios, trabalhar muito e, sobretudo, exercer uma disciplina rígida, para que não houvesse afrouxamento dos costumes. Entre os guaranis a catequese foi bem aceita, pois sua religião primitiva falava na existência de uma Terra Sem Mal, que poderia ser essa anunciada pelos padres.

Nesse tempo de 1750, as missões já estavam muito desenvolvidas e a notícia do sucesso chegava à Europa, despertando a curiosidade de uns e o receio de outros ante o crescimento da influência dos jesuítas na América. Para conhecer esse novo modelo de sociedade, vieram muitos cientistas, como matemáticos, astrônomos, filósofos e outros, cada um deixando sua contribuição para o maior progresso das povoações missioneiras.

Os jesuítas, por sua vez, tinham consciência de que poderiam representar uma ameaça aos interesses europeus na região. Por isso não descuidavam do pagamento de impostos à Coroa Espanhola, com os recursos que obtinham das exportações de algodão e erva-mate para Buenos Aires. Do que sobrava, parte era empregada na compra de utensílios necessários e o restante era remetido para a Sociedade de Jesus, em Roma."

– Como é que tudo isso pôde desaparecer, seu Roque? – indagou Ana Maria. – Imagine se tivesse continuado, o que não seria hoje em dia?

– Foi uma tristeza, moça! Uma tristeza de verdade. Mas a gente é assim! Só aprende aos trancos e barrancos, fazendo asneiras e lambendo as feridas.

"Pois assim foi que, naquele céu de maravilhas, já começavam a aparecer as primeiras nuvens negras da tempestade que desabaria logo em seguida."

13

Sepé Tiaraju

— Paiêê — disse Ana Maria, abrindo o arquivo "Roque Tavares" no computador —, estou com uma dúvida.

— Qual é a dúvida, minha filha? — perguntou o tio Manoel, fechando o jornal e colocando-o sobre a mesinha ao lado.

— Seguinte, pai: o seu Roque disse que lá por 1645 os jesuítas foram embora por causa dos ataques dos bandeirantes. Depois, em 1751, quando regressou para São Miguel, eles estavam lá de novo, só que aí com uma povoação superdesenvolvida. Então, já fazia bastante tempo. Eu perguntei, mas ele não soube me dizer quando foi que voltaram. Tu sabes, pai?

— Tenho até vergonha de te dizer, Aninha, mas não sei quase nada da história do Rio Grande. Aliás, no colégio ensinavam muito sobre história do Brasil e geral, mas quase nada sobre o nosso estado. O livro que vocês compraram não fala alguma coisa sobre isso?

— É mesmo! — concordou Ana Maria, sorrindo. — Só que eu estava com preguiça de procurar.

À noitinha, Ana Maria mostrou o livro para o velho Roque, onde constavam os nomes e as datas de fundação das sete missões: San Francisco de Borja (1682), San Nicolás (1687), San Luís de Gonzaga (1687), San Miguel Arcangel (1687), San Lorenzo Mártir (1690), San Juan Bautista (1697), San Angel Custódio (1706).

— Viu, seu Roque? — mostrou Ana Maria, satisfeita por estar contribuindo para a história do velho. — Aqui, ó: São Miguel começou em 1687. Diz também que os jesuítas quiseram fazer uma povoação com os guenoas, parentes dos minuanos e charruas, mas não deu certo porque eles eram mais desconfiados e briguentos que os guaranis.

— Pois veja só, moça — disse Roque Tavares, balançando a cabeça em sinal de reconhecimento. — Nem vivendo quatrocentos anos dá pra saber mais do que quem lê um livro!

Depois do esclarecimento, todos se mostravam inquietos e curiosos pela continuação da história, e Roque Tavares não se fez de rogado.

"Pois então – continuou –, pelo que disse a moça, em 1751 a missão já tinha 64 anos de existência. Era uma beleza de se ver e de morar ali. O que se produzia era de todos e havia ordem, prosperidade, justiça. Eu já ia adiantado na leitura e queria aprender latim pra poder entender a missa. Sempre que podia, ficava na praça, na frente do cabildo, pra ver chegar ou sair o meu filho, com o fardamento de alferes real, botas de cano alto e espada de ferro curvo na cintura. Muitas vezes tive ganas de correr e abraçar o José, mas me continha. Nós, na aparência, tínhamos quase a mesma idade. Como eu iria dizer que era seu pai? Me chamariam de doido e, ainda por cima, seria um desrespeito ao corregedor."

– E por que não falava isso só com ele? – perguntou Salatino. – Se o senhor não tinha mudado, ele ia reconhecer o pai.

– Lhe confesso, moço, que por medo! Por medo que ele me virasse as costas, que me desse olhar de desprezo, assim como quem olha pra um cachorro sarnento.

– Mas por que tanto ressentimento, seu Roque? – perguntou Pedro Paulo. – Me desculpe, mas essa história não está bem contada.

– É... o moço percebeu. Tem uma parte que não contei, porque até tenho vergonha. Mas é preciso, pra que se possa entender: Quando ele era um rapazote e a mãe já estava doente, um dia voltei para a barraca cambaleando, depois de ter bebido muito. Reclamei que não tinha comida pronta e o José se levantou em defesa da mãe. Me disse um ou dois desaforos e eu respondi com uma bofetada na cara dele, que é a pior ofensa que se pode fazer pra um homem. Na hora, me lembro bem, a cicatriz na testa ficou vermelha como fogo, de pura raiva, mas ele não respondeu. Nunca mais falou comigo. Acho que agora dá pra entender por que eu me escondia.

– Por isso que eu larguei a bebida! – disse Jovino, observando a esposa com o rabo do olho.

– Pois acho muito bom que tu nunca mais me chegues em casa fedendo à cachaça! – advertiu dona Malva, franzindo o senho e cutucando o braço de Jovino com o dedo indicador.

"Assim fui levando a vida – continuou o velho –, me contentando, vez que outra, em admirar de longe o meu filho, orgulhoso da sua importância e do respeito que impunha.

Nesse tempo, corria um boato de que estavam querendo acabar com as missões. Era assunto constante e nas rodas de conversa se formavam opiniões desencontradas. Um dia foi marcada uma reunião dos homens, na praça central. Apareceram as autoridades do cabildo e o Pay Balda, que tomou a palavra. Todos ficaram em silêncio. Só se ouvia o coro da respiração de toda aquela gente. Nos disse então o padre que Espanha e Portugal haviam assinado um acordo chamado Tratado de Madrid. Esse tal tratado dizia que o território das missões seria entregue para Portugal em troca da Colônia do Sacramento, que ficaria com a Espanha. Em consequência, os padres e índios teriam que abandonar as reduções e voltar para o outro lado do rio Uruguai.

Ouve um rebuliço geral. Me digam: quem estaria disposto a abandonar tudo aquilo, depois de tanto trabalho?

No meio da confusão, se ouviu a voz de Sepé Tiaraju, e todos se calaram. Disse que esse tratado era apenas um papel assinado e que ninguém ia nos tirar da nossa terra. Disse mais: que só obedeceria se o papel fosse assinado por Deus, que fizera a terra e que poderia dizer quem ia ficar com ela; que se Deus nos tinha feito nascer ali era porque queria que aquela terra fosse nossa! E assim é que ia ser!

Naquela hora o meu peito quase estourou de orgulho! Esse era o meu sangue! Queria gritar para todo mundo que aquele ali era meu filho. Mas fiquei quieto. Ele desceu do estrado e passou perto de mim. Vi que a meia lua na sua testa estava vermelha, cor de sangue, como no dia em que levou a bofetada.

O Padre Alfonso rezava muito e pedia que se tivesse calma. Ele e os seus superiores escreveram várias cartas de protesto para a Espanha, dizendo que aquela troca das Missões pela Colônia do Sacramento não era vantajosa. Mostraram que nas reduções havia mais de 30.000 almas e bens materiais que não podiam ser transferidos ou abandonados de uma hora para outra.

Pois ninguém deu bola para os argumentos. Em 1752 chegou aos Sete Povos um jesuíta, chamado Altamirando, que vinha trazendo promessas de dinheiro para tentar convencer os curas a partirem com seus povos para outras terras, no Paraguai. Sabendo disso, Sepé Tiaraju convidou o cacique Nicolau Nhenguiru para reunir uns homens e irem a São Borja, onde andava o tal padre. Me apresentei ao cacique, que tinha o mesmo nome do outro que conheci, e fui convocado.

Saí bem à frente, para não ser reconhecido, e depois de um dia e meio de viagem chegamos à missão de San Francisco de Borja. A fama de Sepé Tiaraju já se espalhara, e quando soube que ele estava a caminho, o padre Altamirando fugiu para São Tomé. Cruzamos o Rio Uruguai atrás dele, mas não adiantou. O danado sentiu o perigo e botou sebo nas canelas, só parando pra respirar quando chegou em Buenos Aires.

Na volta, fomos recebidos com festas. Havia um outro clima na missão. Os índios, pacatos, religiosos e trabalhadores, estavam mudando o seu comportamento. Começavam as desconfianças em relação aos jesuítas. Logo se viam homens fabricando armas e fazendo exercícios de guerra.

Uma tarde, eu estava na oficina preparando um arco quando chegou o Padre Balda. Examinou a arma e me aconselhou a afinar o lugar da empunhadura e a esticar a corda, para dar maior curvatura ao arco. Não eram assim os nossos arcos,

Ficava na praça pra ver meu filho com fardamento de alferes real.

mas tive que reconhecer que ficou melhor. Sentou-se ao meu lado e falou das suas preocupações.

Sabia que não seria possível cumprir o que mandava o tratado. Como convencer aquela gente a abandonar tudo que era seu? Como transportar as 30.000 pessoas dos Sete Povos, mais as 10.000 cabeças de gado das estâncias e todo o material através daquele campo deserto? Por outro lado, seria difícil desobedecer às coroas de Espanha e Portugal. Os jesuítas deviam lealdade ao rei e as missões não tinham uma força militar organizada. Padre Balda balançava a cabeça, olhava pela janela o vulto da catedral e me dizia:

— Não são só as pedras da igreja, Roque. É todo o esforço de uma vida e o sonho de fazer um mundo melhor que estão se desmoronando.

Quem hoje vê as ruínas de São Miguel sabe que ele tinha razão, mas eu não acreditava. O entusiasmo pela guerra me cegava a razão."

— O senhor gostava mesmo de uma briga, hein seu Roque? – comentou Salatino.

— É, moço! – concordou o velho, alisando a aba do chapéu. – Mas, guerra não se ganha só com entusiasmo, gritos e toques de clarim. É preciso ter as melhores armas, organização e cabeça fria. Nós não tínhamos nada disso.

"No ano seguinte, 1753, a comissão nomeada por Espanha e Portugal para demarcar os limites do tratado entrou no território dos Sete Povos. Em Santa Tecla, perto de Bagé, foi recebida pelos índios de Sepé Tiaraju. Nos encontramos frente a frente, em campo aberto. Parei meu cavalo atrás do dele, um pouco para o lado, pois queria ter boa visão. Não desgrudava a mão da coronha da pistola. Os comandantes apearam para conferenciar. Tiaraju disse em alto e bom som que os espanhóis seriam bem recebidos, mas que os portugueses estavam proibidos de entrar nas terras de São Miguel.

Com essa negativa, a comissão resolveu voltar para o Prata e nós regressamos de peitos estufados, sendo recebidos com gritos de guerra na missão.

Nessa noite, vi o Padre Balda saindo da oficina e fui falar com ele. Parecia menos preocupado. Comentei essa impressão e ele me convidou para andar pela praça.

— Olha, Roque – disse com voz calma –, há notícias de que as missões estão divididas. Alguns curas resolveram cumprir as ordens do tratado e chegaram a ameaçar de prisão os caciques. Houve revolta e a situação fugiu do controle. Outros resolveram desobedecer e estão armando os seus índios.

— E o senhor, Pay Balda? – perguntei, ansioso –, de que lado fica?

— Entre duas lealdades opostas, Roque, tenho que escolher uma. Fico então com minha consciência. Vamos defender São Miguel.

Mais tarde, depois que Pay Balda se recolheu, procurei as Três Marias no céu. Não havia qualquer sinal para mim.

Permaneci um bom tempo olhando os desenhos que se formavam na lua cheia. Aos poucos uma sombra negra começou a avançar sobre ela, até que restou apenas uma tirinha de luz."

– Um eclipse, seu Roque? – perguntou Salatino.

– Olhe, moço, eu não sabia o que era eclipse, mas não gostei do sinal. Le garanto que não gostei!

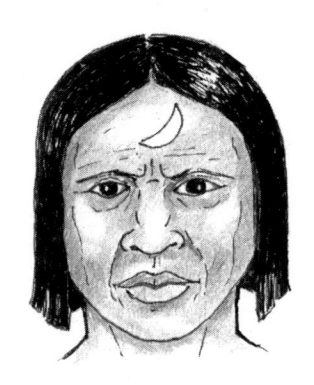

14

A GUERRA GUARANÍTICA

Tio Manoel e tia Marina tomavam chimarrão na sombra da figueira, quando Salatino apareceu correndo com uma tira de esparadrapo na mão.

— Olha aqui, tio — disse, ofegante —, o berne saiu! O remédio do seu Roque funcionou mesmo.

Tio Manoel examinou o pequeno verme branco, com formato de dois cones unidos pela base, que se entranhava na gordura do toucinho.

— Veja o que é a ciência campeira —, comentou, passando o esparadrapo para a tia Marina.

— O seu Roque sabe de tudo — comentou Salatino. — Só uma vez a Ana Maria mostrou no livro uma coisa que ele não sabia.

— Pois mesmo sendo um absurdo — disse o tio Miguel —, estou começando a acreditar na história desse velho. Hoje vou lá dar mais uma escutada no causo.

Logo depois do jantar, reuniu-se a gente no galpão, que já ficava pequeno para toda aquela assistência. Um cheiro agradável de eucalipto se espalhava na fumaça do fogo de chão.

Depois de pedir licença ao patrão, o velho silenciou alguns instantes para rebuscar os guardados da memória e logo retomou o assunto:

"Se bem me lembro, era o ano de 1754. Havia um grande movimento na missão. O Padre Balda se encarregava de orientar a fabricação de armas nas oficinas, e o cacique Nhenguiru de treinar os homens, principalmente no uso das espingardas. Enquanto isso, Sepé percorria as outras missões, tentando juntar a defesa e arrebanhar gente para a guerra. Nessa ocasião já começavam as primeiras escaramuças.

Portugal e Espanha tinham nomeado dois comissários para garantir a entrega das terras. Desculpem, que o nome deles não lembro mais. Então, os dois mandaram as primeiras tropas para as terras dos Sete Povos. Só que Sepé não dava descanso pra essa gente. Volta e meia atacava os acampamentos e fazia uma estropolia, fugindo antes que pudessem reagir. Numa dessas vezes, voltando dum entrevero, falou ao povo na praça, contando as façanhas que tinha realizado. Enquanto falava, a cicatriz na testa ficou tão vermelha que chegou a luzir. Alguém reparou; outros repararam, e logo começaram as aclamações: – Deus escolheu Sepé! Ele tem um lunar na testa!

Pois assim Sepé foi ganhando fama entre os povos das missões como um guerreiro invencível, protegido por Deus.

Nesse mesmo ano atacamos a tranqueira que os portugueses tinham montado em Rio Pardo, com base no Forte Jesus-Maria-José, que tinha o mesmo nome da fortaleza de Rio Grande. Dessa vez, dispúnhamos de quatro peças de artilharia leve. Na verdade, os canhões eram feitos de um bambu gigante, chamado *taquaruçu*, enrolado com tiras de couro, para dar resistência. O primeiro contato foi com um pessoal que trabalhava na construção da ponte sobre o Rio Pardo. Logo que nos viram recuaram para a linha de trincheiras. Iniciamos o fogo com os canhões, enquanto avançávamos pelos flancos para tentar o cerco e, ao mesmo tempo, arrebanhávamos o gado e a cavalhada solta por ali. O forte respondeu aos tiros de canhão e iniciou-se o combate. Lá pelas tantas, abriram-se os portões da paliçada e saiu um esquadrão de granadeiros para contra-atacar. Foram repelidos e tiveram que recuar. O combate ficou indefinido e iniciamos o cerco da fortaleza.

Tempos depois, tivemos dois canhões aprisionados. Sentimos que era o momento de recuar e fomos deixando o local em ordem. Os portugueses nos perseguiram de longe. Numa coxilha, mais adiante, paramos para observar a tropa que vinha atrás de nós. De longe, o comandante deles, que era o Capitão Francisco Pinto Bandeira, fez sinal de que queria conversar. Sepé aceitou e, levando uma escolta, foi falar com o homem. O Capitão informou que o General Gomes Freire estava nos convidando para ir até o forte. Não sei por que cargas d'água, acho até que por curiosidade, Sepé concordou.

No forte fomos bem recebidos e nos serviram boa comida e bebida. É preciso dizer que os portugueses não eram santos, mas sempre trataram os índios com mais cordialidade e respeito do que os espanhóis.

A negociação proposta era a seguinte: os portugueses devolviam os dois canhões que tinham capturado e nós entregávamos de volta o gado e a cavalhada. Com o cerco, começava a faltar comida para os portugueses. Na conversa também se tratou de acertar uma trégua, até que os Reis de Espanha e Portugal pudessem definir melhor a questão da divisão de terras.

Sepé não aceitou. O General embrabeceu e acabou nos prendendo. Só nos soltaria quando tivesse o gado de volta. Aí a coisa ficou séria, mas Sepé era um índio ardiloso e matreiro. Lá pelas tantas fingiu que concordava, com a condição de que fosse falar com seu povo para convencê-los a devolver os animais.

No outro dia, bem cedo, partiu do forte um esquadrão dos dragões, comandado pelo Capitão Pinto Bandeira, levando com eles o Sepé. Eu não podia ficar ali, de boca aberta, esperando o que pudesse acontecer. Na peça onde estávamos presos havia palhas no chão, que serviam de cama, e, na parede, avistei um candeeiro. O

Se veio na direção do mato, com as balas assobiando por cima da cabeça.

trabalho foi amontoar as palhas junto à parede, derramar o óleo do candeeiro, fazer um fogo com o isqueiro de isca e começar o incêndio.

O forte era todo de madeira. No primeiro sinal de fumaça deram o alarme e começou a correria. Logo dominaram o fogo, mas então eu não estava mais lá. Aproveitando a confusão, pulei a paliçada, montei no primeiro cavalo que encontrei atado num palanque e disparei campo afora. Como conhecia muito bem o meu filho, segui costeando o mato da beira do rio.

Pois Sepé foi levando os portugueses por ali até que, num repente, cravou os calcanhares na barriga do cavalo e se veio na direção do mato, já com as balas assobiando por cima da cabeça. De longe, pude ver tudo. Ele era tão danado que quando saltou do cavalo ainda se deu ao trabalho de levar a cabeçada e as rédeas. Num instante, estava atravessando o rio a nado.

Nos encontramos do outro lado do rio. Pela primeira vez estávamos bem próximos, pois eu sempre evitava estar perto dele. Me olhou nos olhos, franziu a testa, mas não disse nada.

No outro dia encontramos um grupo de tapes que nos arranjaram cavalos, e seguimos viagem de regresso a São Miguel. Continuei andando afastado de Tiaraju, que não deu sinal de me reconhecer. Na primeira noite, paramos na beira de um riacho, onde havia alguns pés de araticum. Comemos as frutas, pois não queríamos acender o fogo, que na escuridão do campo é visto de muito longe. Antes de dormir, como era meu costume, fui caminhar um pouco, olhando a noite e procurando as Três Marias. Então, senti um braço amigo sobre o meu ombro. Nos olhamos nos olhos, e não foi preciso dizer nada. No céu, a lua em quarto crescente tinha a mesma forma do lunar de Sepé Tiaraju."

– Que emoção, seu Roque! – disse o tio Manoel. – Só quem é pai pode avaliar o que o senhor sentiu.

– É. O patrão pode saber bem – respondeu o velho, tirando um pano do bolso e enxugando os olhos. – Só quem é pai!

– E aí ficaram amigos de novo? – perguntou Ana Maria.

– Eu passei a ser a sombra do cacique, moça. Quem se atrevesse a tocar num fio de cabelo dele tinha que se ver comigo. Não que ele precisasse, pois era um guerreiro famoso – tinha até fama de santo –, mas por sentimento meu.

"No ano seguinte, 1755, se formaram dois exércitos para nos atacar. O português tinha mais de mil e seiscentos soldados e duzentos bandeirantes, que conheciam a região. Já o espanhol tinha poucos soldados, mas em compensação trazia uma castelhanada recrutada nas estâncias, chamados de *blandengues*, a gente mais bandida que se pode imaginar. Em dezembro daquele ano os portugueses partiram de Rio Grande e os espanhóis de Montevidéu. Em janeiro de 56 se encontraram nas cabeceiras do Rio Negro. Com essa força toda, foram subindo para o norte sem enfrentar muita resistência.

Desorganizados, nós andávamos fazendo guerrilha, atacando e recuando. Já faltava munição para as armas, e assim se levava muita desvantagem nos combates contra as espingardas e os canhões do inimigo. Pois um dia Sepé andava com sua tropa lá pela região que hoje é São Gabriel. O comandante espanhol, sabendo disso, pediu aos portugueses um reforço de cento e cinquenta dragões, que eram soldados temidos, e nos atacou. Quando se deu conta de que havia muitos índios, chamou as reservas, deles e dos portugueses. Bueno, aí era gente demais e tivemos que fugir.

Nossos cavalos estavam cansados e uma légua depois eles nos alcançaram. Fui um dos primeiros a ser atingido. Um tiro nas costas me derrubou. Tiaraju esbarrou o cavalo e se voltou para me proteger. Avançaram contra ele... gritei que fugisse... não houve jeito. Levou um golpe de lança e caiu do cavalo. Quando tentava se erguer, um desgraçado, que depois soube que era o governador de Montevidéu, lhe acertou um tiro no rosto. A vista me escureceu e não vi mais nada. À noite, alguns companheiros voltaram e lhe deram sepultura cristã.

Tudo perdeu sentido pra mim e voltei a vagar gaudério, sem me importar mais com aquela guerra. Pouco depois, fiquei sabendo que o cacique Nhenguiru tentou enfrentar esses exércitos com mil e oitocentos índios missioneiros, em Caiboaté. Foi um massacre medonho. Em pouco mais de uma hora os brancos mataram mais de mil e duzentos índios e fizeram muitos prisioneiros. Nhenguiru foi um dos poucos que conseguiram escapar. Estava acabada a guerra. A maioria das povoações se rendeu e as demais foram destruídas. A Catedral de São Miguel foi incendiada, desconfio que por ordem do Pay Balda, antes de abandonar a missão. Mas é só uma desconfiança, porque certeza não tenho.

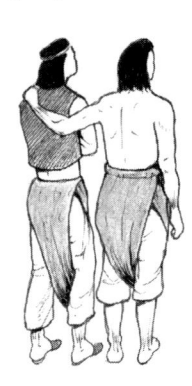

Pois então, foi assim que se acabou, em cinzas e humilhação, o sonho dele e de todos aqueles jesuítas que queriam construir um mundo melhor."

– Seu Roque – perguntou o tio Manoel –, em Santo Ângelo há um monumento a Sepé Tiaraju, com uma placa onde aparece uma frase dita por ele, que ficou famosa: "ESTA TERRA TEM DONO!". O senhor ouviu ele dizer isso?

– Muitas e muitas vezes, patrão! – respondeu o velho Roque.
– Ele nunca admitiu que um rei que morava do outro lado do mundo, depois do mar, mandasse tomar as terras que Deus havia dado para os índios. Aquela terra tinha dono, sim senhor!

15

A TRANQUEIRA INVICTA

– O Jovino vai pagar por essa! – disse Pedro Paulo, ressentido, olhando com o canto do olho para o peão que encilhava o cavalo em frente à estrebaria. – Só porque nos viu laçando aquela avestruz, tinha que ir correndo contar pra o tio Manoel?

– Sacanagem dele! – reforçou Salatino. – Nos dedurou na hora.

– É, a gente teve que aguentar todo aquele sermão do pai – acrescentou Ana Maria. – Pior ainda é ter que engolir sem poder fazer nada.

– Deixa comigo – disse Pedro Paulo, enfiando a mão no bolso da bombacha e retirando um pequeno toco espinhento de galho de roseira. – Olha o que eu preparei!

– Tá, e pra que que serve isso? – perguntou Salatino.

– Vocês já vão ver – respondeu Pedro Paulo, com um sorriso que ele mesmo classificou como diabólico. Não! Diabólico não. Satânico é melhor!

Como quem não quer nada, aproximou-se do cavalo encilhado, um rosilho manso de confiança do Jovino, e esperou um momento de distração do peão para enfiar o toco embaixo dos arreios, no lombo do animal. Feita a maldade, voltou para junto dos companheiros, e aí foi só esperar.

Jovino enfiou a alça do rebenque no punho, emparelhou as rédeas, colocou a ponta da bota no estribo, alçou a perna e arriou o traseiro nos pelegos. Com o peso, os espinhos espetaram o lombo do rosilho e... foi um Deus nos acuda. No primeiro corcoveio, Jovino ainda nem tinha estribado o outro pé. Foi atirado para cima e já voltou montado no pescoço do animal, que baixou a cabeça entre as pernas e escoiceou o céu. O corpo do infeliz deu meia-volta no ar e se ouviu de longe o estouro das costelas no cascalho.

Pedro Paulo não imaginava que o cavalo tivesse tantas cócegas e fosse armar tamanho estropício. Assim, ficou de boca aberta, como também ficaram Salatino e Ana Maria, assustados com a própria maldade, enquanto o velho Roque corria do galpão para socorrer o Jovino.

Depois de atendido o peão, mais do susto do que do tombo, Roque Tavares trouxe o cavalo e soltou os arreios. Ao retirar a última peça, o baixeiro, um tecido grosso de lã que vai por baixo da carona, viu o toco de espinhos ainda preso nos pelos do rosilho. Examinou-o entre os dedos, deu um sorriso disfarçado, balançou a cabeça e olhou para os moços com o ar de cumplicidade de quem já foi moleque.

Nessa noite, Jovino não veio ao galpão, nem para ver o cabresto recém-acabado que o velho apresentou ao tio Manoel.

Depois de ouvir os elogios e agradecer, dizendo que não foi nada, que qualquer um faz uma peça dessas, o velho acomodou-se no banquinho mocho, desses que não têm encosto, atiçou o fogo, encostou melhor a chaleira nas brasas, e continuou sua história.

"Depois daquela desgraceira das missões, eu nunca mais quis saber de espanhol. Primeiro, porque eles traíram os padres e os índios, que sempre foram fiéis e até pagavam imposto pro rei deles. Segundo, porque trouxeram no exército os tais blandengues, a gente mais ordinária e bandida de que já se ouviu falar, e quem anda com essa gente é porque é igual a eles."

– Aves de mesma plumagem voam juntas – sentenciou o tio Manoel.

– Pois voam mesmo, patrão – concordou o velho. – Tão sempre acolheradas.

"Aí, passei uns tempos gauderiando por aqueles campos, domando um cavalo aqui, ajudando a colher trigo ali, consertando algum arreio, tudo pra ganhar uns cobres, que agora começavam a fazer falta. Antes não se precisava de dinheiro. A terra dava tudo. Mas, que remédio? Mudou, mudou!

Assim fui indo, sem rumo certo, até bater de volta com os costados em Rio Pardo, onde acabei me aquerenciando por uns tempos. Lá fiquei sabendo das novidades. Um tal de Cevallos, que era Governador de Buenos Aires, estava atacando de novo a Colônia do Sacramento, que, mesmo com o Tratado de Madrid, os portugueses ainda não haviam entregue aos espanhóis. Isso era 1762. Logo depois se teve notícia de que ele mandara também uma tropa para atacar Rio Pardo.

Uns dias depois, chegou na vila um sujeito esquisito, dizendo que vinha fazer compras. Logo desconfiaram dele e, com um bom aperto, fizeram o infeliz confessar que era espião dos castelhanos, que já estavam acampados do outro lado do Jacuí. O Capitão Francisco Pinto Bandeira, a mando do Comandante, reuniu os seus dragões e um bando de paulistas que estavam por lá. Me ofereci voluntário.

Os castelhanos estavam entrincheirados no arroio Santa Bárbara. Avançamos abrindo uma picada mato adentro e, antes de clarear o dia, o Capitão atacou de surpresa. E que surpresa! Foi uma gritaria e um escarcéu medonho. Só pra encurtar a conversa, o comandante deles fugiu de cuecas e deve estar correndo até hoje. Voltamos com seis canhões, nove barris de pólvora, nove mil cabeças de gado e cinco mil cavalos. Foi uma festa!

Mais para o sul, as novidades não eram boas. A Colônia do Sacramento tinha caído e Cevallos avançava para tomar Rio Grande.

O ano seguinte, 1763, foi pior. Cevallos não tomou conhecimento da fortificação de Santa Tereza. Pouco depois, caiu o forte de São Miguel. O caminho estava livre para Rio Grande e a notícia da aproximação dos espanhóis causou pânico na cidade. Ninguém pensou em oferecer resistência e houve uma fuga desordenada. O próprio governador, desmoralizado, foi o primeiro a fugir, cacarejando como uma galinha assustada. Os espanhóis tomaram Rio Grande sem disparar um tiro!"

– Bah, seu Roque – disse Salatino –, mas que vergonha pra gente!

– Quando falta Comandante é assim, patrãozinho. Tropa sem chefe não combate! Já com os Pinto Bandeira, pai e filho, que conheci em Rio Pardo, ninguém se metia. O filho, então, Rafael Pinto Bandeira, era tão danado que, quando os castelhanos ouviam o seu nome, se borravam todos.

"Nos anos seguintes o Capitão Francisco Pinto Bandeira ficou com a missão de não dar descanso aos espanhóis em Rio Grande e em São José do Norte, que fica em frente, do outro lado da barra. Ele e o filho Rafael permaneceram quatro anos fazendo guerrilha naquela região, até que, em 1767, ajudaram a retomar São José do Norte, desbloqueando a entrada da Lagoa dos Patos.

Pois foi assim, mas não parou aí."

– Aquela gente não se cansava nunca de brigar, seu Roque? – perguntou Ana Maria.

– Brigava porque era preciso, moça. Eu não sabia, mas para acabarem as guerras no Rio Grande ainda faltavam mais de cento e cinquenta anos. Foi muito sacrifício e sangue derramado, pra que a gente, agora, pudesse estar aqui conversando em paz.

"Lá nos Buenos Aires, mudaram o governador. Tiraram o Cevallos e botaram o Vertiz, que o primeiro nome não fiquei sabendo. Diz que era um mexicano melenudo, raivoso como cachorro louco, e ruim barbaridade! Pra começar o fandango, em 1774, reuniu um baita exército em Montevidéu e veio subindo. No caminho, mandou construir uma fortaleza, chamada Santa Tecla, perto de Bagé. O plano dele era conquistar Rio Pardo e, depois, Viamão e Porto Alegre.

Até aí, tudo bem. Só que ele não se lembrou do Rafael Pinto Bandeira. Depois de surrar os castelhanos em vários combates, o Rafael ainda atraiu os infelizes para o Pantano Grande, onde se atolaram até o pescoço. A essas alturas, Vertiz já havia perdido o topete. Quando chegou em frente a Rio Pardo, cansado de tanto ser cutucado pela gauchada, desanimou de vez. À sua frente estava uma fortaleza com tantos canhões, que não dava para contar. Se atirassem ao mesmo tempo, ia ser um estouro de rebentar os ouvidos de qualquer vivente. Só que, aqui entre nós, canhões de verdade havia poucos. O resto eram troncos de bananeira que o comandante mandou encostar na amurada.

Vertiz ainda tentou fazer exigências, mas foi mandado plantar batatas. Assim, teve que desistir e voltar com o rabo no meio das pernas. E correndo, porque Rafael foi atrás, sem dar trégua um minuto.

Sujeito gordo e mulherengo como ele só.

Logo depois, em 76, sob o comando do General Böhn, um oficial alemão a serviço de Portugal, Rafael ainda atacou e destruiu, pedra por pedra, a fortaleza de Santa Tecla e voltou para participar da retomada da Vila de Rio Grande. O ataque foi tão violento e de surpresa que, na fuga, os castelhanos deixaram as panelas no fogo e as chaleiras fervendo. Me lembro que aproveitei pra fazer um mate e depois comer um puchero que até já estava passando do ponto. Isso eu, porque o Rafael ainda foi atrás deles, por dentro do Uruguai, até que veio ordem de Portugal para parar. Se não viesse essa ordem, acho que eles só iam descansar na Patagônia."

– Esse Rafael Pinto Bandeira devia ser um super-herói, hein seu Roque? – perguntou Salatino.

– Pois é engraçado, moço. Foi mesmo um herói, só que diferente desses dos gibis. O tipo era outro: um sujeito gordo e mulherengo como ele só. Não que gostar de mulher seja defeito, mas parece que ele gostava demais.

– Olhem como as aparências enganam – observou o tio Manoel. – Há muitos sujeitos fortões e de fala grossa que desmaiam até para tomar injeção.

– Conheci muita gente assim, patrão. Cavalos e homens, só se conhece na chegada. Na partida, é muito fácil pavonear e gargantear. Por outro lado, a fama de Rafael despertou muita inveja. Acusado – dizem que injustamente – de se apossar de terras e de gado tomado nas guerras, foi preso e mandado para o Rio de Janeiro. Lá recebeu absolvição e liberdade, por determinação da própria rainha, D. Maria I, que, além disso, o promoveu a General. Foi o primeiro rio-grandense a alcançar este alto posto!

– Mas será que ele era desonesto mesmo, seu Roque? – perguntou Ana Maria.

– Olhe, moça, o certo, de verdade, é que a rainha precisava dele para defender o território e ela sabia que não podia botar o gato na cozinha para comer o rato, esperando que ele não fosse lamber o leite. Pois, que eu saiba, foi mais ou menos assim:

"Em 1777, foi assinado o tratado de Santo Ildefonso, que, por algum tempo, suspendeu a guerra..."

– Só um momento, seu Roque, que eu estou meio perdida – disse Ana Maria, às voltas com a sua caderneta de anotações.

– Essa história do Rio Grande, moça, é tão movimentada, que às vezes a gente se perde. Vamos ver se conseguimos resumir.

"A Colônia do Sacramento era importante para os portugueses, por causa da navegação no Rio da Prata.

Os espanhóis não queriam a presença deles por lá. Então foi feito o Tratado de Madrid, 1750, no qual a Colônia do Sacramento ficava com os espanhóis e, em compensação, os portugueses recebiam as Missões.

Os espanhóis não entregaram as Missões e os portugueses não devolveram a Colônia. Então, os espanhóis atacaram.

Cevallos tomou a Colônia do Sacramento e conquistou a Vila de Rio Grande. Vertiz atacou mais para oeste, avançando o domínio castelhano até perto de Santa Maria e se ligando com as Missões, que permaneciam espanholas.

Os portugueses mantiveram Rio Pardo e contra-atacaram, reconquistando Rio Grande.

Aí, veio o tratado de Santo Ildefonso, em 1777. Os espanhóis ficaram com as Missões, Sacramento e a navegação no Prata. Os portugueses, com a parte ao leste de uma linha que ia de Rio Grande até o norte do estado, que ficou mais ou menos dividido ao meio.

A novidade foram uns tais Campos Neutrais, ao longo da nova fronteira, que, na prática, não serviram para nada, além de zona de contrabando e refúgio de bandidos."

— Agora ficou melhor, seu Roque — disse Ana Maria, concluindo as anotações.
— Rio Pardo nunca foi tomada pelos castelhanos? — perguntou Pedro Paulo.
— Nunca, seu moço — respondeu o velho. — Por isso é que é chamada, até hoje, de Tranqueira Invicta.

16

Terra de Ninguém

Roque Tavares apeou do cavalo e retirou da mala de garupa alguns seixos rolados grandes que colhera no cascalho da beira do rio. Mala de garupa é uma peça de pano com um saco de cada lado, que se leva atrás dos arreios, ou num dos ombros quando se anda a pé. Seixos rolados são pedras que, de tanto rolar no leito dos rios, tomam a forma aproximada de bolas.

Escolheu três, das mais regulares, sendo uma um pouco menor do que as outras duas e, dando-se por satisfeito, jogou fora as restantes. Palavra é palavra, e ele havia prometido as boleadeiras. Em seguida recortou pedaços de couro para fazer os retovos, isto é, para encapar as pedras, e iniciou o trabalho.

À tarde, com as boleadeiras prontas, cravou uma estaca de meio metro na grama, perto do potreiro, acompanhado pelo olhar atento dos moços.

— Naquele tempo — disse, apontando a estaca —, quase não havia diversão. Então a gente inventava algum jogo com o que tinha. Este era um deles, que ao mesmo tempo servia de treinamento para a caça e para a guerra. A distância do tiro andava perto de uns vinte metros. Quem enroscasse as boleadeiras na estaca ganhava um ponto.

Dizendo isso, Roque Tavares pediu que se afastassem, empunhou a manicla, que é a bola menor, quadrou o corpo e girou as outras duas sobre a cabeça, sem tirar os olhos da estaca. A boleadeira zuniu e voou aberta, como uma forquilha de três pontas. Um segundo depois, estava enrodilhada na estaca.

— Bah, seu Roque, que pontaria! — disse Salatino, correndo, para ver de perto a façanha. — A gente pode tentar agora?

— Com muito cuidado, e mais de perto — orientou o velho. — Quando um estiver jogando, os outros fiquem bem longe.

À noite, como a tia Marina estava interessada em ouvir a história, a reunião foi na varanda da casa. O velho Roque, em sinal de respeito, vestiu as bombachas novas. Tirou o chapéu, cumprimentou os donos da casa, aceitou o cafezinho que lhe foi oferecido e retomou o fio do assunto.

"Quando acabavam as guerras — disse, pensativo —, duas coisas aconteciam:

Os comandantes, de recompensa, ganhavam sesmarias, bastante terra, e se estabeleciam como estancieiros, levando consigo os peões de confiança. Para as autoridades portuguesas isso era conveniente, pois esses homens, na maioria das vezes, eram os que reuniam forças para combater os espanhóis.

Os que sobravam, a maioria índios, mestiços, desertores e escravos fugidos, ficavam perdidos pelos campos, vivendo como podiam. Gente sem família, analfabetos, sem religião e sem nada a perder, porque não tinham nada. Vagavam em bandos, sem rumo, caçando couro, fazendo contrabando, assaltando as estâncias perdidas naquelas distâncias, violando as mulheres e se matando entre si por qualquer motivo. Eram os vagabundos e ladrões do campo, chamados de changadores, gaudérios, índios vagos e, depois, de gaúchos.

Não havia lei nem justiça. Mandava e desmandava quem fosse mais forte e atrevido. Cada um se defendia como pudesse, construindo casas com paredes grossas e janelas gradeadas, reunindo muitas armas e mantendo vigilância. Isso os ricos, porque os pobres, grande maioria, moravam em barracos de barro e seus únicos utensílios eram uma barrica pra água, uma guampa pra beber leite, um espeto pra assar carne e os pelegos pra dormir.

Então, o Coronel Rafael Pinto Bandeira ganhou uma sesmaria perto de Rio Pardo e me levou pra começar a arrebanhar o gado e a cavalhada. Volta e meia eu vinha de carreta até a vila, trazer couros e charque e, na volta, levar as compras. Numa dessas, parei na pulperia pra beber alguma coisa e comprar tabaco. Na frente da casa, ia solto um jogo de tava."

— Como é esse jogo de tava, seu Roque? — quis saber Pedro Paulo.

— Também chamam de jogo de osso — explicou o velho. — A tava é um osso pequeno da perna do boi, que tem um lado chato, que é o da sorte, e o outro curvo. A gente joga o osso e vê de que lado caiu. Se o da sorte estiver para baixo, ganha.

— E o outro lado do osso, o que dá azar, tem nome? — perguntou Salatino.

— Tem, moço, mas não posso dizer, que é nome feio.

— Não há de ser tão feio assim — disse o tio Manoel. — Depois o senhor diz, só para os rapazes. Por enquanto, continue a história.

"Entrei no jogo, perdi uma partida e ganhei outra de um castelhano de pés no chão, com cara de sujo, chamado Pandejo, que só parava de falar pra respirar. Dizia que, de Laguna até o Prata, não se conhecia maior domador do que ele; que, neste mundo de Deus, não tinha bagual que ele não montasse; que xucro, pra derrubar Don Pandejo, só se tivesse oito patas pra corcovear; que depois que montava num louco, só saía quando o animal ajoelhasse pra ele apear. Apontava pra o seu cavalo, um zaino, até bonito por sinal, e afirmava que só ele tinha conseguido domar aquela fera, que hoje era mais mansa que um cordeiro.

HISTÓRIA DO RIO GRANDE DO SUL PARA JOVENS 97

Na frente da casa ia solto um jogo de tava.

Fui enjoando daquela conversa fiada e dei o lugar pra outro. Me encostei no palanque, perto do zaino, e fiquei assistindo ao jogo. Num relance, olhei pro chão e vi um ossinho de espinhaço de cobra. Aí me clareou uma ideia: ver se o tal castelhano era ginete mesmo! Juntei o ossinho do chão e, meio disfarçado, enfiei por baixo dos arreios do zaino."

Roque Tavares fez uma pausa e voltou-se para os moços com um leve sorriso. Pedro Paulo, Salatino e Ana Maria se entreolharam, esperando o pior. Então o velho Roque já sabia. Será que ia contar para o tio Manoel?

"Depois disso – continuou –, foi só esperar o desastre. Quando o castelhano soltou o peso nos arreios e o ossinho espetou no lombo, o zaino bufou e mostrou tudo que sabia. Nem era preciso, pois o tal Pandejo clareou no ar, virou de pernas pra cima, caiu sobre o palanque e esborrachou as ventas nos pedregulhos."

– O meu cavalo também fez isso comigo! – disse Jovino, desconfiado.

– Acontece, seu Jovino, acontece! – respondeu o velho. – Às vezes o animal se espanta e velhaqueia, sem muita razão.

Pedro Paulo suspirou fundo, aliviado. O velho Roque era de confiança!

"Pois, quando foram atender o castelhano – continuou Roque Tavares –, encontraram, enfiada dentro do cinturão de couro, uma corrente de prata, dessas de usar no pescoço, com uma medalhinha de santa. Logo o dono da pulperia reconheceu a corrente. Era da mulher de um parente dele, estuprada e assassinada, com o marido e toda a família, quando bandidos assaltaram e incendiaram o posto onde moravam.

O sangue me ferveu ao ponto de chiar nas veias. Num relance, mirei o pescoço do castelhano e cheguei a levar a mão no cabo da faca. Mas não foi preciso. Ali, todo mundo sabia o que tinha de fazer. Montei a cavalo e toquei os bois da carreta."

– O que eles fizeram com o homem, seu Roque? – perguntou Salatino.

– Quando já ia longe, olhei para trás e vi um vulto balançando, pendurado num galho da figueira que havia na frente da venda. Me pareceu que era ele.

– Que barbaridade, seu Roque! – disse a tia Marina, com expressão horrorizada.

– Era assim, patroa – retrucou o velho. – Aquilo era terra de ninguém e cada um fazia justiça do seu jeito.

Mais tarde, Pedro Paulo e Salatino voltaram ao galpão. Queriam saber como se chamava o outro lado do osso usado no jogo de tava. O lado do azar.

– O nome era *culo* – respondeu Roque Tavares, com um sorriso meio encabulado.

17

A RETOMADA DO TERRITÓRIO

"Pois, eu ia me esquecendo – disse o velho Roque, sovando com o polegar o fumo picado contra a palma da outra mão –, mas o Coronel Rafael Pinto Bandeira tinha formado um esquadrão de negros lanceiros, que eram o terror da castelhanada. Agora, aproveitando que se tinha uma trégua, desarmou os negros, mas conservou alguns para escoltar a carruagem em que, às vezes, viajava. Eu ia lá na frente, reconhecendo o caminho, prevenindo algum perigo ou emboscada.

Ficávamos muitos dias em Rio Pardo, onde eu aproveitava para saber das novidades, que não eram poucas, naquele ano de 1801.

A mais importante era que a Espanha tinha declarado guerra a Portugal. Era a oportunidade que a gauchada estava esperando. O governador sentiu que era hora de rasgar os tratados, e não perdeu tempo. Convocou todo mundo que não fosse aleijado, tivesse um cavalo, soubesse manejar lança ou espada, e reuniu essas forças em Rio Pardo e Rio Grande.

Eu já ardia de comichão pra entrar no fandango, mas o Coronel me mandou que ficasse, pois precisava da guarda pessoal.

O Comandante de Montevidéu, o tal que criou o regimento dos blandengues, viu a coisa preta e, por lá, se encolheu nas fortalezas, com os portões bem trancados à chave.

No sul, o Coronel Marques de Souza tomou o Forte de Cerro Largo, já no território uruguaio. Em pouco tempo, também estava dominada a região do vale do rio Jacuí, até perto das Missões. Sentindo o aperto, os castelhanos abandonaram São Gabriel e Santa Tecla, que, como eu já disse, era encostada em Bagé.

Pronto, só faltavam as Missões."

– Seu Roque – perguntou Pedro Paulo –, me diga uma coisa: naquelas guerras, como é que as tropas faziam para atravessar um rio, quando não tinha ponte?

– Os homens e os animais atravessavam a nado – respondeu o velho. – A gente ia agarrado na cola do cavalo até o outro lado. O material era levado em *pelotas*, uma espécie de canoa arredondada, feita com uma armação de varas, cobertas de couro. Dizem até que a cidade de Pelotas se chama assim por causa dessas canoas, muito usadas na travessia do canal de São Gonçalo. Eram mais leves e fáceis de construir e transportar do que as pirogas ou os caíques de madeira. Também chamavam de *pelota* uma trouxa de couro que, colocada na água, conservava o ar no seu interior, servindo como boia.

"Mas, voltando ao assunto – continuou –, aquelas Missões decadentes, no lado de cá do rio Uruguai, nas mãos dos espanhóis, eram uma espinha de peixe encravada na garganta da gauchada.

Pois então aconteceu o seguinte: quando o governador chamou todo mundo pra recomeçar a guerra, deu anistia aos desertores. Aí se apresentou um moço chamado Borges do Canto, ex-soldado do Regimento de Dragões, com grande fama de vaqueano. Esse moço, com mais vinte companheiros, se ofereceu para conquistar as Missões, cujo território conhecia como a palma da mão."

– Só vinte, seu Roque? – perguntou Salatino. – Pra tomar todas as Missões? É impossível!

– É pra ver como era aquela gente, moço. Se esqueceram de avisar que era impossível, então ele foi lá e fez!

"Aí, não me aguentei mais e avisei o Coronel Rafael que ia deixar o seu serviço para acompanhar o pessoal do Borges do Canto. Afinal, as Missões eram a minha terra. Dito e feito, me apresentei como *língua* – era assim que chamavam os intérpretes –, para poder negociar com os índios.

Na Europa, a guerra acabara, mas, por aqui, ninguém quis tomar conhecimento. Marchamos tão rápido quanto a resistência dos cavalos permitia. No caminho, mais gente foi se incorporando ao nosso grupo, inclusive outro *língua*, e quando chegamos à guarda de Santo Inácio, já éramos 43. A campanha foi rápida e vitoriosa. De todos os lados vinham notícias das derrotas dos espanhóis, que haviam perdido o apoio e a simpatia dos índios. Por último, depois de muitas conquistas, Borges do Canto preparou o avanço sobre Santo Ângelo.

Acampamos na margem de um riacho, para atacar no outro dia bem cedo. Aproveitando a parada, fui tomar banho num poço de água muito limpa que se formara entre as pedras. Bem refrescado, mastiguei um naco de charque, estiquei os pelegos, ajeitei o lombilho de travesseiro, e fui dormir.

No clarear do dia, o ataque quase não encontrou resistência. Ao contrário, os poucos índios que guarneciam o posto acabaram se juntando a nós. A guerra estava, praticamente, acabada.

Foi então que dei falta da minha faca, esta aqui, que tenho até hoje. Imaginei que pudesse ter deixado na beira do riacho, quando me banhei, mas não: a bainha estava na cintura. Então havia caído durante a peleia. Olhei em redor. O capim estava alto e cheio de macegas. Fiquei para trás, apeei do cavalo e comecei a procurar, lembrando o caminho por onde tinha vindo. Mas qual! Não havia jeito!

Já estava desanimando, quando ouvi barulho de patas de cavalo e levantei os olhos. Da coxilha que se arqueava pro lado do nascente, vinha um tropilha de cavalos

Foi a madrinha que me mandou, moço. Acende uma vela pra ela.

tordilhos, tocada por um cavaleiro montado em pelo. Cavalhada de primeira, coisa mui linda. Mais perto, pude ver que o cavaleiro era um negrinho, dos seus doze anos, magrinho e desempenado, que nem rédeas usava no cavalo.

Estancou o tordilho e o resto da tropilha ficou pastando ao seu redor.

Perguntei quem era e o que andava fazendo por ali. Me respondeu apenas com um sorriso e fez sinal, apontando para uma macega próxima. Fui chegando, meio sestroso, desconfiado, mas cheguei. Afinal de contas, era só um menino. Bueno, vocês podem não acreditar, mas eu quero que um mandado me acerte bem no meio da cabeça se for mentira o que eu vou contar!"

– O que é um mandado, seu Roque? – interrompeu Salatino.

– Ah, desculpe, moço – respondeu o velho. – A gente chamava assim o raio, que era mandado do céu pra terra, às vezes até pra castigar mentiroso.

"Mas, então, me aproximei e espiei na macega que ele estava apontando. Pois não é que estava ali a minha faca? Ela mesma, escondida no meio do capim!

Agradeci, meio envergonhado, pois não fica bem pra um homem estar devendo favor a guri.

O negrinho, sempre mostrando os dentes, já foi volteando o cavalo e só me disse assim:

– Foi a madrinha que me mandou, moço. Acende uma vela pra ela.

– Mas quem é a tua madrinha, vivente? – perguntei, intrigado.

Lá de longe, ele ainda respondeu: – É Nossa Senhora, moço – e sumiu com a tropilha na volta de um capão."

– Então, era o Negrinho do Pastoreio? – perguntou Jovino, com os olhos arregalados.

– Pois, era ele mesmo, seu Jovino! – respondeu o velho. – Só depois fiquei sabendo da história dele.

– Como era essa história, seu Roque? – Perguntou Ana Maria.

"Pois, diz que, lá por 1780, nas bandas do Uruguai – continuou Roque Tavares –, morava um estancieiro rico, que mais malvado não podia ser. Mesmo com gado a perder de vista naqueles campos, a paixão dele era uma tropilha de trinta cavalos tordilhos. Quem pastoreava a tropilha era um negrinho escravo, órfão de pai e mãe, magrinho e judiado. Como não tinha ninguém no mundo, sempre pedia pra Nossa Senhora ser a madrinha dele.

Pois, um dia, o negrinho foi mandado montar o cavalo baio do patrão, numa carreira atada com um vizinho, valendo prêmio de mil onças de ouro. Se o estancieiro mau ganhasse, as onças ficariam para ele. Se o cavalo mouro do vizinho fosse o vencedor, o dinheiro seria repartido entre os pobres.

O baio perdeu. Como castigo, o negrinho foi amarrado a um palanque e levou uma enorme surra de relho. Depois, como castigo, foi pastorear a tropilha de tordilhos e mais o cavalo baio, durante trinta dias.

Numa dessas noites, os cavalos se desguaritaram e se perderam nas canhadas. O negrinho foi ao oratório da casa, que todas tinham um, acendeu um toco de vela para a Virgem Maria, sua madrinha, e saiu pela noite à procura dos cavalos. Cada pingo de cera que caía era uma luzinha que se acendia no campo, clareando tudo como se fosse dia. O negrinho encontrou os cavalos e os repontou de volta.

Sabendo do caso, no outro dia, o filho do estancieiro, ruim como o pai, espantou novamente os animais.

Quando o homem descobriu que os cavalos tinham fugido, virou bicho! O desgraçado surrou o negrinho até verter sangue das costelas. Quando viu que ele estava quase morto, chamou o filho e arrastaram o pobrezinho até em cima de um enorme formigueiro, pra ser devorado pelas formigas.

No dia seguinte, voltaram para apreciar o serviço! Quando chegaram perto, viram um clarão muito forte e se quedaram estaqueados, de boca aberta: ao lado do formigueiro, numa nuvem de luz, estava sentada a Virgem Maria, com o negrinho no colo. Em redor, tinha se reunido, mansinha, toda a tropilha de tordilhos.

O estancieiro caiu fulminado no chão e o filho saiu correndo campo a fora, dum tal jeito, que, até hoje, ninguém mais teve notícia do infeliz!"

– E o negrinho, seu Roque? – perguntou Salatino. – Foi para o céu com a madrinha dele?

– Não – respondeu o velho. – Ganhou de presente a tropilha e ficou pelos campos, sempre ajudando as pessoas a encontrar coisas perdidas. Dizem que ele pede em troca um pedaço de fumo, mas, pra mim, ele pediu que acendesse uma vela!

– Me desculpe, seu Roque – disse o tio Manoel –, mas isso é só uma lenda. Pode ter acontecido de um negrinho lhe ajudar a encontrar a faca, mas daí a dizer que foi o próprio Negrinho do Pastoreio, de verdade, vai muita distância!

– Melhor jeito é experimentar, patrão – respondeu o velho. – Quando perder alguma coisa, acenda uma vela pra ele.

– Está certo – concordou o tio Manoel. – Mas não concluímos a história das Missões.

"Pois então – retornou o velho, encerrando o assunto –, quando, em seguida, chegou a notícia do tratado oficial, que terminava com a guerra entre Portugal e Espanha, o Rio Grande já tinha sido reconquistado à força e, daí por diante, os castelhanos não puseram mais os pés aqui."

Nessa noite, tio Manoel lembrou dos óculos que havia perdido na roça de melancias e, sem que ninguém visse, foi até a cozinha e acendeu um toquinho de vela.

18

A PROVÍNCIA CISPLATINA

Pouco depois das oito horas da manhã, o tio Manoel encostou a camionete na frente da casa. Desceu, bateu a porta e olhou para o lado do galpão, onde Roque Tavares iniciava o trançado do peitoral, que é a peça que prende os arreios ao peito do animal, evitando que escorreguem para trás.

– Cada vez entendo menos esse homem... – pensou, retirando do bolso da camisa os óculos que acabara de encontrar na roça de melancias. – Quase nem foi preciso procurar. Bobagem minha: só pode ser coincidência! Como é que se vai acreditar numa coisa dessas?

A notícia se espalhou e, logo depois, cada um já procurava um pedaço de vela, pois não há quem não tenha perdido alguma coisa.

– Acabaram com o estoque de velas. Quero ver o que vai acontecer se faltar luz! – resmungou a tia Marina, que, por segurança, guardara uma vela inteira no bolso do avental.

À noite o assunto continuava a ser os óculos do tio Manoel.

– Seu Roque – insistiu Pedro Paulo –, a história do Negrinho do Pastoreio é só uma lenda. Como é que pode funcionar de verdade? Os óculos apareceram!

– Sonhos não têm tapumes, moço; nem valos, nem cercas que segurem – limitou-se a responder o velho.

– Os bons resultados são os melhores argumentos – filosofou, por sua vez, o tio Manoel –, mas, quem sabe, voltamos ao assunto da história do seu Roque?

"Pois então – recomeçou Roque Tavares –, depois de retomadas as Missões, só faltava um cantinho pra inteirar o Rio Grande assim como ele é hoje: aquela ponta no oeste, onde ficam Dom Pedrito, uma parte de Rosário, Livramento, Quaraí e Uruguaiana.

A gente sentia que tudo o que acontecia na Europa acabava ardendo no lombo de quem estava por aqui. Eles tratavam e destratavam por lá e a guerra vinha pra cá.

Pois continuou assim! Quando foi no começo do ano de 1808, se bem me lembro, o Napoleão Bonaparte invadiu Portugal. A notícia chegou logo, porque a família real portuguesa, junto com mil e quinhentas pessoas da corte, fugiu de Lisboa, do jeito que pôde, e veio pra o Brasil, se estabelecendo lá pra cima, no Rio de Janeiro. Vieram o Rei Dom João VI, a Rainha Carlota Joaquina e o Príncipe Pedro, ainda um guri de nove anos. Diz que foi bom para o Brasil, que ficou sendo sede do reino e, por ordem do Rei, teve seus portos abertos para o comércio.

Pra mim, lhes confesso que não fez grande diferença. Nesse tempo eu andava perto do Arroio Pelotas, cuidando da escavação dum valo de divisa nas terras do dono de uma charqueada. Como não existia arame, a repartição dos campos era feita por valos profundos, onde o gado não conseguia passar. Tudo com mão de obra escrava. Uma trabalheira danada!"

– E as charqueadas? – perguntou o tio Manoel. – Como é que funcionavam?

– O único jeito de conservar a carne era fazer charque – respondeu o velho. – No norte do Brasil, era preciso alimentar os escravos dos engenhos e, com a seca braba que havia por lá, não tinha carne que chegasse. Então começaram a fazer muito charque no Rio Grande e a vender pra aquela gente. O jeito era simples. O gado era reunido num curral e passava pelo brete de matança.

– O que é brete, seu Roque? – perguntou Salatino.

– É um corredor de varas, onde só passa um animal de cada vez. Assim fica mais fácil de manejar. Depois a carne era repartida em mantas, salgada e posta nos varais pra secar. Aproveitavam-se também a gordura dos ossos, extraída por fervura, o sebo das tripas, prensado e colocado nas bexigas, o couro e os chifres. O resto era despejado em alguma sanga que passasse por perto.

– Havia algum cuidado de higiene? – perguntou a tia Marina, para quem a limpeza era a primeira preocupação em qualquer atividade.

– Nenhum, patroa – respondeu Roque Tavares, franzindo o nariz. – Tudo uma imundície só. Os animais eram esquartejados no chão, sobre os próprios couros, e as mesas de tábua grossa onde se preparava a carne eram encardidas de sangue seco e de graxa. Um fedor e um mosqueiro de vivente nenhum aguentar.

– Depois de pronto – completou –, o charque era levado em mulas pra os barcos, que seguiam pelo canal de São Gonçalo até o porto de Rio Grande. Lá passava para navios maiores, que seguiam destino. Na volta, traziam açúcar produzido pelos escravos. Era um negócio tão bom, que em pouco tempo não havia mais lugar pra novas charqueadas em toda aquela região. Foi aí que começou a surgir a cidade de Pelotas, a mais rica do estado.

"Bueno, mas voltando ao assunto, em 1810 se teve notícia de que Buenos Aires tinha se declarado independente da Espanha, depois de ter repelido uma invasão dos ingleses. A intenção era libertar toda a região do Prata, mas logo o governador de Montevidéu, que era fiel à Coroa Espanhola, opôs resistência.

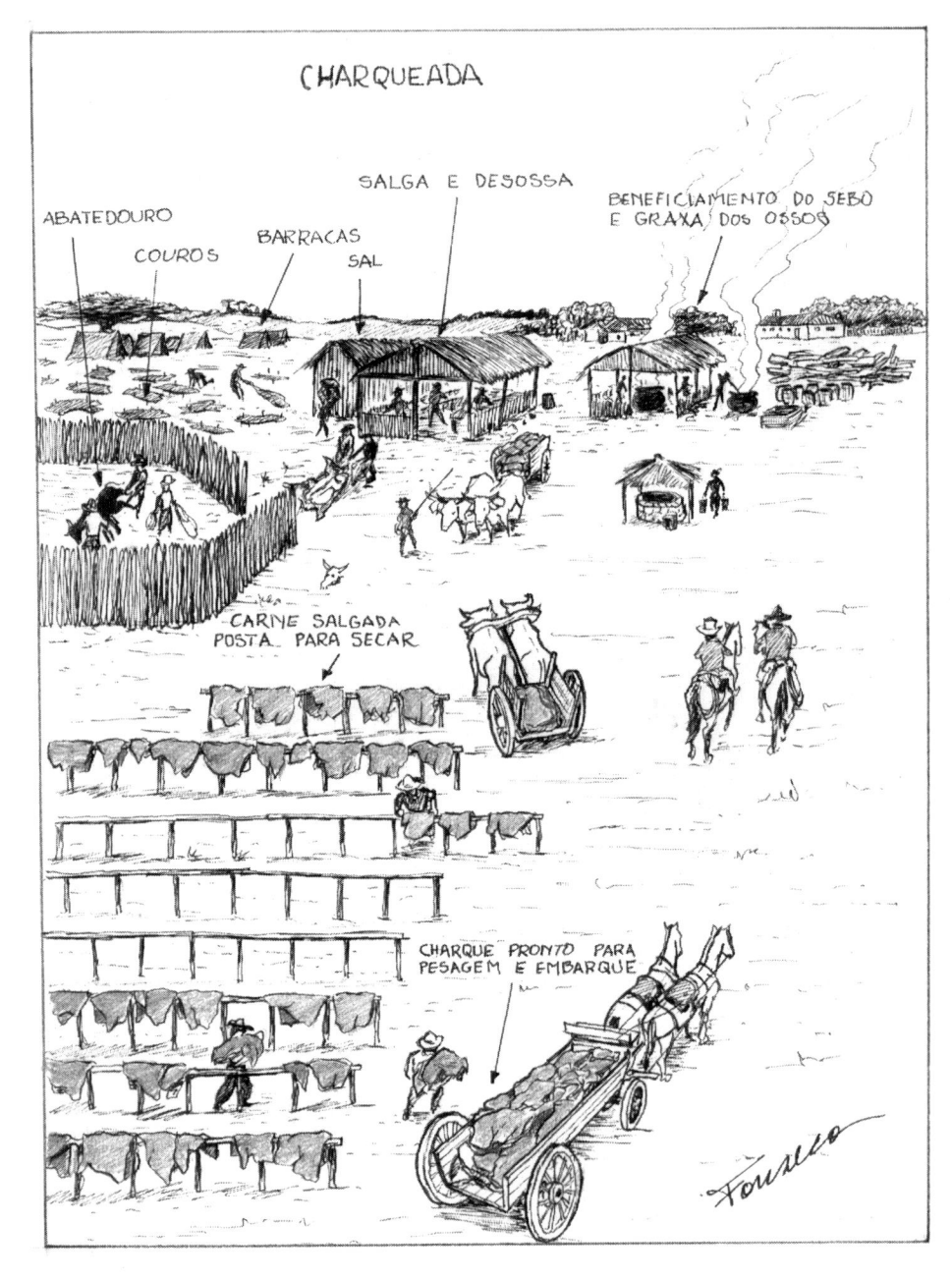

As charqueadas.

Acontece que a Rainha de Portugal aqui no Brasil, Carlota Joaquina – diz que feia barbaridade –, era irmã do Rei da Espanha e, é claro, não gostou daquela história da independência de Buenos Aires. Então começou a apoiar Montevidéu, mandando mundaréus de dinheiro pra lá.

Apesar desse apoio, o governador andava se vendo mal com os ataques de guerrilha de um capitão do regimento dos blandengues, chamado José Artigas, que tinha aderido à Junta de Buenos Aires. Pois esse Artigas em pouco tempo dominava quase toda a Banda Oriental – era assim que se chamava o Uruguai – e sitiava Montevidéu, não deixando ninguém entrar nem sair. Se vendo naquele arrocho danado, o governador pediu ajuda a D. João VI.

Ora, o rei português, pra atender aos desejos da mulher – que além de feia era braba como um zorrilho – e também por temer que aquelas manias de independência acabassem envolvendo o Rio Grande, mandou um exército de três mil soldados marchar no rumo de Montevidéu. Pra início de conversa, o Exército Pacificador, como foi conhecido, tomou aquela ponta oeste do Rio Grande que ainda nos faltava e que era o reduto do Artigas.

O caso era que o pessoal de Buenos Aires vinha enfrentando problemas com caudilhos de outras províncias e – acho eu que para aliviar a pressão – fez um acordo de paz com Montevidéu. Só que aí o Artigas não gostou! Que história era aquela de paz? Furioso, se retirou para a província argentina de Entre Rios, levando consigo mais de quinze mil pessoas, deixando o Uruguai quase vazio.

O Exército Pacificador foi atrás dele, arrasando as resistências que ainda apareciam.

No ano seguinte, 1812, houve um armistício geral e o Exército Pacificador se retirou, mas deixou ocupadas, por meio da distribuição de sesmarias aos militares, as terras recém-conquistadas. O mapa do Rio Grande estava pronto, mas a guerra, longe de acabar."

– Como é que o senhor ficava sabendo de tudo isso? – perguntou Pedro Paulo.

– Ora, moço, naquele tempo não havia jornal, nem rádio, nem televisão, mas em compensação a gente tinha mais tempo pra conversar e passar as notícias de boca em boca. Às vezes, quando chegava um chasque pra pedir pousada e muda dos cavalos – chasque era o mensageiro que levava as cartas –, se ficava sabendo de tudo que estava acontecendo.

"Mas quem pensou que o Artigas estava acabado, se enganou muito. Foi só o Exército Pacificador ir embora e ele voltou. Dessa vez tomou Montevidéu e, além disso, o pessoal dele começou a invadir e saquear as propriedades no lado rio-grandense. Muitas estâncias chegaram a ser abandonadas.

Aí o Dom João VI perdeu a paciência de vez. Era muito desaforo! Fez vir de Portugal uma Divisão de quase cinco mil veteranos das guerras na Europa, gente bem treinada e armada, botou no comando o General Lecór e mandou invadir a Banda Oriental. O General desembarcou em Laguna em 1816 e desceu pela costa."

– Onde o senhor andava nesse tempo? – interrompeu Salatino, que estava gostando mais dos causos pessoais do Roque Tavares do que de tanta guerra.

– Ora, pois eu tinha arrumado um cusquinho vira-lata, que chamei de Lamparina. Era bom companheiro, e a gente andava sempre junto, gauderiando lá pros lados de Rio Grande, fazendo um serviço aqui, outro ali. Quando o exército do General Lecór passou por aquelas bandas, no rumo do Uruguai, senti o cheiro da pólvora e já virei a cabeça. Num upa, me fui com as tropas. Eu e o Lamparina, bem faceiro, trotando na sombra do meu cavalo.

"Depois disso, fomos levando o inimigo por diante, e no começo de 1817 o General Lecór entrou a galope em Montevidéu.

O Artigas ainda fez guerrilha de resistência por mais uns tempos, até que o que restava das tropas dele, comandadas pelo Frutuoso Rivera, se acabou na batalha de Tacuarembó. Então o território da Banda Oriental ficou pertencendo ao Império Português, com o nome de Província Cisplatina."

– Artigas e Rivera – disse, pensativo, o tio Manoel... – então vem daí o nome das cidades uruguaias que ficam em frente a Quaraí e Santana do Livramento.

– Isso mesmo, patrão – concordou o velho Roque. – Aquela região era o reduto deles.

19

O TESOURO ENTERRADO

O velho Roque se ocupava em esfregar um pedaço de sebo nos trançados quando chegaram Pedro Paulo, Salatino e Ana Maria.

– O pai não vai poder vir hoje – explicou Ana Maria. – Teve que ir à cidade e só volta amanhã.

– É pena – lamentou o velho. – Hoje tem um causo importante, mas quem sabe depois a moça conta pra ele?

– O que é isso que o senhor está passando nos arreios? – perguntou Pedro Paulo.

– Sebo de rim de ovelha, pra conservar e amaciar o couro. É uma gordura fina, que se usa até pra fabricar produtos para a pele das mulheres. Assim também é a gordura que sai da lã, chamada lanolina. Quem tosa ovelhas – o esquilador – fica com as mãos tão macias que nem parecem de homem.

"Mas, por falar em tosar ovelhas – aproveitou o velho Roque para retomar a narrativa –, quando voltei da Cisplatina fiquei uns tempos numa estância, no pé da serrania de Encruzilhada, ajudando nesse serviço. Em troca, além da comida e do fumo, ganhei um poncho de lã.

Naquele ano os maricás floresceram mais cedo, indicando que o inverno ia ser brabo. E foi mesmo! Lá pelo mês de julho, num fim de tarde, o céu estava escuro e descia uma chuva gelada, guasqueada pelo vento, que umedecia até os ossos do vivente. Eu e o Lamparina vínhamos meio encarangados, depois de uma jornada de marcha, procurando abrigo pra passar a noite. Lá pelas tantas, avistei bem longe uma luzinha e toquei o cavalo naquela direção. Fui chegando devagar. Era um rancho de barro com o telhado de palha meio caído, com jeito de tapera, perdido no meio do campo. Apeei e gritei *ó de casa!*, que era o jeito de avisar que alguém estava chegando."

– O que é tapera, seu Roque? – perguntou Salatino.

– Essa eu sei! – interrompeu Pedro Paulo. – É uma casa abandonada, caindo aos pedaços. Não é isso?

– Pois é mesmo, moço – respondeu Roque Tavares –, caindo aos pedaços!

"Pois então, lá da tapera ninguém respondeu, nem deu sinal. Se aproximar duma casa sem permissão era pedir pra levar um tiro. Mas, com cuidado, fui chegando e me anunciando como de paz. Nada!

O rancho nem porta tinha. Espiei pra dentro, de onde vinha a luz da chama de um candeeiro que enfumaçava o interior da pequena peça. Em cima de um couro, no chão, coberta só com um pano sujo, estava sentada uma mulher, com os olhos arregalados de medo. Tinha uma criança num braço e com o outro empunhava uma pistola velha, apontada pra mim. Falando baixo, com a voz bem calma, fui explicando que não era bandido e que até podia ajudar numa situação de tanta aflição como aquela que estava vendo.

A mulher, que tremia de frio, se acalmou quando tirei o poncho e fiz de cobertor para ela e a criança, uma guriazinha magra e pálida, com parecença de uns cinco anos de idade.

Fui lá fora, desencilhei o cavalo, deixei na soga, e trouxe os arreios para dentro."

– A gente está interrompendo o senhor a toda hora – disse Ana Maria –, mas eu não sei o que é soga.

– Pergunte sempre, moça – incentivou o velho. – Soga é uma corda bem comprida, que prende o animal mas deixa espaço pra ele pastar.

"Então, tirei da mala de garupa a chaleira de ferro, um pedaço de charque e um saquinho de arroz. Por sorte achei num canto do rancho um pouco de lenha seca pra fazer o fogo. Enchi a chaleira com a água da chuva que escorria da beira do telhado, piquei o charque e passei em duas águas quentes pra tirar o sal. Depois fritei na própria chaleira, que era a única vasilha que havia, e coloquei o arroz. Logo estava pronto o arroz de carreteiro, que a mulher e a criança comeram quase sem mastigar, de tanta fome. Eu me contentei com uma espiga de milho, que assei nas brasas. Com uns tentos, dependurei e amarrei os meus pelegos na porta pra cortar o vento. As duas já estavam dormindo, de certo exaustas. Apaguei o candeeiro e me acomodei no chão, com a cabeça no lombilho. E, antes que perguntem, lombilho é a sela, que por cima leva os pelegos.

No outro dia, bem cedo, deixei pra elas os mantimentos que trazia, montei a cavalo e viajei um dia e meio até encontrar um bolicho. Comprei algumas ferramentas, sementes, uma panela de ferro, uma caneca, um saco de farinha, sal e erva-mate. Com muito rogo, consegui que o bolicheiro também me vendesse uma vaquinha com cria e uma mula. Foi-se todo o dinheiro que eu tinha, mas voltei faceiro de poder ajudar aquela pobre gente.

De chegada fui pedindo permissão pra ficar. Comecei ajeitando a casa e plantando uma roça de mandioca. Tempos depois, além da mandioca, já se comia milho, abóbora e melancia. A menina, chamada Bárbara, bem alimentada com o leite da vaquinha, estava forte e rosada. A mãe, Maria de Jesus, restabelecida das privações, parecia outra pessoa.

Me contou que era paulista, nascida em São Vicente. O marido, ainda bem moço, abandonara tudo em São Paulo para se aventurar numa sesmaria perto de

Em cima de um couro estava sentada uma mulher com olhos arregalados de medo.

Cachoeira, que havia conseguido por intermédio do pai. Era um homem muito trabalhador e em pouco tempo já tinha um bom estabelecimento, muitos escravos, e até juntava dinheiro pra comprar mais terras. Esse dinheiro, em moedas de ouro, conservava enterrado num lugar que, por segurança, só ele conhecia.

Me contou ainda, com os olhos cheios de lágrimas, que um dia chegou a notícia de que um bando de índios andava assaltando as fazendas por ali. O Antônio – era o nome do seu marido – se preveniu. Armou os escravos, pôs vigilância e preparou um esconderijo para ela e a filha em um buraco que mandou cavar e tapar com folhagem, lá perto da sanga.

– Foi o que nos salvou – ela me disse. – Quando os índios atacaram, nos escondemos e ficamos lá até muito tempo depois de terminar o tiroteio. Quando saímos não havia mais nada. Nem quero lhe contar o que vi, porque era horrível o que os índios tinham feito. Logo acudiram uns vizinhos, que enterraram o Antônio e os outros mortos. Eu estava desesperada e queria ir embora. Juntei umas coisinhas que restavam, entre elas uma carroça velha e uma mula carroceira que eles não tinham levado. Sem atinar no rumo, pois não conhecia nenhum caminho, saí andando até que quebrou uma roda da carroça. Com o que podia carregar, montei na mula, com a Bárbara na garupa, e acabei chegando aqui neste rancho. No segundo dia a mula fugiu e ficamos sem ter nada, nem comida. Foi aí que Nossa Senhora mandou o amigo nos socorrer, graças a Deus!

Agora – continuou Roque Tavares –, eu tinha de novo uma família, e me dediquei a ela. Maria de Jesus era trabalhadeira e caprichosa. A tapera agora era uma casa, o chão de terra batida sempre bem varrido, até com vaso de flores na janela. No fundo, um galpão pra as ferramentas, estrebaria e paiol de milho.

Bárbara estava aprendendo a ler e escrever. Primeiro eu ensinava o que havia aprendido com os jesuítas, riscando o chão com uma varinha. Depois arranjei uma pena, com papel e tinta. A menina era inteligente e aprendia ligeiro. Maria de Jesus tinha dificuldade em acompanhar, pois não enxergava bem e não tinha óculos, mas assistia às aulas desenhando as letras no ar, com o dedo."

– Mas por que ela não sabia ler, seu Roque? – perguntou, intrigada, Ana Maria.

– Naquele tempo – respondeu o velho – quase não havia escolas, e eram poucas as pessoas que sabiam ler. Só os ricos. Esses podiam mandar os filhos estudar nas capitais, ou até mesmo na Europa.

"Um dia, depois do jantar, quando Bárbara foi dormir, Maria de Jesus abriu uma caixinha de madeira e tirou uma peça de couro, enrolada e amarrada com um tento.

– Isso aqui – disse ela – meu marido me entregou quando fomos para o esconderijo. Pediu que guardasse bem e devolvesse a ele quando os índios fossem embora. Já olhei, mas não enxergo bem e não consigo entender nada. Acho que é alguma coisa sobre o dinheiro escondido.

Desenrolei o couro e vi que era, de fato, um mapa desenhado a fogo."
– Como assim, desenhado a fogo, seu Roque? – perguntou Salatino.
– Era difícil conseguir papel, e além disso ele se estragava com facilidade. Então se usava um pedaço de couro, que se riscava com a ponta de um ferro em brasa.

"O mapa tinha poucas indicações: no canto inferior um pequeno quadrado, e em frente a ele três círculos. Do círculo central saía uma linha tracejada que terminava numa meia-lua com a base voltada para baixo e com uma cruz em cima. Sobre a linha tracejada havia um "x" e, entre o "x" e a meia-lua, o número 15. Com a ponta de um espeto, risquei no chão, em tamanho grande, o desenho do couro.

Maria de Jesus olhou o desenho durante algum tempo, sem entender. – O quadrado pode ser uma casa – arrisquei, olhando pra ela.

– Pode sim! – respondeu, batendo as palmas das mãos. – Então as bolas devem ser as três figueiras que havia na frente da casa.

– E a meia-lua com a cruz? – perguntei.

Maria de Jesus se quedou pensativa, olhando alternadamente para mim e para o desenho. – Isso eu não sei – respondeu depois de algum tempo. – Não faz nenhum sentido.

– Alguma igreja, ou cemitério, por perto? – voltei a indagar.

– Não, nenhum.

Durante uns dias ainda tentamos decifrar o mistério, mas Maria de Jesus não conseguiu se lembrar de nada que pudesse ter relação com aquela meia-lua. Só quem fez o mapa poderia entender o desenho. Então resolvemos guardar o couro e encerrar o assunto, imaginando voltar lá um dia para ver mais de perto. Por enquanto ela nem podia pensar em ver de novo aquele lugar.

E assim se passaram anos. Bárbara já começava a ficar mocinha e se revelara uma baita companheira. Não gostava muito das tarefas caseiras da mãe. Preferia me ajudar na lide de campo – montava e laçava como gente grande.

Uma tarde, com pouco serviço, tomávamos chimarrão na frente da casa quando apareceram, lá longe, dois cavaleiros. Pela cor das roupas achei que eram soldados. Por via das dúvidas, mandei as mulheres para dentro, botei a pistola na cintura e carreguei a espingarda.

Mais de perto, pude ver que eram dragões, com seu uniforme azul-escuro, botões dourados, botas de cano duro e capacete com penacho. Vinham de Rio Pardo, trazendo uma mala de correio especial para o governador, que andava em viagem. Ofereci pousada no galpão, carneei uma ovelha e preparei um churrasco para ouvir as novidades, que não eram poucas.

Primeiro me contaram que o Dom Pedro tinha proclamado a independência do Brasil, coisa que eu nem imaginava – e olha que já estávamos em 1826! Depois, que na Província Cisplatina as coisas não iam bem. O general Lecór, que ficara como governador, desagradava os estancieiros e os donos das charqueadas pela preferência que demonstrava em favor dos interesses portugueses.

No ano anterior, 1825, um tal de Lavalleja, que combatera ao lado de Artigas, reunira um grupo de patriotas, chamados *Los Treinta y Tres Orientales*, e entrara no território, logo conquistando o apoio de grande número de estancieiros e pequenos caudilhos. O general Rivera, que devia barrar o avanço, acabou por também aderir ao movimento.

Depois de alguns combates pelo pampa, em que saíram vitoriosos, instalaram um governo provisório, fizeram a declaração de independência e se incorporaram à Argentina, o que piorava muito a situação para os portugueses.

O soldado mais moço, que já estava espichando o olho, meio disfarçado, pra a Bárbara, contou que tinha participado de uma batalha no Sarandi, ao comando de um guerrilheiro rio-grandense chamado Bento Gonçalves, quando tinham sido derrotados pelo exército de Lavalleja e Rivera.

– Pois aí – concluiu o soldado mais velho – o Brasil declarou guerra à Argentina e agora um grande exército brasileiro está se reunindo em Santana do Livramento. Já se tem notícia de que os argentinos também estão preparados.

– Mas então vai ser peleia braba! – comentei, notando que a Bárbara servia o refresco de pitanga para o rapaz com aquele jeitinho manhoso de guria faceira.

Nessa noite não preguei o olho, me revirando na cama. Não sei se por preocupação com o namoro dos dois ou se por saudade da guerra."

20

Passo do Rosário

— Seu Roque — disse Ana Maria, entrando no galpão com o caderninho na mão —, eu queria conferir com o senhor umas anotações. Pode ser agora?

— Pois vamos ver, moça — respondeu o velho, suspendendo o trabalho para prestar maior atenção.

— Nós tínhamos feito a revisão até o tratado de Santo Ildefonso, que repartia o Rio Grande mais ou menos ao meio, no sentido norte-sul.

— Depois vem a guerra entre Portugal e Espanha, em 1801, e a reação que nos devolveu boa parte do território, faltando praticamente só as Missões.

— Aí Borges do Canto, com uns poucos companheiros, retoma as Missões.

— Em 1808, Napoleão invade Portugal e a Família Real vem para o Brasil.

— Em 1810, a Argentina se declara independente da Espanha. Artigas ameaça tomar Montevidéu, que se mantinha fiel à Coroa Espanhola, e D. João VI manda o Exército Pacificador.

— Artigas foge, mas volta em seguida e conquista Montevidéu.

— D. João VI envia então um grande exército comandado pelo General Lecór, que toma Motevidéu e anexa o Uruguai, com o nome de Província Cisplatina. Isso aconteceu em 1820.

— Está bem assim, seu Roque?

— Acho que a moça poderia escrever também que depois de uns dez anos o Uruguai se revoltou contra Lecór, declarou independência e se aliou à Argentina. Então, o Brasil declarou guerra a eles.

Naquela noite o velho Roque pediu licença para não falar. Logo depois de escurecer, saiu a pé para o campo e só regressou altas horas. Pela fresta da janela, Jovino viu que antes de se recolher ele ficou muito tempo pensativo, olhando para o céu.

No outro dia ninguém comentou o assunto. Na hora de costume, Roque Tavares retomou sua história:

"Depois que os soldados foram embora, resolvi que não ia mais me meter em guerras, principalmente porque tinha família para cuidar. Não que se pudesse sempre manter uma promessa assim, pois era comum que as tropas chegassem, requisitassem bois e cavalos, convocassem os homens e deixassem as mulheres sozinhas pra tomar conta do que restasse.

Mas, o homem põe e Deus dispõe. Passou um tempinho e Maria de Jesus começou a se queixar de uma dor na barriga e a vomitar. Logo estava com febre e, da medicina que eu conhecia, não houve infusão que resolvesse. Uma semana depois, a barriga estava dura como um tambor e a pele parecia queimar de tão quente. A Bárbara não saía do lado dela, botando pano molhado na testa, mas não houve jeito. Pouco antes de morrer, me deu a caixinha com o mapa e suplicou que cuidasse da guria."

– Apendicite? – arriscou o tio Manoel.

– Acho que foi, patrão. A gente chamava essas doenças de nó nas tripas.

"Fiquei perdido, sem saber o que fazer, até que a Bárbara tomou a decisão. Me disse assim: – Pai, a gente não tem mais nada que fazer por aqui sem a mãe. Tu gostas da guerra e acho que é pra lá que nós temos que ir.

Eu sabia que, no fundo, a esperança dela era encontrar o soldado. Então, concordei."

– Mulher também ia pra guerra? – perguntou Ana Maria.

– Os exércitos daquele tempo eram diferentes. Atrás das tropas iam carretas, bois, mulas, cavalos, escravos e mulheres, a maioria chinas dos soldados. Algumas se encarregavam até de saquear os cadáveres depois dos combates.

"Então, chamei um índio que me cuidava das roças e mandei que ficasse tomando conta do estabelecimento até que eu voltasse, e se não voltasse... melhor pra ele!

Bárbara cortou o cabelo rente, com tesoura de tosquiar, e vestiu roupa de homem. Não queria ir atrás das tropas com as chinas. Também achei melhor. Afinal de contas, ela montava e atirava de pistola melhor do que muito guasca metido a campeão. Levamos só cavalos de muda e duas mulas com o que podiam carregar.

No caminho tivemos mais notícias. O nosso Marechal José de Abreu, Barão do Cerro Largo, guerreiro de primeira linha, gaúcho valente como poucos, tinha sido surpreendido pelo Rivera e perdera toda a cavalhada num lugar chamado Rincão das Galinhas. Essas manobras de surpresa acontecem nas guerras. Ninguém pode ganhar sempre, mas o Marechal, que despertava inveja em muita gente, foi destituído.

O Imperador Pedro I, que viera ao Rio Grande para dirigir a guerra, teve que voltar à Corte por causa da morte da Imperatriz Leopoldina. Então passou o comando para o Marquês de Barbacena, que era um finório, mais de dança de salão do que de briga.

Em Santana do Livramento encontramos a tropa brasileira. Os bombeadores diziam que o exército argentino, do Alvear, ia na direção de Cacequi."

– Bombeadores eram os que jogavam bombas? – perguntou Salatino.

– Não, moço – respondeu o velho, balançando a mão. – Bombear era o mesmo que olhar, espiar. Bombeador era uma espécie de observador.

"Então o Barbacena, pouca prática, achou que eles estavam fugindo e mandou forçar a marcha.

Não era nada disso! O Alvear, que já havia atacado Livramento sem resultado, estava, isto sim, procurando um local onde levasse vantagem no combate. Escolheu bem o lugar, no passo do Rosário, que eles chamavam de Ituzaingó, e esperou tomando chimarrão.

O nosso exército tinha mais de seis mil homens e o argentino um pouco mais do que isso, contando os milicianos e guerrilheiros uruguaios. Só que eles estavam bem descansados e nós vínhamos estropiados da marcha. Pra piorar, a cavalaria do Bento Manoel Ribeiro tinha ficado do outro lado do rio Ibicuí, desfalcando a nossa força.

Eu e a Bárbara ficamos no Regimento do Coronel Bento Gonçalves. Logo começou o entrevero. Os argentinos tinham mais canhões e cavalaria, e isso já se percebeu em seguida. Dali a pouco, com as ordens desencontradas do Barbacena, ninguém mais se entendia. Ficou pior ainda quando o macegal pegou fogo. Era janeiro de 1827 e o campo estava estorricado de tão seco.

Depois de umas cinco horas de combate, a situação estava feia para nós. A infantaria se desorganizou no meio da fumaceira e começou a bater em retirada, com a proteção da cavalaria do Bento Gonçalves. A confusão foi tão medonha, que o General José de Abreu acabou sendo atingido e morto por tiros dos seus próprios soldados.

Tivemos que nos retirar. Os argentinos, em vez de virem atrás de nós, acabaram se retirando também. Com certeza estavam tão esbodegados como nós. Depois ainda houve algumas escaramuças, mas em 1828, por interferência dos ingleses, foi assinada a paz e o Uruguai se tornou definitivamente independente."

– Ninguém venceu a batalha? – perguntou Pedro Paulo.

– Pois é esquisito mesmo, moço – respondeu Roque Tavares. – Cada um foi pro seu lado, como se já estivessem cansados daquele vai-e-vem que não terminava nunca.

– E os ingleses, o que tinham a ver com isso? – indagou Salatino.

– Eles eram os donos da navegação e do comércio nos mares – respondeu o velho –, e queriam ver o Rio da Prata livre de toda aquela confusão. Brasileiros e argentinos não podiam se encontrar que já murchavam as orelhas e saía coice pra todos os lados. Então os ingleses trabalharam para ajudar a pôr uma rolha entre o Brasil e a Argentina. Diziam que o Uruguai ficou sendo o estado-tampão.

"Depois da batalha, por insistência da Bárbara, percorremos o acampamento, procurando o tal soldado que passara pelo nosso rancho. O infeliz estava sendo atendido numa barraca, com um ferimento de bala no pescoço e queimaduras nos braços e nas pernas. Com o tiro, havia caído do cavalo e se queimado nas macegas em chamas. Como não podia montar e a maioria das carretas tinha sido perdida, foi deixado conosco, com a promessa de se apresentar logo que estivesse curado.

Os ferimentos não eram graves; com os cuidados da Bárbara, logo estava recuperado o rapaz. Em vez de se apresentar no exército, pediu pra voltar com a gente."

– Então já estavam namorando? – perguntou Ana Maria.

– É – respondeu o velho Roque. – Ele se chamava Pedro, e até que faziam um parzinho bonito. Então eu consenti e voltamos para casa.

"Os tempos andavam difíceis, porque o Governo colocava impostos muito altos no charque e nos couros. Não se tinha preço pra competir com os produtos da Argentina e do Uruguai. Mas, que remédio? Era trabalhar e trabalhar, ainda que fosse pra ganhar cada vez menos.

Uma tarde, estávamos sentados embaixo das figueiras, chupando umas laranjas, quando me lembrei do mapa. Falei do assunto para a Bárbara e risquei no chão os desenhos, que tinha de memória, comentando que o quadrado poderia ser a casa, e os círculos as três árvores. Só não havia explicação para a meia-lua com a cruz em cima.

– Cemitério não é, nem capela – comentei.

– Pode ser a grutinha – disse ela, sem tirar os olhos dos rabiscos. – A que o pai fez pra mim.

– Que grutinha é essa? – indaguei.

– O pai uma vez me trouxe uma santinha de louça. Então eu pedi pra ele fazer uma gruta de pedras pra santa. Ele fez lá perto da roça, abençoando a plantação. Depois eu coloquei uma cruzinha em cima e ele achou bonito.

– E a tua mãe, não sabia dessa gruta? – tornei a indagar.

– Sabia sim. Talvez não tivesse se lembrado. Só pode ser.

No dia seguinte, partimos os três na direção que a finada Maria de Jesus havia mencionado tantas vezes. Pergunta aqui, pergunta ali, encontramos um lindeiro, que nos levou até o lugar onde ficava o rancho destruído pelos índios. Lindeiro é o mesmo que vizinho de campo.

Da casa não havia mais sinal, mas estavam ali as três figueiras. Bárbara nos levou até o lugar onde ficava a gruta. Só restavam algumas pedras amontoadas.

Olhamos na direção da figueira do centro e riscamos uma linha no chão. O "X" do desenho só podia ser o local do dinheiro enterrado e o número 15, quinze passos. Ou metros, ou alguma coisa assim.

Contamos os passos, marcamos o lugar e começamos a cavar, eu e o Pedro, enquanto Bárbara vigiava pra não sermos percebidos. Não sabíamos se os passos eram grandes ou pequenos e isso, em quinze passos, faz diferença. Assim que cava-

Já ia quase anoitecendo quando a pá fez barulho de metal.

mos vários buracos grandes, também pra compensar algum erro na direção. Já ia quase anoitecendo quando a pá fez barulho de metal. Continuei a cavar, com cuidado."

– Achou o tesouro, seu Roque? – perguntou Jovino, com os olhos arregalados.

– Pois achei, seu Jovino. Era uma panela de ferro, coberta com couro apodrecido e cheia de moedas sujas, mas que, no esfregar na bombacha, luziram como ouro.

Só na volta, chegando em casa, foi que contamos as moedas. Bárbara limpou uma por uma com água, sabão e flanela.

Eram duzentas libras esterlinas de ouro! Uma fortuna naquela época!"

O Velho Roque fez uma pausa prolongada, baixou os olhos e concluiu:

"Então, eles estavam ricos e felizes, e senti que de novo tinha chegado a minha hora de partir."

21

Chegaram os alemães

— Pois eu já ouvi falar desses enterros de dinheiro — disse Jovino, antecipando-se à continuação da história do velho Roque. — No tempo do falecido major Felício, pai do seu Manoel, andaram por aqui uns homens com um aparelho que procurava metal embaixo da terra. Andaram muito em redor da porteira da invernada dos bois, mas, que eu saiba, não acharam nada que prestasse.

Imediatamente Pedro Paulo piscou o olho para Salatino, planejando a maldade.

— Não é de descrer — disse o velho. — Não havia bancos, e então a garantia era enterrar o dinheiro bem escondido. Acontecia às vezes da criatura morrer e o tesouro ficar perdido pra sempre.

— Seu Roque — perguntou Ana Maria, voltando ao assunto da história. — O senhor disse que a Bárbara tinha quinze anos. Não era muito cedo para casar?

— Olhe, moça, a vida era muito curta. Eram poucos os que passavam dos trinta ou quarenta anos de idade. Qualquer doença mais complicada ou ferida infeccionada matava, pois não havia antibióticos e outros remédios modernos. Em 1855, por exemplo, houve uma epidemia de cólera que só em Porto Alegre matou mais de mil pessoas, isso que a população pouco passava de quinze mil viventes. Depois, em 1918, foi a vez da gripe espanhola, que fez um estrago medonho. Pra dar tempo de criarem os filhos, e também pra manter a honradez das meninas, era melhor casar cedo. Assim, então, deixei a Bárbara e o Pedro bem arrumados na vida e soltei as rédeas no rumo do meu destino.

"No caminho, ia pensando. Era a única coisa que eu podia fazer no meio daquela solidão. Me lembrei que só ficara sabendo da independência do Brasil anos depois, pelas notícias dos dois soldados. Eu já tinha vivido tanto tempo e continuava ignorante. Resolvi mudar isso e virei as rédeas pra o lado de Porto Alegre.

Cheguei em Pedras Brancas, que hoje é Guaíba, na primavera de 1828. Atravessei o rio de barco e cheguei ao trapiche da Praça da Alfândega, onde desembarquei. Consegui alojamento no galpão de um depósito de lenha e fui conhecer a cidade. Notei que ela tinha crescido muito desde o tempo em que eu estivera no Porto dos Casais.

Andei pelo caminho à beira do rio, que se chamava Rua da Praia, vendo as casas de comércio, o movimento de gente a pé e a cavalo e a quantidade de escravos conduzindo fardos de mercadorias. No caminho, passei pelo Largo da Forca, que hoje é a Praça da Harmonia, onde também se situava o pelourinho. Depois subi o morro até a Santa Casa, recém-construída."

— Enforcavam gente no meio da cidade? — perguntou Ana Maria.

— Era assim que se fazia com os bandidos, moça. Pra dar exemplo.

— E pelourinho, o que era? — indagou Salatino.

— Pelourinho, moço, era uma coluna de pedra, às vezes de madeira, onde eram amarrados os criminosos pra serem castigados com chicotadas.

"Voltei pela Rua da Igreja, que hoje se chama Duque de Caxias, até o fim, lá na beira do rio, onde as lavadeiras se reuniam para lavar roupa. Seguindo a margem do Guaíba, fui até a ponte do Arroio Dilúvio. Ali terminava a cidade.

— Era bem pequena, então — comentou Pedro Paulo.

— Pra mim era muito grande, moço. A maior que já tinha visto.

"Porto Alegre publicava jornais e isso era importante. Eu queria sacudir a burrice e lia tudo o que me aparecia pela frente. Também não dispensava uma prosa com qualquer um que tivesse assunto pra contar. Foi assim que conheci o seu Dietrich.

O dinheiro estava acabando e, pra me sustentar, comecei a comprar mercadorias e vender em São Leopoldo. O seu Dietrich era meu freguês e seguidamente encomendava ferramentas pra sua selaria. A princípio ele se mostrava desconfiado e de pouca conversa, mas depois que ganhei confiança se tornou um bom amigo.

Um dia, enquanto entalhava em madeira um serigote, que também é uma espécie de sela, ele me contou que era alemão e que tinha vindo com os primeiros imigrantes, em 1824. A viagem tinha sido um horror: doze mil quilômetros de mar, num barco pequeno, onde as pessoas mal tinham espaço pra se mexer. Chegaram em Porto Alegre exaustos, doentes e foram colocados em carros de boi para serem transportados até São Leopoldo. Lá não havia nada; apenas uma picada aberta no mato, onde seriam distribuídos os lotes.

Não conheciam nada da terra, nem mesmo a língua que era falada, nem o tipo de comida, nem as cobras e outros animais ferozes, que fizeram muitas vítimas."

— Por que então eles saíram da Alemanha? — perguntou Ana Maria.

— Eu também quis saber — respondeu o velho. — O seu Dietrich me disse que naquele tempo a Alemanha era toda dividida entre famílias nobres e acabara de sair das guerras com Napoleão muito empobrecida. A terra era pouca e as famílias tinham muitos filhos. Assim, a quantidade de terra oferecida pelo governo brasileiro, mais isenção de impostos, ajuda em moeda, animais e ferramentas era de encher os olhos.

"Na realidade, essa oferta de terra encolheu para menos da metade, e muito pouco do que tinha sido prometido foi cumprido. Mas os colonos eram trabalhadores e habilidosos. Em pouco tempo foram abrindo novas picadas no mato, fazendo casas, formando lavouras e se adaptando aos costumes da terra. Introduziram novos produtos, como o centeio, a batata, a carne de porco e outros que não existiam no Rio Grande. Em compensação, adotaram muitos costumes gaúchos.

Apreciando a minha habilidade com trançados de couro, o seu Dietrich me convidou para trabalhar na selaria. Ali fiquei conhecendo a família dele. A esposa, dona Gertrudes, e os filhos, dois rapazes e três meninas, todos trabalhavam. Enquanto a mãe cuidava da casa, o mais velho ajudava o pai na selaria e os outros tratavam os porcos e capinavam a horta. Era tanto o capricho, que as verduras eram plantadas na ordem das cores, indo desde o verde-escuro das folhas de beterraba até o bem claro das alfaces.

Embora eu admirasse aquela gente bonita, de cabelos amarelos e olhos azuis, não podia me comunicar com eles, pois só falavam alemão. A não ser com o seu Dietrich, que havia aprendido um pouco de português por necessidade do comércio, mas, mesmo assim, ainda se atrapalhava todo com as palavras."

– Vieram muitos alemães para o Rio Grande, seu Roque? – perguntou Pedro Paulo.

– Quando a imigração foi suspensa – em 1830, se não me engano –, já tinham vindo mais de cinco mil, que se estabeleceram em Torres e nos vales do Rio dos Sinos e do Caí. Depois se espalharam para outras regiões do estado, para Santa Catarina e até pro Paraná.

"Por falar nisso, uma vez esteve em São Leopoldo o tal de Major Schaeffer, um alemão careca, amigo da Princesa Leopoldina, que era encarregado de recrutar os imigrantes na Alemanha. Recebeu um monte de reclamações pelas promessas não cumpridas. Não entendi nada, mas deve ter sido coisa séria porque ele foi embora de cara bem amarrada.

Em São Leopoldo não havia professores de português e os padres, em sua maioria, eram espanhóis. Embora entre os alemães houvesse católicos, a maior parte era de evangélicos, o que ainda complicava mais as coisas. Um dia o seu Dietrich me perguntou se eu poderia dar aulas de português para um grupo de amigos. Eu, um índio que mais grosso não podia ser, metido a professor? Mas, como nunca fui de negar estribo, concordei.

O grupo se reunia num galpão, onde puseram bancos. Bem na frente, sentava o seu Dietrich com toda a família. Me deu uma vergonha danada, mas fui começando do jeito que podia. Assim, fiz amizade com aquela gente, que prestava atenção e repetia o que eu ia dizendo como se estivesse ouvindo o catecismo. Também eu aprendi alguma coisa de alemão, e passei a ser convidado para os *kerbs*, onde fiz boas amizades."

– O que é *kerb*, seu Roque? – indagou Ana Maria, com o lápis e a caderneta na mão.

Em seguida, todos se deram as mãos e cantaram uma canção de Natal.

— Era uma festa que durava três dias e três noites. Começava de manhã com o culto religioso. Depois havia um almoço farto e se seguiam brincadeiras tipo quermesse. De noite faziam um baile no salão todo enfeitado. Inventavam jogos, cantavam, bebiam chope e faziam até torneios de tiro ao alvo. Aliás, ganhei mais de um.

"Bonito mesmo foi o Natal. Que coisa bem linda! O seu Dietrich trouxe um pinheirinho que a dona Gertrudes enfeitou com fiapos de algodão e barbas de pau – um parasita em fiapos, que dá nas figueiras. Fez ovos cozidos pintados, bolo de milho, cuca, várias chimias, um leitão assado numa travessa com frutas... e tantas coisas boas que dava gosto de ver arrumadas na mesa.

De noite a família se reuniu e me convidou, já que eu não tinha ninguém e Natal não é noite de se passar sozinho. Com todos reunidos em redor da mesa, o seu Dietrich fez uma oração, agradecendo toda aquela fartura. Em seguida, deram-se as mãos e cantaram uma canção de Natal trazida da Alemanha, que, se bem me lembro, era assim:

Stille Nacht, heilige Nacht,
Alles schläft, einsam wacht...

A música suave, cantada pelas vozes puras dos meninos, foi me amolecendo o coração, tão calejado de barbaridades, e me trazendo à lembrança outras noites de Natal, em que andava só, perdido no pampa, procurando nas Três Marias algum sinal de perdão. Se eu não sou ligeiro no disfarce, iam ver que uma lágrima teimava em me escorrer olho abaixo.

A noite era de paz, mas os ventos já sopravam más notícias.

Em 1831, Dom Pedro I voltou para a Europa e deixou o filho, de apenas cinco anos, com o tutor José Bonifácio. Os regentes que assumiram o governo acabaram provocando revoltas, principalmente no norte, no nordeste e no sul do país. O fato é que só se importavam com os estados do centro, deixando os demais abandonados e sufocados de cobranças.

Desde 1821 os impostos sobre os principais produtos gaúchos, como a erva--mate, o charque, os couros, a graxa e o sebo, eram muito pesados. Além disso, foi reduzido o imposto de importação do charque do Prata, o que derrubou o preço do produto brasileiro. Ao mesmo tempo, parece que de propósito para maltratar a gauchada, aumentaram o imposto de importação do sal, necessário à produção do charque.

Por aqui se dizia – e com muita razão – que o governo central só se lembrava do Rio Grande na hora das guerras. Ao mesmo tempo, a recente independência do Uruguai e as ideias de liberdade da Revolução Francesa e da Declaração de Independência dos Estados Unidos agitavam os partidos políticos e tornavam cada vez maior a revolta com o abandono da província.

Pois a situação era essa quando apareceu na selaria um homem fardado, encomendando um jogo completo de arreios. Tinha divisas de capitão, mas, não sei por que, era chamado de Cabo Rocha.

Quando fui a Porto Alegre entregar os arreios, ele elogiou o trabalho e, conversa vai, conversa vem, ficou sabendo que eu era veterano de muitas peleias. Me disse que estava precisando de gente disposta e – diabo de sangue ruim! – só voltei a São Leopoldo pra pegar as armas e me despedir, sem nem saber direito no que estava me metendo.

Eu não tinha mesmo jeito de ficar parado."

Nessa noite, antes de dormir, Pedro Paulo, Salatino e Ana Maria se reuniram na mesa de jantar. Depois de discutir a estratégia, rabiscaram um mapa numa folha de papel. Em seguida umedeceram a folha, sujaram com terra e amarrotaram diversas vezes, para dar aspecto de coisa velha.

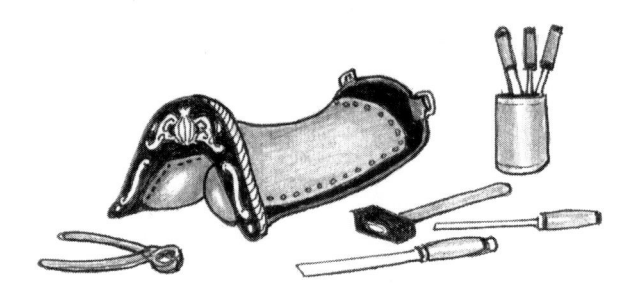

22

Os FARRAPOS

O tio Manoel estava ampliando o arvoredo, que o pessoal da cidade chama de pomar. Estendeu a cerca por mais trinta metros na direção do potreiro e marcou com estacas a posição das covas, que seriam abertas pelo Jovino para plantar as mudas.

Pedro Paulo conseguiu com a tia Marina uma caixinha de madeira, velha e desengonçada, que um dia servira para guardar linhas de costura. Colocou o mapa na caixa e amarrou-a com tiras de couro retiradas da trança de um laço arrebentado. Concluída a manobra, os três jovens esperaram o momento em que Jovino saía para o campo e foram até o arvoredo, levando uma pá de corte. Arrancaram uma das estacas e cavaram um buraco, aproveitando que a terra fora mexida e estava fofa. Enterraram a caixa, puseram algumas pedras por cima e tornaram a cobrir com terra. A estaca foi devolvida ao seu lugar e... pronto: a tarefa estava cumprida.

Da janela no fundo do galpão, com um sorriso de quem aprecia uma boa trapaça, o velho Roque assistiu à manobra.

Naquela tarde Jovino se dedicou a abrir as covas e a adubá-las com estrume trazido da mangueira, preparando o plantio das mudas. Numa dessas, encontrou alguma coisa estranha. Primeiro com curiosidade, depois com espanto, examinou o achado. Olhou para todos os lados, escondeu-o sob a camisa e esgueirou-se pelo arvoredo até chegar ao seu quarto, onde demorou-se alguns minutos. Em seguida voltou ao trabalho, assobiando como se nada houvesse acontecido.

À noite, depois de satisfazer a curiosidade do Jovino, que parecia ansioso e não se cansava de perguntar sobre detalhes referentes a mapas e tesouros, o velho Roque retomou o fio da história.

"Vindo de São Leopoldo, me apresentei ao Cabo Rocha num acampamento onde estavam uns trinta homens, perto da azenha de trigo situada ao lado da ponte do Riacho Dilúvio."

– Azenha é o nome do bairro – interrompeu o tio Manoel. – Vem daí, então?

– É verdade – respondeu o velho. – Chamavam de azenha um moinho movido à roda d'água, ou então atafona, que é mais ou menos a mesma coisa.

"No acampamento, todos comentavam que Bento Gonçalves ia tirar o Fernandes Braga do governo da província. É preciso dizer que Bento Gonçalves tinha uma grande liderança entre a gauchada. Apesar de não ser oficial do Exército, distinguira-se nas guerras, desde soldado raso até Coronel da Guarda Nacional, recebendo várias condecorações por bravura.

O descontentamento era geral. O que se reclamava mais era o seguinte:

– O Rio Grande estava empobrecido pelas guerras constantes e pelos pesados impostos que eram cobrados sobre os seus principais produtos.

– Os gaúchos se sentiam abandonados pela Corte. Apesar de todos os sacrifícios feitos para defender o país em várias guerras, aqui não havia escolas públicas, estradas e outros investimentos capazes de melhorar a situação da província.

– Na política, as ideias dos liberais, chamados de *farrapos*, ou *farroupilhas*, tomavam força. O Presidente da Província, Fernandes Braga, ligado aos conservadores, denunciara Bento Gonçalves como conspirador, sem conseguir provar essa denúncia perante a Assembleia Provincial. O que é pior: o Fernandes Braga fora indicado para o cargo pelo próprio Bento Gonçalves!

O Governo da Província já tinha notícia de que havia rebeldes acampados perto da ponte da Azenha. Pois então, na madrugada do 19 de setembro de 1835, fomos avisados de que um piquete da guarda do Palácio do Governo vinha descendo pela Estrada da Várzea – que hoje é a Avenida João Pessoa – para nos atacar.

Foi só o trabalho de chegar e voltar, corridos à bala e a fio de espada. E não ficou barato! Os farroupilhas Gomes Jardim e Onofre Pires avançaram com o restante das tropas e tomaram a cidade, enquanto o governador Fernandes Braga limpava o cofre do Palácio e fugia para Rio Grande."

– De quem traiu uma pessoa que lhe depositou confiança, não se podia esperar outra coisa – comentou o tio Manoel. – Gente desse tipo sempre existiu e continua existindo.

– É isso, patrão – concordou o velho Roque. – São os que preferem se esconder na sombra do mais forte, que no caso era o Império.

– E o Bento Gonçalves assumiu o governo? – perguntou Pedro Paulo.

– Aí se conhece o caráter do homem, moço – respondeu Roque Tavares. – Poderia ter assumido, mas não assumiu.

"Não assumiu, empossou um governo provisório e conseguiu a nomeação legal do novo presidente, José de Araújo Ribeiro. Aconteceu então que esse Araújo Ribeiro, logo que chegou do Rio de Janeiro, em vez de tomar posse em Porto Alegre, se assustou com o movimento e resolveu se instalar em Rio Grande. Logo em seguida o Governo Central determinou que todas as repartições públicas fossem transferidas para aquela cidade. Bem, aí os farrapos se esquentaram de vez com o desafio. Estava começada a Revolução Farroupilha, que ia fazer sangrar o Rio Grande pelos dez anos seguintes.

Os Farroupilhas.

Começaram as escaramuças, sem haver uma frente definida. Eram combates de encontro em diversos lugares, como Arroio Grande, Pelotas, Torres, Viamão, Arroio dos Ratos e outros, com vantagem inicial para os Farroupilhas. No início da guerra, uma perda importante foi a do Coronel Bento Manoel Ribeiro, que, apesar de ter sido nomeado Comandante das Armas pelo Bento Gonçalves, mudou de lado na última hora."

– Outro vira-casaca? – comentou Salatino. – Pensei que no Rio Grande não houvesse gente desse tipo.

– Poucos... poucos, mas existem... – disse o velho. – E são os piores, porque conhecem bem a nossa trincheira.

"Tudo parecia ir bem, até que em junho de 1836 aconteceu um desastre: a fuga do Major Marques de Souza, legalista, que se rendeu aos Farroupilhas em Pelotas e ficou preso no navio Presiganga, ancorado no rio Guaíba. O major escapou da prisão, libertado por companheiros legalistas que fugiram do 8º BC, após subornarem o carcereiro.

Com o apoio dos conservadores, Marques de Souza retomou o Palácio do Governo e expulsou os Farroupilhas de Porto Alegre. Ainda no mesmo mês, Bento Gonçalves contra-atacou, tentando reconquistar a cidade, sem sucesso. Manteve o cerco durante muito tempo, mas tudo foi inútil. Até o final da revolução, os Farrapos não entraram mais em Porto Alegre."

– Uma perda importante! – comentou o tio Manoel.

– Quase de desanimar – anuiu o velho Roque –, ainda mais que o porto de Rio Grande também estava nas mãos dos legalistas. Mas os Farrapos não eram de quebrar o penacho na primeira dificuldade!

– E o senhor, seu Roque, onde andava nesse tempo? – perguntou Ana Maria.

– Como sempre, entreverado na guerra, moça.

"Uma tarde, perto de Bagé – isso ainda em 1836 –, estávamos acampados num cerrito, de onde se tinha vista boa pra todos os lados. Era importante pra não ter surpresas."

– Um momento, seu Roque – interrompeu o tio Manoel, e se dirigiu aos moços: – Se vocês observarem bem, quase todas as estâncias no Rio Grande têm a sede no ponto mais alto do terreno. Embora essa localização dificulte o abastecimento de água, que em lugares mais baixos poderia até ser feito por gravidade, sempre foi a escolhida por razões de segurança. Vejam então a influência das guerras nos costumes gaúchos.

– Pois é bem como diz o patrão – aprovou o velho.

"Então, pelas tantas surgiu lá longe um cavaleiro, solito, que andava e parava, como se estivesse procurando alguma coisa. Pelo jeito ainda não tinha nos visto. Podia ser um bombeador – já expliquei que é um observador – do inimigo. Mais perto, se ergueu nos estribos, levantou a aba do chapéu pra ver melhor e deu meia-volta, já a galope. Tinha-nos descoberto!

Num salto de gato, montei no meu zaino sem nem olhar pros estribos e disparei atrás do fujão. Se era inimigo, tinha informações, e então era preciso pegar inteiro o vivente. Meu pingo era parente do vento e logo cheguei perto, já com as boleadeiras girando em cima da cabeça. Num upa, as bolas se enroscaram nas patas do cavalo e o tombo foi a coisa mais linda de se ver. Maior ainda foi a minha surpresa quando apeei e dei de cara com o infeliz.

Era pouco mais que um piazito, assim da idade de vocês, magro e esfarrapado de dar dó, mas brabo como um galo de rinha. Foi uma luta trazer pra o acampamento sem machucar o vivente. Só se acalmou quando lhe ofereci um naco de carne gorda, que comeu quase sem mastigar, tamanha a fome. Aos poucos, foi falando. Tão xucro, que mal se entendia o que queria dizer.

Não tinha pai nem mãe, nem parente que conhecesse neste mundo. Fora criado guaxo e andava na cola das tropas recolhendo sobras, caçando ou roubando algum distraído. Nem nome tinha o coitado, ou então se esquecera de como era chamado. Com a barriga cheia, foi ficando, sempre na minha sombra e prestando atenção em tudo que eu fazia. Pensei em arrumar um nome pra ele mas não foi preciso, porque logo pegou o apelido de Pelincho, e Pelincho ficou.

O meu piquete fazia parte do pessoal do General Antônio de Souza Netto, homem muito fino e o melhor cavaleiro que eu já tinha visto neste Rio Grande.

Pois, no começo de setembro, se soube que o Coronel João da Silva Tavares – mais conhecido como Joca Tavares –, que era compadre do Bento Gonçalves mas se quedara ao lado dos legalistas, tinha retornado do Uruguai, para onde fugira ao ser derrotado em Pelotas pelo General Souza Netto. Estava voltando com jeito de domador, assim como quem está passeando e desprezando o adversário.

O General Souza Netto não estava com gosto pra brincadeiras. Nos reuniu e avançamos ao encontro do Joca Tavares, que aguardava perto do Arroio Candiota, no topo de uma coxilha. Atravessamos o Arroio Seival num terreno mais baixo e logo o General Netto, na frente da sua tropa, comandou o ataque.

Mandei que o Pelincho ficasse na retaguarda e levantei a lança para a carga. Vocês não podem imaginar o que seja uma carga de cavalaria! Quando os animais disparam, o estrondo das patas sacudindo o chão e os gritos dos homens, enlouquecidos pelo furor da batalha, são uma visão de dentro da porta do inferno. Se o cavalo rodar, ou se o cavaleiro cair, está morto pelas pisoteadas dos que vêm atrás. Se chegar, vai bater de frente com um paliteiro de lanças e espadas, sem contar as balas, que zunem como marimbondos.

Pois, no primeiro choque o inimigo levou vantagem, mas a sorte madrinha estava do nosso lado. Quebrou-se o freio do cavalo do Coronel Tavares e o animal disparou. Com isso a gente dele se desorganizou e o combate virou um massacre. Do lado deles ficaram cento e oitenta mortos, um monte de feridos e mais de cem prisioneiros. No nosso lado, as baixas foram muito pequenas.

Procurei o Pelincho e não encontrei o guri. Assustado, andei de um lado pro outro até que o danado me apareceu com uma cara muito alegre, montado num bonito cavalo tordilho, bem encilhado e com uma espada na mão esquerda. Ainda por cima, o sem-vergonha era canhoto! – *Recuerdos* da peleia! – me disse, com um sorriso largo.

A vitória na Batalha do Seival foi tão grande, que o General Netto se entusiasmou e dois dias depois proclamou a República Rio-Grandense, independente do Brasil."

— Mas, seu Roque – disse o tio Manoel –, me parece um pouco de leviandade tomar uma atitude tão séria assim só por entusiasmo.

— É difícil saber o que se passa na cabeça dos chefes, patrão, mas o que se ouvia dizer era que o General não acreditava mais que pudesse haver acordo naquela briga com o Império. Então tinha que ser oito ou oitenta, e ele não era homem de ficar requentando a decisão. Aliás, pra conhecer bem o caráter do homem, é preciso lembrar que na Batalha do Seival, quando o General Netto soube que o filho do Joca Tavares tinha sido aprisionado, mandou soltar o guri.

— Seu Roque, não foi esse mesmo Joca Tavares que lhe deu o seu sobrenome? – perguntou Ana Maria, faceira por ter se lembrado.

— Esse mesmo, moça; esse mesmo.

23

Bento Gonçalves, Garibaldi e a República Juliana

– O Jovino anda esquisito – comentou o tio Manoel com a mulher, que bordava um lenço com as iniciais do marido. – Anda com um pedaço de papel na mão, contando passos pra lá e pra cá e sempre termina na frente daquela latrina velha lá de fora. Aí fica rodeando a latrina, balança a cabeça e começa tudo de novo.

– Os meninos têm alguma coisa a ver com isso – opinou a tia Marina, sem tirar os olhos do bordado. – Reparei que eles ficam escondidos, cuidando os passos do Jovino e dando risadas. Boa coisa não há de ser.

Roque Tavares estava concluindo o trançado do peitoral quando Jovino entrou distraído no galpão, segurando o mapa que havia encontrado no arvoredo. Dando-se conta da presença do velho, escondeu o papel dentro da camisa, meio desajeitado, e sentou-se num pelego. Logo chegaram tio Manoel e os moços, que se acomodaram nos banquinhos para ouvir a continuação da história.

Roque Tavares dependurou o peitoral no varal dos arreios, sentou-se na beira do fogo, pensou um pouco para emparelhar as ideias e voltou ao assunto.

"Naquela ocasião, quando foi proclamada a independência do Rio Grande, Bento Gonçalves estava cercando Porto Alegre. Logo ficou sabendo que a capital seria Piratini, que fica a meio caminho entre Pelotas e Bagé, e que ele era o candidato único ao cargo de Presidente. Sendo assim, abandonou o cerco e movimentou o seu exército de mais de mil homens no rumo de Piratini. Planejou cruzar o rio Jacuí na altura de Triunfo, pela ilha de Fanfa, que facilitava a passagem.

Aconteceu, porém, que o Bento Manoel Ribeiro foi avisado e deslocou as forças imperiais para lá. Em seu apoio, seguiram pelo rio navios de guerra comandados por um mercenário inglês contratado, chamado Grenfell.

Pois, na noite prevista, metade da tropa de Bento Gonçalves chegou à ilha de Fanfa, que fica no meio do Jacuí. Quando os Farrapos tentaram completar a travessia pra marchar sobre Triunfo, foram surpreendidos pelos barcos do Grenfell, que bloqueavam os dois braços do rio. Ao mesmo tempo, os demais foram atacados por terra, de surpresa, pela cavalaria legalista do Coronel Andrade Neves. Depois de um dia de resistência, com centenas de mortos e feridos, tiveram que se entregar. Foi uma desgraceira! Bento Gonçalves e os principais chefes farroupilhas foram presos e o seu exército praticamente se acabou!"

– Então, terminou a revolução? – perguntou Salatino.

– Não, moço, não terminou – respondeu o velho. – A República de Piratini estava instalada e ainda restavam as forças do General Netto e outras brigadas espalhadas na Campanha.

– Que região é essa que chamam de Campanha? – perguntou Pedro Paulo.

– É a parte mais baixa do estado, moço; mais ou menos do rio Jacuí para o sul.

"Mas, então, continuando, Bento Gonçalves foi levado preso, primeiro pra o Rio de Janeiro e depois pra o Forte do Mar, em Salvador, na Bahia.

Mesmo sem a presença do seu líder, a República começou a se organizar, com a criação de ministérios, bandeira oficial, hino e até moedas, que eram as do Império, serradas pelo meio.

Depois da Batalha do Seival, fiquei com o Tenente-Coronel Joaquim Pedro Soares, ajudando a preparar o Corpo de Lanceiros Negros, todo de escravos livres. Gente forte e decidida.

Pois, nessa ocasião eu andava preocupado com o Pelincho, que em vez de ficar quieto, fazendo serviço de guri, queria andar sempre com a tropa, brincando com aquela espada que nem sabia manejar e se metendo nos entreveros de gente grande. É verdade que agora estava forte, desempenado, e trazia a vivência de quem nasceu sem parteira e aprendeu a andar sozinho. Então, já que era assim, resolvi ensinar pra ele os dez mandamentos da guerra:

Primeiro: Antes do combate, aperta bem os arreios, pra não se afrouxarem no meio da peleia.

Segundo: Nunca deixes molhar a pólvora da pistola.

Terceiro: Cuida do fio da espada, que se usa mais de corte que de ponta.

Quarto: Com a espada, dá o talho de flanco, que é mais difícil de defender que o de cima para baixo.

Quinto: Usa a lança sempre com a cruzeta, que, além de ajudar a desviar o golpe do inimigo, impede que ela finque muito fundo e se perca.

Sexto: Aponta a lança para o focinho ou para o peito do cavalo – é mais fácil de acertar, e o inimigo a pé está fora de combate.

Sétimo: Dorme sempre com um olho fechado e o outro aberto, a pistola no alcance da mão.

Oitavo: Ataca sempre na hora e no lugar que o inimigo menos espera.

Nono: O que mais mata é o medo de morrer – a audácia é sempre melhor que a indecisão.

Décimo: Respeita o inimigo vencido – não se maltrata um prisioneiro.

Então, dei o Pelincho por pronto. Daí por diante era por conta dele, embora eu sempre procurasse estar perto do guri, que às vezes ainda enroscava as esporas nas bombachas."

– Mas só com esses conselhos ele já estava pronto pra uma guerra? – perguntou Salatino.

– Isso era a teoria, moço. A prática só se aprende fazendo.

"Bueno, mas a República foi andando, e se animou mais ainda quando Bento Gonçalves fugiu da prisão na Bahia. O grande comandante voltou e assumiu a presidência da nova República, que iniciava sua organização administrativa.

Nesse tempo, alguns revolucionários italianos fugidos do seu país se tornaram conhecidos no Rio Grande, entre eles Garibaldi, Rosseti e Zambeccari, que esteve preso junto com Bento Gonçalves, todos defensores dos princípios republicanos. Esse Rosseti lançou e dirigiu o jornal dos Farrapos, chamado *O Povo*."

– No colégio, também temos um jornal – interrompeu Pedro Paulo. – Chama-se *A Forquilha*.

– Nome estranho! – disse o tio Manoel. – O que significa?

– Foi ideia do professor – explicou Pedro Paulo. – Ele propõe uma questão sobre um assunto dos jornais e nós fazemos duas redações: uma a favor e outra contra, que são publicadas no nosso jornal. Por isso se chama *Forquilha*. Depois se faz uma votação, onde cada um escolhe de que lado vai ficar.

"Deve ser bom pra aprender a pensar – continuou o velho –, mas quem andava assim, balançando no entroncamento da forquilha, era o Bento Manoel Ribeiro, que no início se passou para os legalistas e foi responsável pela derrota das tropas de Bento Gonçalves na Ilha de Fanfa. Depois, em 37, se desentendeu com os imperiais e voltou para o lado dos Farroupilhas. O fato é que ele era um militar brilhante e logo mostrou isso, com uma grande vitória no combate de Inhanduí, o que lhe valeu a promoção a General da República.

Em 38, os Farrapos venceram um bom combate em Rio Pardo, mas não conseguiram conquistar Rio Grande, nem retomar Porto Alegre. Na verdade, estavam isolados na Campanha, sem um porto de mar que permitisse o comércio e a compra de armas e munições. Logo no início de 39, a pressão dos legalistas aumentou e, por questão de segurança, a capital foi transferida para Caçapava."

– E o Garibaldi, seu Roque? – perguntou Ana Maria. – Fale um pouco dele e da Anita.

– Conheci muito os dois – respondeu o velho. – Gringo danado de valente! E ela um doce de pessoa, quando não estava braba. Se estivesse, era melhor ir saindo da frente.

Colocou rodas de carretas, com eixos, sob os navios.

"O Garibaldi, se bem me lembro, conheceu o Bento Gonçalves quando foi visitar o Zambeccari na prisão, no Rio de Janeiro. Lá mesmo se acertaram e ele já saiu com uma carta de corso no bolso. Carta de corso era um documento que autorizava o aprisionamento de navios e a destinação de metade da carga para financiar a revolução. A outra metade ficava com o corsário.

Ele começou o serviço lá no Rio de Janeiro mesmo, tomando de assalto uma sumaca e hasteando a bandeira da República Rio-Grandense."

– O que é sumaca, seu Roque? – indagou Salatino.

– Era um navio a vela, com dois mastros, muito usado na navegação costeira.

"Depois dessa gauchada, ou se preferirem, dessa italianada, se meteu em muitas aventuras, andando pelo Uruguai e pela Argentina, até que, no final de 1837, chegou a cavalo em Piratini.

Naquela ocasião os Farroupilhas estavam ficando asfixiados pela ausência de uma comunicação com o mar, já que Grenfell dominava a Lagoa dos Patos e Rio Grande estava nas mãos dos imperiais. Resolveram então tomar a cidade de Laguna, em Santa Catarina.

David Canabarro recebeu o comando da operação terrestre, enquanto Garibaldi ficou encarregado da força naval, composta por dois lanchões: o Farroupilha e o Seival. Muito metido, mesmo sem entender do assunto de barco, me ofereci como marinheiro e levei o Pelincho de meu ajudante.

Até aí tudo muito bonito, só que não havia como chegar até o oceano, pois o Grenfell tinha navios melhores e não dava folga, patrulhando os rios e a lagoa. Pois vocês não imaginam o que o Garibaldi armou!"

O velho fez uma pausa e encarou, um por um, os ouvintes.

– Diga logo, seu Roque! – pediu Jovino, mordido pela curiosidade.

"Pois, quando ele soube que o Grenfell estava indo na direção do Rio Camaquã, onde ficava o nosso estaleiro, guiou os lanchões para o norte da lagoa e entrou pelo rio Capivari, até onde houve calado para os barcos. Aí, colocou rodas de carreta enormes, com eixos, sob os navios e não sei quantas juntas de bois para puxar. Mais de vinte, acho que eram.

Vocês podem imaginar o que foi carregar aqueles barcos por terra. Mais de oitenta quilômetros, até Tramandaí! Isso no inverno, com um frio de rachar e com o terreno encharcado da chuva, que não parava nunca! Quem não viu não acredita! Mas, chegamos, e os navios entraram no mar desfraldando a bandeira da República Rio-Grandense. O fato é que só o Seival, onde íamos eu e o Pelincho, chegou até Laguna. O Farroupilha afundou e um dos poucos que se salvaram foi o Garibaldi.

O gringo passou para o Seival e atacamos Laguna por mar, enquanto David Canabarro carregava com a cavalaria sobre a cidade. Foi surpresa total e o inimigo fugiu, deixando pra trás uma porção de navios, armas, munições, mantimentos, enfim, tudo de que se estava precisando. No dia 29 de julho de 1839 foi proclamada a República Juliana, que correspondia mais ou menos ao atual estado de Santa Catarina.

 Então, o Garibaldi conheceu a Anita, que era casada com um sapateiro. Diz que ele mandou consertar umas botas e, na saída, levou a mulher de inhapa. Era bonitaça a guria, de pele branquinha e cabelo bem preto.

 Mas a alegria dos Farrapos durou pouco. Os imperiais contra-atacaram e depois de várias peleias no mês de novembro, ainda de 39, impuseram aos revolucionários uma derrota definitiva no combate de Curitibanos, acabando com a República Juliana. Naquele combate, a Anita foi presa – por pouco tempo, pois a moça fugiu, atravessou o rio Canoas agarrada na crina do cavalo e foi se encontrar com o Garibaldi, bem faceira, lá em Vacaria.

 Lá por 1841, ela e o gringo sentiram que não havia mais futuro para a revolução e foram para o Uruguai, onde ainda guerrearam contra os argentinos. Depois seguiram para a Itália, onde ela morreu, ainda moça, no meio de outra guerra. Gente danada! Ele continuou peleando até velho na Itália, onde é considerado herói – isto no sul, porque no norte dizem que é detestado."

 – Por que isso, seu Roque? – perguntou o tio Manoel.

 – Ora, patrão, pois parece que ele foi importante na luta pela unificação da Itália, e os italianos do norte não queriam se juntar com os do sul. Mas isso é coisa lá deles.

 – E os imigrantes alemães? – indagou Pedro Paulo. – De que lado ficaram?

 – Tanto os imperiais como os republicanos queriam os alemães do seu lado, pois além de serem produtores de alimentos, equipamentos e armas, alguns tinham experiência militar das guerras napoleônicas. Na verdade, eles se dividiram, mas a maioria se conservou fiel ao Império.

 – Os alemães também enterravam tesouros? – perguntou Jovino, apalpando disfarçado o mapa que trazia escondido na camisa.

 – Isso não sei com certeza, seu Jovino – respondeu o velho, com ar muito sério. – Mas, quem sabe, podem ter enterrado algum.

 Nessa noite, depois que todas as luzes se apagaram, Jovino voltou a contar os passos, seguindo a indicação do mapa. Mesma coisa! A trilha terminava na velha latrina, lá nos fundos.

 – Que diabo! – pensou, coçando a cabeça –, como é que alguém foi enterrar um tesouro num lugar desses?

24

A PACIFICAÇÃO

No cair da tarde, o céu escuro e o vento morno que fazia rodopiar no chão as folhas secas das árvores prenunciavam temporal. Contra o horizonte, volta e meia um clarão desenhava o recorte das nuvens e, de longe, se ouvia o ronco surdo dos trovões.

– Quando se vive muito – disse Roque Tavares, iniciando a conversa –, cada coisa que acontece traz uma lembrança.

– Qual é desta vez? – perguntou Pedro Paulo.

– O trovão, moço. Esse barulho que vem não se sabe de onde. Que sempre assusta um pouco; pior ainda se for de noite, porque a escuridão exagera tudo.

– Mas qual é a lembrança? – insistiu Pedro Paulo.

– Já lhe conto – respondeu o velho, despejando um pouco mais de água na chaleira de ferro.

"Logo que começou a revolução, os Farrapos tinham mais gente do que os imperiais. Depois, no passar do tempo, com as derrotas sofridas e com os reforços enviados pelo governo central, ficaram em inferioridade de homens e armas. Isso aumentou a importância da guerra de guerrilhas, que aliás sempre foi uma característica do gaúcho."

– Como é a guerra de guerrilhas? – perguntou Salatino.

– É a guerra da velocidade, da surpresa, da astúcia. Se o inimigo ataca, a gente recua e desaparece; se ele para pra descansar, a gente ataca. Não se dá trégua nem folga. Sempre de surpresa e onde ele menos espera.

– Mas qual é a relação com o trovão? – tornou a perguntar Pedro Paulo.

– Ah! Pois ia me esquecendo... Era uma tática muito especial. Quando os imperiais estavam acampados, pensando que iam dormir pra descansar um pouco, os Farroupilhas juntavam um bando de cavalos xucros e atavam couros secos nas colas dos animais. Em seguida, espantavam a cavalhada na direção do acampamento. O barulhão dos couros arrastando no chão, no silêncio da noite, produzia um som grosso de trovoada capaz de arrepiar qualquer vivente. Quem se assustava mais ainda eram os cavalos deles, que disparavam campo afora, deixando todo mundo a pé.

– Muita criatividade daquela gente! – comentou o tio Manoel.

– É verdade, patrão – respondeu o velho Roque. – Às vezes uma boa ideia vale mais que dez canhões.

"Mas então, voltando ao assunto da República Rio-Grandense, o ano de 1840 foi ruim para os Farrapos. Em março, Caçapava foi atacada e tomada pelas tropas imperiais. Com isso a capital foi de novo transferida, desta vez para Alegrete, bem mais afastada do alcance da ação do inimigo.

Mas os Farrapos não esfriavam o ânimo. Em abril travaram o maior combate de toda a guerra, a Batalha de Taquari, perto de Porto Alegre. Coisa muito feia! Ninguém venceu, e morreu tanta gente, que nem deu pra enterrar. Foi preciso amontoar os cadáveres sobre pilhas de lenha e queimar. Lhes digo que naquela hora se podia ter uma ideia de como funciona o inferno! Foi a primeira vez que vi Bento Gonçalves e o General Netto abatidos.

Em junho perdemos São Gabriel e, em novembro, Viamão. Para piorar, no começo de 1841 o Bento Manoel Ribeiro se desentendeu com o comando farroupilha e tornou a se bandear para os imperiais.

Entrou 1842 e o governo imperial chegou à conclusão de que era preciso fazer alguma coisa para resolver a questão no Rio Grande. Outras insurreições, como a Confederação do Equador e a Praieira, em Recife; a Sabinada, em Salvador; a Cabanagem, no Pará; e a Balaiada, no Maranhão, foram mais ou menos fáceis de dominar, mas aqui o osso era muito duro de roer. Então, Luís Alves de Lima e Silva, que na época era o Barão de Caxias e se destacara na pacificação de outros movimentos, foi nomeado Presidente e Comandante de Armas da Província.

Logo a coisa começou a mudar de figura. Antes de qualquer conversa fiada, Caxias reagrupou o exército imperial e deu o comando das operações de combate para o Bento Manoel Ribeiro e o Francisco Pedro de Abreu. Este último, que chamavam de Chico Pedro, e também de Moringue, por causa da cabeça grande e as orelhas de abano, era um baixinho magricela, que à primeira vista não tinha serventia pra nada, mas na hora do pega pra capar, ai de quem ficasse plantado na frente dele.

Pois o Caxias, além disso, passou a usar também a tática de guerrilha, sentindo que era a que mais convinha."

– Mordida de cobra se combate com veneno de cobra! – comentou o tio Manoel.

– Isso mesmo, patrão – concordou o velho. – Pra combater uma guerrilha, só com outra guerrilha. E foi o que o Caxias fez. Outra diferença era que ele comandava pessoalmente. Pra um soldado que está ali arriscando o couro isso faz muita diferença.

"Mas não pensem que foi assim tão fácil. Na primeira arrancada, Caxias se aproximou de nós com uma tropa de uns mil e oitocentos homens. O General Netto desviou e não aceitou o combate. Era comum, num aperto, fugir para o Uruguai, deixar esfriar a marca e voltar por outro lugar."

— O que quer dizer "esfriar a marca", seu Roque? — perguntou Ana Maria.

— Quando se marca um animal com ferro quente, ele fica danado de brabo. Quando esfria a marca, ele se acalma. Então, "esfriar a marca" quer dizer "se acalmar".

"Seguindo a regra, nos fomos Uruguai adentro.

Quando chegou o mês de abril, já em 1843, voltamos, atacamos São Gabriel e atraímos o vira-casaca do Bento Manoel para o Ponche Verde, onde o terreno era um banhado só. Ali nós tínhamos mais de mil farroupilhas, comandados pelo Bento Gonçalves, o Netto, o David Canabarro e o João Silveira, tudo gente de primeira linha.

Atropelamos o inimigo e o resultado veio ligeiro! Em duas horas de entrevero, o Bento Ribeiro deu de rédeas pra trás, deixando uns cinquenta mortos, feridos, prisioneiros e uma boa cavalhada, o que era muito importante. Foi uma boa vitória... só que foi a última!

O fato é que a resistência dos Farrapos estava se esgotando. Já não havia armas, nem munição, nem uniformes. Para fazer abrigos no inverno, Bento Gonçalves mandou carnear ovelhas e usar os pelegos pra esquentar os homens.

Vocês sabem que até na casa da gente, quando as coisas não vão bem, ninguém mais se entende. Pois com os Farroupilhas foi a mesma coisa. Bento Gonçalves, o grande homem da revolução, passou a ser acusado de uma porção de coisas, até de ditador. As diferenças entre os comandantes foram aumentando, até que um opositor do Bento foi covardemente assassinado. Houve uma grita geral e o Coronel Onofre Pires, que era seu primo e tinha sido seu amigo por anos, acusou o Bento Gonçalves de ser o mandante do crime.

Não podia ser de outro jeito: foi desafiado para um duelo de espada! Se me lembro bem, foi no começo de 1843, nos campos de Sarandi. Os dois montaram a cavalo e seguiram para além dum capão de mato. Fui atrás e me escondi pra ver a peleia."

— O senhor não tentou apartar, seu Roque? — perguntou Salatino.

— Deus me livre, patrãozinho. No meio daqueles dois homens, nem o diabo tinha licença de se intrometer.

"O Onofre Pires era mais moço e mais forte, mas não tinha o mesmo traquejo na espada. Até os passarinhos calaram o bico quando os ferros se bateram, mas não durou muito. O Bento acertou um talho no braço do Onofre, que não conseguiu mais segurar a espada. O combate estava terminado e a honra lavada com sangue, como se dizia naquele tempo.

Ajudei a levar o Coronel Onofre para o acampamento e passei a cuidar do ferimento dele com as minhas ervas, pois remédios havia muito que não se tinha

Os lanceiros negros.

mais. Mas não houve jeito. Apareceu uma infecção, que foi aumentando e se espalhando pelo braço, até que poucos dias depois ele morreu. Foi então que me deu essas esporas, que uso até hoje, com muita estimação.

A verdade, bem contada, é que ninguém mais duvidava de que a guerra estava perdida. As tropas do Caxias iam consolidando as posições no terreno e perseguindo a cavalaria farroupilha onde ela estivesse. Mas, se entregar? Isso ninguém pensava. Se não houvesse uma saída honrosa, era certo que o último farrapo ia morrer brigando.

Era gente muito orgulhosa! Imaginem que o ditador argentino Rosas chegou a oferecer reforços para a luta, mas David Canabarro se ofendeu e respondeu na hora:

'O primeiro de vossos soldados que atravessar a fronteira, fornecerá o sangue com o qual será assinada a paz com os imperiais'."

– É por essa, e por tantas outras, que a gente tem orgulho deste chão! – comentou, emocionado, o tio Manoel.

– Verdade, patrão! – concordou Roque Tavares. – O que une um povo pra sempre é a luta e o sofrimento. Tudo que é difícil de conquistar tem mais valor.

"Pois é, mas tem um caso que pra mim não ficou bem resolvido. Foi no fim de 1844, quando o Chico Pedro atacou de surpresa um acampamento farroupilha no arroio Porongos, perto de Bagé. Nesse combate morreram todos os lanceiros negros, que tinham sido desarmados na véspera por ordem do David Canabarro.

Eu não estava lá, mas ouvi duas explicações diferentes. A primeira foi que o Canabarro mandou desarmar os lanceiros porque havia sinais de revolta entre eles, motivada pela notícia de que em caso de paz não seriam alforriados. A segunda, pior, é que tudo foi feito de propósito, porque de fato os imperiais não concordavam em alforriar os negros e, assim, a solução era acabar com eles."

– Mas isso é uma barbaridade! – comentou tio Manoel. – E a sua opinião qual é, seu Roque?

– Ora, patrão... é difícil saber o que se passa na cabeça das pessoas. O que eu sei com certeza, porque vi, é que quando foi assinada a paz, os únicos negros que ficaram livres foram os que estavam com o General Antonio de Souza Netto. Ele não concordou com os termos da paz e foi para o Uruguai com toda a sua gente.

"Agora, em questão de opinião, só posso lhes dizer que aqueles chefes farroupilhas podiam não ser santos, mas traidores não eram! Muita gente diz que aquela acusação foi montada para desmoralizar o David Canabarro.

O importante mesmo é que depois de muita negociação o acordo de paz foi assinado no dia 1º de março de 1845, em Ponche Verde, perto de Dom Pedrito, onde hoje está plantado um obelisco assinalando o lugar.

Devido à firmeza da gente farroupilha e à habilidade de Caxias, o acordo de paz foi extremamente vantajoso para a gauchada.

Na verdade, com a paz eles conseguiram quase tudo o que buscavam na força das armas."

— Então pode-se dizer que a revolução foi vitoriosa! – concluiu Pedro Paulo.

— Vencer é impor a sua vontade sobre a do adversário – comentou o velho Roque. – Sendo assim, o moço tem razão: os Farroupilhas venceram.

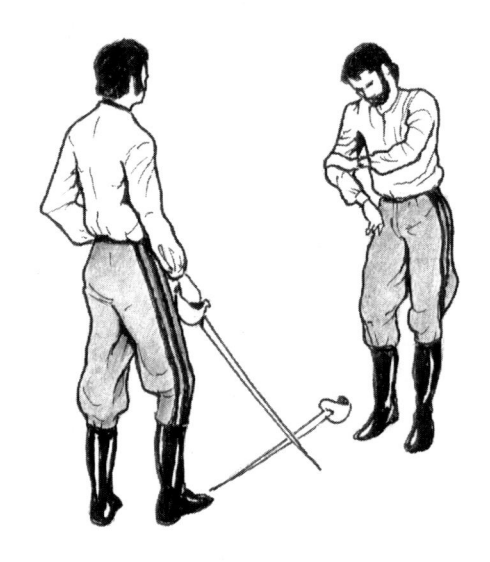

25

Um pouco de paz. Só um pouco

Ana Maria sentou-se à frente do computador e abriu o arquivo "Roque Tavares".

A última anotação tratava da independência do Uruguai, sua aliança com a Argentina e a declaração de guerra feita pelo Brasil.

Após consultar a caderneta de anotações, passou a atualizar o texto:.

— Em 1824, chegaram os primeiros imigrantes alemães.
— A batalha mais importante na guerra em defesa da Província Cisplatina foi a do Passo do Rosário, em 1827. O resultado ficou indefinido.
— Em 1828, com o apoio da Inglaterra, o Uruguai tornou-se independente.
— Em 1831, quando D. Pedro I voltou para a Europa, deixando no Brasil o filho menor de idade, já havia grande descontentamento na província do Rio Grande.
— Em 20 de setembro de 1835, Bento Gonçalves tomou Porto Alegre, iniciando a Revolução Farroupilha.
— Em 1836, Porto Alegre foi retomada pelos imperiais.
— Ainda em 1836, os Farroupilhas venceram a importante batalha do Seival e proclamaram a República, elegendo como capital a cidade de Piratini. Bento Gonçalves foi capturado no combate da Ilha do Fanfa e mandado preso para a Bahia. Logo depois fugiu e voltou para assumir a Presidência da República.
— Em 1837, Bento Manoel Ribeiro se desentendeu com os imperiais e voltou para o lado farroupilha.
— Em 1839, a capital foi transferida para Caçapava.
— Em 1839, depois de atravessar por terra os seus dois barcos, Garibaldi, atacando pelo mar, e David Canabarro, por terra, tomaram Laguna e proclamaram a República Juliana. Ainda naquele ano os imperiais contra-atacaram e retomaram Laguna.
— Em 1840, Caçapava foi conquistada pelos imperiais e a capital se transferiu para Alegrete.
— Em 1841, Garibaldi e Anita abandonaram a revolução e Bento Manoel Ribeiro tornou a se bandear para os imperiais.
— Em 1842, Caxias foi nomeado Presidente e Comandante de Armas da Província.

— Em 1843, os Farroupilhas venceram Bento Manoel Ribeiro em Ponche Verde.
— Em 1844, já corriam negociações para a paz.
— Em 1º de março de 1845, foi finalmente assinado o acordo de paz.

— Acho que está bem — comentou Ana Maria consigo mesma, imprimindo o resumo para mostrá-lo aos rapazes.

Dia de chuva, sem trabalho no campo, Jovino tomava chimarrão na cozinha, conversando com a mulher.
— Já conferi quinhentas vezes — disse em voz baixa — é lá mesmo que está o tesouro. Embaixo da latrina velha.
— Não pode ser, homem! Quem é que ia enterrar um tesouro embaixo da latrina?
— Deixa de ser anta, mulher! Claro que foi muito antes de fazerem a latrina. Depois ela foi feita ali, por coincidência.
— Mas, então, quando cavaram o buraco devem ter achado o tesouro.
— Se fosse assim a gente tinha ficado sabendo, que ninguém consegue esconder um achado desses — afirmou, enfático, Jovino. — Te garanto que o tesouro foi enterrado bem fundo, e o buraco da latrina não chegou nele. Ainda está lá, esperando a gente.
— Então, por que tu não cavaste ainda, homem de Deus? — perguntou ela, mexendo o feijão na panela.
— Bom... — ponderou Jovino —, primeiro, porque vai ser brabo cavoucar naquela imundície. Quando o patrão fez o banheiro novo, ela já estava cheia até a borda. Segundo, porque aqui no mapa há um escritinho miúdo, dizendo que tem uma maldição naquele lugar. Se alguém for cavar, vai aparecer a alma do defunto, dono do tesouro.
— Quem sabe com uma reza forte não se espanta esse defunto? — disse ela, quase num sussurro.
— Pois é, quem sabe... então tu me ajudas? — sugeriu Jovino, falquejando um palito com a faca da cozinha.
Não obteve resposta.
Do lado de fora da cozinha, embaixo da janela, Pedro Paulo e Salatino tinham acabado de escutar a conversa. Afastaram-se, planejando a continuação da maldade.

O velho Roque Tavares usava a ponta do canivete para retirar um espinho do pé, quando o povo chegou para ouvir a continuação da história.
— Hoje um espinho não é nada — comentou ele, para começar o assunto. — A gente retira, passa um desinfetante e, se for preciso, ainda pode tomar um soro antitetânico, se já não se estiver vacinado.

É lá mesmo que está o tesouro.

"Pois, foi de um espinho cravado no pé que morreu o David Canabarro. A ferida infeccionou e acabou numa gangrena. O Bento Gonçalves morreu de pleurisia, dois anos depois da pacificação, e o General Netto morreu de um ferimento em combate, na Guerra do Paraguai. Assim se foram aqueles homens e só eu fui ficando... como sempre – concluiu, com um suspiro desanimado.

Nessa época, Caxias enxergava com clareza a importância do soldado rio-grandense na manutenção da fronteira sul do Império, face às estrepolias do ditador Rosas na Argentina. Por isso, contando com o apoio do Imperador D. Pedro II, que já estava com dezoito anos de idade e começava a assumir efetivamente o poder, procurou fortalecer a província, atendendo aos anseios da gauchada.

Mandou construir escolas e melhorar o ensino público; abriu estradas e pontes que permitiram a melhoria das atividades comerciais e conseguiu até mesmo a instalação da primeira diocese no Rio Grande do Sul, que até então estava subordinado ao bispo do Rio de Janeiro. As cidades começaram a receber melhoramentos, como calçamento, iluminação a gás, teatros e hospitais."

– O senhor estava em Porto Alegre? – perguntou Pedro Paulo.

– Olhe, moço, naquela época, como até hoje, eu não era de ficar muito tempo na cidade. Então, depois de algumas andanças, me aquerenciei na estância do Coronel Francisco Pedro de Abreu, o famoso Moringue, que agora não era mais inimigo.

"Por essa época, quem mandava na campanha uruguaia era um caudilho chamado Oribe, que mantinha o governo daquele país constantemente sitiado na capital. Esse sujeito volta e meia entrava pelo território gaúcho, assaltando, arrebanhando gado e desacatando a nossa gente.

Pois o Coronel Chico Pedro não gostou nem um pouco desse desaforo. Reuniu a gente dele, mais quem estivesse disposto, e nos tocamos para as califórnias."

– Califórnia, que eu conheço, aqui no Rio Grande, é festival de música – interrompeu Salatino.

– É, acho que deram esse nome pra o festival – respondeu o velho Roque –, mas as califórnias do Chico Pedro eram mais divertidas. A gente entrava Uruguai adentro, numa correria, dando de relho e buscando de volta tudo que a gente do Oribe tinha roubado.

"Mas vejam então que o ditador de Buenos Aires, o tal de Rosas, inventou de tirar satisfações do governo brasileiro, alegando que as califórnias eram uma intervenção no estado uruguaio, se esquecendo de que ele mesmo vivia apoiando o Oribe contra as instituições legais do nosso vizinho.

O nosso governo respondeu que não tinha nada que ver, oficialmente, com as tais califórnias, mas sentiu que estava na hora de agir.

Fez acordos com o governo de Montevidéu e com o General Urquiza, que representava os argentinos descontentes com a tirania de Rosas. Preparou então um exército, sob o comando de Caxias, que iria operar junto com os uruguaios e as tropas do General Urquiza.

Atacaram o Oribe primeiro no Uruguai. Não teve graça, pois o homem se entregou sem brigar. Agora, era a vez do Rosas aprender com quem estava lidando.

O exército aliado contava com vinte e oito mil homens. Era o maior que até então se tinha reunido na América do Sul.

Em fevereiro de 1852, na Batalha de Monte Caseros, o Rosas, que contava com vinte mil soldados, levou uma surra pra nunca mais se esquecer. Abandonou a sua gente e foi se esconder num navio inglês que estava ancorado no porto de Buenos Aires. Todo mundo pensou que estava encerrado o assunto."

– E não estava, seu Roque? – perguntou Pedro Paulo.

– O Rio Grande não tinha descanso, moço. Entre duas guerras, era só o tempo de tomar um mate e recarregar a pistola.

"Pois, veja bem que depois de tudo que se tinha feito pra apaziguar o Uruguai, alguns anos depois assumiu o governo de lá um tal Dom Atanásio Aguirre. Foi só assumir e já botou as unhas de fora, repetindo as mesmas ofensas e provocações do Oribe contra os rio-grandenses que moravam por lá. Ainda por cima, andava de namoro com o paraguaio Solano Lopez, que naquela época já começava a querer se exibir. Isso foi em 1864.

Outra guerra, desta vez com o apoio da oposição uruguaia e a simpatia do governo argentino. Depois de algumas peleias brabas, chegamos perto de Montevidéu. O Aguirre sentiu que não ia receber apoio nenhum do Solano Lopez e apeou do governo.

Pronto. Parecia então que a gente rio-grandense ia descansar um pouco de tanta guerra."

26

A GUERRA DO PARAGUAI

— De repente me lembrei do Pelincho — disse o velho Roque, iniciando o trançado dos loros, que são as correias onde se prendem os estribos.

— Mas a troco de que, seu Roque? — indagou Salatino.

— Hoje de manhã, quando vinha com o seu Manoel lá da cidade, vi uns homens consertando as linhas nos postes. Foi por isso.

— E o que tem a ver as linhas com o Pelincho? — insistiu Salatino.

— Coisa sem importância, mas vou lhe contar.

"Quando voltamos da última campanha no Uruguai, eu e o Pelincho deixamos a estância do Coronel Chico Pedro e fomos para Rio Grande. Já se ouvia falar de um barco que navegava sem velas, contra o vento, e então resolvemos ir lá conferir aquela modernidade. Era o navio a vapor, que tinha feito a primeira viagem em 1832.

Compramos as passagens e entramos no tal navio, que tinha uma roda em cada lado e uma chaminé soltando fumaça. Na hora de sair, o bicho deu um apito que ninguém estava esperando, e girou as rodas, levantando água. O Pelincho levou tamanho susto que quase se atirou do navio. Depois se acalmou e seguimos viagem pela lagoa até Porto Alegre. Dali tomamos outro barco e seguimos para Rio Pardo. Foi então que se passou a história das tais linhas de transmissão.

No meio do caminho entre Rio Pardo e Cachoeira havia um bolicho muito pobre e desarrumado. Pertencia a uma viúva, já velhinha, chamada Romilda, que só tinha uma pessoa no mundo: a sua neta, guria na flor da idade e bonita como um cacho de uvas maduras. O Pelincho se enrabichou na prenda e, pra fazer a vontade dele, acampamos ali por perto.

Logo em seguida apareceram uns homens com uma porção de carretas, cravando postes no chão e esticando fios, que traziam em enormes rolos. No bolicho se comentava que aquilo era o tal de telégrafo, que levava as conversas pelos fios.

— Imagine só, dizia o Pelincho assustado, não se pode falar mais nada que esses fios já vão levando tudo que se diz! Garanto que aquelas bolas são as orelhas deles, afirmava, apontando os isoladores de porcelana.

– Escuta bem o que o Pelincho está dizendo e fica de boca calada, ouviste, guria? – recomendava dona Romilda à neta.

No bolicho, os fregueses faziam um silêncio respeitoso.

Pois aconteceu que num dia daqueles o Pelincho se escondeu atrás do bolicho com a guria e fez uma combinação de fugir com ela. Bem naquela hora o vento aumentou e os fios começaram a fazer um zumbido.

– Ah, seus desgraçados! – gritou ele com raiva. – Vou ensinar vocês a não se meter na conversa dos outros!

Dito e feito. Agarrou um machado e botou o poste no chão, rebentando os fios.

Logo logo chegaram os funcionários pra fazer o conserto, acompanhados de um milico que queria saber quem tinha sido o autor da façanha. Procuraram por todos os cantos, mas ninguém soube dizer onde andavam o Pelincho e a guria. A velha se finou de desgosto e eu voltei para Porto Alegre, pois já estava curioso de conhecer outras novidades que andavam aparecendo. O Pelincho sabia se cuidar.

Só que a maior novidade não era novidade. Já se falava de guerra, outra vez!"

– Mas não é possível, seu Roque! – comentou Pedro Paulo. – Essa gente não tinha outro assunto?

– Parece que não tinha, moço – respondeu Roque Tavares, molhando os tentos com que fazia a trança. – Dessa vez era o Paraguai, levantando a crista e dando bicada.

"O ditador de lá, Solano Lopez, que fazia questão de ser chamado de *El Supremo*, tinha andado pela Europa e se entusiasmara ao ver os exércitos do Napoleão III. Então, inventou que também queria ser Napoleão.

Mesmo sem ter inimigo ou qualquer ameaça de guerra, preparou um exército de oitenta mil homens, armado com canhões e com as armas mais modernas da época, mandou construir fortalezas e montou uma esquadra que dominava o rio Paraguai.

Em 1864, o país estava completamente mobilizado. Só faltava um pretexto para o Solano Lopez realizar o seu sonho de ser Napoleão. Só que um Napoleão falsificado, pois logo mostrou que de tática e estratégia não entendia nada.

O pretexto veio logo – quem quer sempre encontra. O Lopez alegou que o Brasil e a Argentina, quando apoiaram Venâncio Flores contra o Aguirre, tinham interferido no Uruguai, país a que ele prometera ajuda militar. Então, iniciou a guerra.

Só que já começou tudo errado."

– Por que tudo errado, seu Roque? – perguntou o tio Manoel. – Assim, logo no começo?

– Ora, patrão – respondeu o velho –, sempre ouvi falar que a jogada do Napoleão era dividir para vencer e depois atacar um de cada vez. Pois o Solano, em vez de fazer isso, juntou todos contra ele.

"Vejam só: para início de conversa, invadiu o Mato Grosso, um território vazio, sem importância militar, e a província de Corrientes, comprando briga com o Brasil e a Argentina. Nesse tempo, o Venâncio Flores, que assumira o governo com o apoio desses mesmos países, era o homem forte do Uruguai. Então, a briga era com ele também. Estava formada a Tríplice Aliança.

O exército brasileiro contava com cerca de dezoito mil homens, força insuficiente para enfrentar uma guerra daquele tamanho. Então Dom Pedro mandou organizar os Corpos de Voluntários da Pátria, formados por gente de várias províncias, com um grande contingente de baianos. Com esse pessoal foi formada uma boa parte da infantaria, porque era quase impossível convencer a gauchada a combater a pé. Um índio gaudério, sem o cavalo e a lança, se sentia nu. Nem pensar!"

– Será que é por isso, então, que os gaúchos chamam de baiano quem não sabe andar bem a cavalo? – perguntou Salatino.

– É bem por isso, moço, mas nem todos os baianos eram frouxos no cavalo. Tinha uma tropa de nordestinos, chamados de zuavos, quase todos vaqueiros do interior da Bahia, que se acomodavam muito bem nos arreios. Havia gente de todos os tipos, inclusive alguns *brummer* que haviam permanecido no Brasil.

– O que é *brummer*, seu Roque? – perguntou Ana Maria, que não deixava escapar nada.

– Ah! Pois, ia me esquecendo de falar neles – respondeu Roque Tavares, desfazendo um trecho da trança, que não tinha ficado bem ao seu gosto.

"Na ocasião da guerra contra Rosas, na Argentina, o Imperador contratou mercenários alemães, uns mil e oitocentos soldados, que chegaram ao Brasil em 1851, quando a guerra já tinha praticamente acabado. Terminado o contrato que tinham com o governo, muitos resolveram ficar.

Brummer, em alemão, significa resmungão. Eles ganharam esse apelido de tanto reclamarem o cumprimento das condições do contrato.

Pois, em 1865, quando se soube que os paraguaios, comandados por um tal de Estigarribia, tinham invadido São Borja, na mesma hora me alistei no 48º Corpo de Voluntários da Pátria, formado aqui no Rio Grande. Se alistou também um *brummer* chamado Kurtz, com quem eu tinha feito amizade.

Enquanto a gente se preparava, Estigarribia tomou Itaqui e, logo, Uruguaiana. Por aí já foi parando, porque em seguida estava cercado pelas forças brasileiras, argentinas e uruguaias. A reação foi tão séria, que lá em volta de Uruguaiana estavam todos os comandantes: Manuel Marques de Souza, pelo Brasil, General Mitre, pela Argentina, e Venâncio Flores, do Uruguai. Até o Imperador D. Pedro II chegou, para impor mais respeito. E ninguém estava lá pra brincar!

Conversa vai, conversa vem – essas negociações que sempre se tenta fazer antes da briga – o Estigarribia fincou pé na disposição de combater.

Aí foi a surpresa! Na hora do ataque ele mijou pra trás e se entregou com os seus cinco mil e quinhentos soldados."

– Ôpa! Me desculpe, moça! – interrompeu Roque Tavares, pondo a mão na cabeça. – Me entusiasmei demais e deixei escapar um nome feio! Me desculpe, outra vez!

– Pode continuar, seu Roque. Eu não ouvi nada – respondeu Ana Maria, esforçando-se para conter o riso.

– Então, com licença – disse o velho, meio encabulado, retomando o assunto.

"A grande figura, do lado brasileiro, era o General Osório. Apesar de não ser militar de curso, formado em escola, foi quem organizou o exército, preparou tudo e assumiu o comando na hora de invadir o Paraguai. Não era general de ficar na barraca estudando mapas. O lugar dele era na frente da tropa.

Também não era desses metidos à besta, que andam de queixo empinado pensando que são melhores que os outros. Osório era um gauchão, comedor de carne gorda, bom proseador e sempre atento aos problemas dos soldados. Mas na hora da peleia era um diabo solto no campo de batalha, arrastando no entusiasmo todo vivente que tivesse um pingo de vergonha na cara.

Pois então, no dia 24 de maio de 1866, no meio das tropas brasileiras em Tuiuti, estávamos os dois, eu e o alemão Kurtz, fumando um cigarrinho de palha de milho e esperando o começo do baile, quando os paraguaios atacaram.

Primeiro, os tiros de artilharia. Lhes digo que é coisa mui feia! Se ouve aquela barulheira dos canhões, os zunidos das balas que não se sabe onde vão cair e as explosões das granadas, levantando uma nuvem de terra e fumaça.

Me lembro que uma daquelas bolas de ferro caiu lá na frente da posição e veio quicando e rolando na nossa direção, com o fogo da espoleta faiscando, pronta pra explodir! Deus o livre! Foi riscar as esporas nos cavalos e, no tranco do galope, ouvir o estouro! Os estilhaços assobiaram em redor, levantando poeira e devastando as macegas!

Pouco depois, Osório percebeu que os paraguaios estavam ameaçando o flanco do nosso dispositivo e mandou o clarim tocar carga de cavalaria em cima deles. Ah la fresca! Aí um gaúcho está como gosta!

As lanças se partem, fazendo voar lascas de madeira. As espadas tinem e relampejam ao sol, lançando fagulhas no choque dos gumes. A poeira levanta em turbilhões, quase cegando os homens. Os gritos dos soldados, atiçando os cavalos, se misturam com as detonações dos revólveres e das clavinas. O tinido das armas e o bater das patas dos cavalos parecem uma trovoada sem fim.

E ali estávamos, no ardor da peleia, quando se abriu uma brecha à minha direita e pude ver, bem próximo, um canhão com guarnição paraguaia. Era uma peça pequena, de bronze polido, e estava silenciosa. Não havia como atirar no meio daquele entrevero. No relance, tomei a decisão!

Me afastei lampeiro, rebocando a presa.

Apontei para o canhão e convoquei o Kurtz. Tirei o laço dos tentos, abri uma armada pequena e avançamos no meio da polvadeira. Enquanto o alemão descarregava o revólver nos soldados da guarnição, passei a galope, abaixado no lombo do cavalo que nem um índio minuano, e enfiei a armada na boca da peça. Evitei o tirão no laço, pra não arrebentar, e me afastei, lampeiro, rebocando a presa.

Só que eu tinha exagerado. Depois do primeiro susto, o Kurtz foi derrubado pelo tiroteio que veio da peça ao lado, que a gente não tinha visto, e eu... eu não fiquei sabendo o que me aconteceu. Acordei um tempo depois, no hospital de campanha, muito ferido, dado como desenganado, e moído de remorso pelo alemão Kurtz. Me senti responsável pela morte dele. Dali por diante, a guerra acabou pra mim.

Em 1870, soube que tudo tinha terminado, com a vitória da Tríplice Aliança e a morte do Solano Lopez, que levou um golpe de lança do cabo Chico Diabo."

– Um triste fim, para quem queria ser o Grande Conquistador – comentou o tio Manoel.

– E para o povo paraguaio – completou Roque Tavares –, que teve as suas riquezas e quase todos os seus homens perdidos na guerra.

27

Um pouco de civilização

Jovino pediu licença e entrou no escritório com o chapéu na mão, visivelmente nervoso.

— Patrão — disse, e repetiu, para consertar a voz que saíra meio rouca: — O senhor não acha que a gente podia desmanchar aquela latrina velha lá do fundo? Não tem mais serventia pra nada.

— Pois é, Jovino — concordou o tio Manoel, interrompendo o exame de um extrato bancário —, a gente vai deixando de um dia para o outro... pode desmanchar e põe fogo nas tábuas, que estão podres.

— E o esterco velho de lá? — perguntou Jovino. — Aquilo está virado num pó preto. A gente podia cavar e aproveitar na horta.

— Não, na horta não. Põe então em redor dos pessegueiros.

Encerrada a conversa, tio Manoel voltou ao trabalho e Jovino foi falar com a mulher, trêmulo, enxugando o suor da testa com o lenço.

— Ele deixou cavar — disse, sussurrando. — Mas tem que ser numa hora em que ninguém esteja vendo.

— O melhor é quando o seu Roque estiver contando as histórias — sugeriu ela, entre os dentes.

— Então eu dou uma desculpa...

— Isso mesmo.

— Só quero ver a cara dele quando mexer em toda aquela bosta e não achar nada — disse Pedro Paulo, dando uma boa risada, enquanto se dirigia para o galpão com o Salatino e a Ana Maria. — Vai ter que tomar um banho muito esfregado pra se livrar da murrinha.

— Bem feito, pra não ser olho grande e querer ficar sozinho com o tesouro! — debochou Ana Maria, com outra risada.

A ausência do Jovino no galpão confirmou para eles que o dia de desenterrar o ouro tinha chegado.

— O seu Jovino disse que não vai poder vir hoje — disse o velho Roque, com um ar irônico que não passou despercebido aos moços.

"Esse velho danado está sabendo da sacanagem que a gente armou" – pensou Salatino, olhando para os companheiros. "Parece que adivinha tudo!"

– Não faz mal – acrescentou Roque Tavares. – Depois eu conto pra ele.

"Quando cheguei de volta em Porto Alegre, ainda puxava um pouco de uma perna. O ferimento tinha sido muito sério e estava custando a se recompor.

Aluguei quarto numa pensão e abri uma oficina de conserto de arreios, de sociedade com um sapateiro chamado Felinto. Era um alemão magro, de testa saliente e olhos fundos, que passava o dia sentado no banquinho, batendo sola, sem dizer uma palavra. Perdera toda a família na epidemia de cólera. Só lhe restara o gato, que não tinha nome. De vez em quando, descansava o martelo no colo, olhava para o bichano enroscado embaixo da mesa e dizia, quase num suspiro: gaaaatooo... e voltava a bater sola.

O meu trabalho era bom e eu não tinha família pra sustentar. Logo juntei um dinheiro, que guardava embaixo do colchão. Um dia, quando voltei para o quarto, a fechadura estava arrombada e todo o meu dinheiro tinha sumido. Armei um banzé. Quem foi? Quem não foi? Não fui eu! Foi ele! Não sei, sumiu!

Bueno, o fato é que nunca mais vi esse dinheiro!

– Quem manda ser burro? – me perguntou o Felinto. – Pra que existe banco?

O meu dinheiro sempre tinha andado comigo, na guaiaca, mas no fim do mês vesti a melhor bombacha, ajeitei o lenço no pescoço e entrei, meio sestroso, no Banco da Província, que já operava desde 1858. Deixei lá as minhas patacas e saí, ainda desconfiado dessa história de entregar o dinheiro para os outros guardarem. Mas me afirmaram que era garantido, e pra mim palavra de homem sério valia mais que documento.

Naquele mesmo dia fui entregar uns arreios no edifício Malakoff, que era o único arranha-céu de Porto Alegre. Tinha o pavimento térreo e mais três andares. Meu freguês estava no bem de cima. Depois de entregar a encomenda e receber o pagamento, fui até a janela dar uma espiada. Deus do céu! Nunca tinha me debruçado num precipício daqueles! Era um espanto! Onde já se viu morar numa casa daquela altura?

A vida na cidade era bem diferente da campanha. Cada dia uma surpresa. Com dinheiro no bolso e tanta vivência, fui fazendo amigos e aprendendo coisas novas. É bom se dizer que, apesar das guerras e dificuldades, o Rio Grande tinha um povo instruído, com vinte e cinco por cento das pessoas alfabetizadas, no que só perdia para o Rio de Janeiro.

Isso era muito importante, considerando que as nossas primeiras povoações foram fundadas depois de mais ou menos duzentos anos da descoberta do Brasil, quando Recife, Salvador e Rio de Janeiro já eram cidades desenvolvidas.

Foi numa dessas que conheci o Apolinário Porto Alegre, homem muito letrado, que escrevia para a revista mensal *Partenon Literário*. Não sei por que, gostou de mim. Talvez pelas histórias que eu sabia contar."

– Será que o bairro Partenon tirou o nome dessa revista? – perguntou Salatino.

– O nome mesmo era da Sociedade Partenon Literário, que publicava a revista. – respondeu o velho. – Participavam dela os melhores intelectuais do Rio Grande. Pois essa gente imaginou construir uma sede muito linda na Estrada do Mato Grosso, que hoje é a Avenida Bento Gonçalves. Não conseguiram, mas o nome ficou para o bairro. É, foi assim!

"Um dia, o seu Apolinário me convidou para ir ao teatro, mas com uma condição: não podia ser de bombachas!

As lojas não vendiam roupas prontas; então tive que procurar um alfaiate. Me indicaram o Martim Sperb, que tinha uma lojinha na rua Uruguai, perto da Ferragem Só."

– Outro alemão, seu Roque? – perguntou Ana Maria.

– Pois é, moça. Os alemães era bons artesãos. Foram eles que instalaram as primeiras oficinas e pequenas indústrias. Eram funilarias, olarias, curtumes, selarias, moinhos, destilarias, ferrarias e até estaleiros. Durante a Guerra do Paraguai, chegaram a fabricar armas para o nosso exército.

"Então, depois de escolher uma casimira preta e fazer duas provas, a fatiota estava pronta. Ainda tive que comprar camisa de gola alta, gravata, sapatos e um chapéu novo, porque ninguém andava na rua sem chapéu."

– Só uma coisa, seu Roque, que me veio à cabeça agora – interrompeu o tio Manoel. – Nas fotografias antigas se notam duas coisas: a primeira é que quase todos os homens usavam roupas escuras; a segunda é que quase não se veem gordos. O senhor tem alguma explicação?

– Acho que sim, patrão. A roupa escura era sinal de respeito, de sobriedade. Não ficava bem para um homem andar pela rua todo colorido. No verão, também se usava roupa de linho branco. Gordos, eram muito poucos, que eu me lembre. A vida era dura e a comida era pouca, à base de carne, que não engorda. Já entre as mulheres, se notava maior proporção de gordas, pois ser gorda era bonito e, além disso, costumavam ficar em casa, onde comiam bolos e doces.

– Hambúrger, refrigerante e batata frita, nem pensar! – completou Pedro Paulo.

"Pois era desse jeito – continuou Roque Tavares. – Então enfiei a roupa, levei quase uma hora pra acertar o nó da gravata e saí sofrendo com os pés espremidos no sapato de verniz. Na rua, muita gente me olhava, pois não era comum ver um sujeito com cara de índio assim tão bem arrumado.

Me encontrei com o seu Apolinário na porta do Teatro São Pedro, onde havia uma porção de carruagens estacionadas. Só quando ele me deu o bilhete do convite fiquei sabendo que ia assistir a uma ópera.

Fiquei sabendo que ia assistir a uma ópera.

Imaginem só: um índio grosso, que mal sabia dançar uma meia-canha ou um *pericon*, ouvindo ópera...

Lá dentro, por pouco não destronquei o pescoço olhando aquela beleza de teatro. Quase todos os homens tinham barba. As mulheres usavam vestidos longos, com decotes enfeitados de joias, e olhavam para os camarotes com pequenos binóculos. Nunca tinha visto tanta gente bonita e rica como aquela."

– E que tal a ópera, seu Roque? – perguntou o tio Manoel.

– Ora, patrão. Aquela gente toda fantasiada no palco até que era bonito. Mas, achei a cantoria muito gritada, e pior: falada em italiano, que eu não entendia nada. Mas valeu. Conheci outras pessoas e comecei a ser convidado para os saraus.

– O que é sarau? – perguntou Salatino.

– Olhe, naquele tempo não havia rádio, nem cinema, nem televisão. A diversão das pessoas era ler, conversar, ouvir música e dançar de vez em quando. Aliás, em quase todas as famílias de alguma posse havia quem soubesse tocar piano ou violino. Violão era coisa de vagabundo.

"A reunião que se chamava sarau era feita nas casas, onde compareciam os amigos e convidados. Apreciavam muito o que eu contava, porque quase não havia livros de história do Rio Grande e a tradição se mantinha por aquilo que os mais velhos transmitiam para os mais moços.

Às vezes duvidavam que fosse verdade tanta coisa que eu dizia. Então me justificava, dizendo que tinha ouvido aquelas histórias do meu pai, que ouvira do meu avô, que ouvira do meu bisavô, e assim por diante. Era só uma questão de boa memória.

Em 1874, desmanchei a sociedade com o Felinto. O alemão foi para Sapiranga, que se chamava Morro Ferrabrás, e se juntou com um grupo de fanáticos religiosos, conhecidos como *Muckers*.

Um dos líderes desse povo era o tal de João Jorge Maurer, colono grosso e analfabeto que ouvia vozes e diz que curava os doentes. A mulher dele, Jacobina Maurer, alemoa especial de bonita, também era dirigente dos *Muckers*. Costumava ter uns ataques e desmaios que viravam coisa milagrosa e também curava os aflitos. Com isso, juntaram quase mil pessoas numa comunidade.

Só que essa heresia despertou a má vontade de todo mundo. Passaram a ser mal falados e isolados. Depois começaram as agressões, e aí eles tiveram que se armar com facas e pistolas.

Pois um dia, em junho daquele ano, houve uma chacina em São Leopoldo e a culpa recaiu sobre eles. Se eram mesmo culpados, nunca fiquei sabendo.

A reação foi violenta. Foram reunidos mais de quinhentos homens, entre colonos e policiais, para atacar os *Muckers*. Lhes digo que a vingança foi uma coisa bárbara! Mortandade geral de homens, mulheres e crianças, sem poupar ninguém! O João Jorge conseguiu fugir, mas a Jacobina morreu brigando.

Assim, eles se acabaram e nunca encontrei a sepultura do Felinto. Acho que só eu e o gato sentimos a falta dele."

– É, o fanatismo sempre produz desgraças – comentou o tio Manoel, levantando-se do banco.

Nos fundos, Jovino limpou o suor da testa, desanimado. Já cavara mais de um metro debaixo da fossa da latrina, e nada.

– Quem sabe está mais para um lado? – sugeriu a mulher, enjoada com a catinga.

– É, pode – disse ele, jogando as ferramentas para fora do buraco. – Mas vai ser amanhã. Agora me vê um sabão, que eu vou direto pra sanga me lavar.

28

Chegam os italianos

– Era uma novidade atrás da outra – disse Roque Tavares, alisando uma palha de milho com a lâmina do canivete. – Mal a gente conseguia se acostumar com aquela, e já vinha a seguinte.

– É verdade – concordou o tio Manoel. – De meados do século dezenove até hoje, cento e poucos anos, o mundo deu um salto de desenvolvimento como nunca se viu em toda a história da humanidade. Saímos do carro de boi e do lombo do cavalo pra pisar na lua e navegar na Internet!

– E depois, pra quem viveu cada tempo desses, haja cabeça capaz de entender tudo! – completou o velho. – Em 1871, por exemplo, foi instalada a iluminação a gás em Porto Alegre, Rio Grande e Pelotas. Uma beleza as ruas bem claras com a luz dos lampiões. O povo saía a passear de noite só pra ver os postes iluminados, arrodeados de mariposas e cascudos.

– E o gás, de onde vinha? – perguntou Ana Maria.

– Ah, sim – respondeu o velho –, vinha do gasômetro, que era assim como um baita tanque onde o gás ficava armazenado. O de Porto Alegre eu conheci; ficava lá na ponta da cidade, na beira do Guaíba. Pois é como eu digo: era novidade e mais novidade.

"Depois da iluminação, só se falava em Porto Alegre da construção da estrada de ferro até São Leopoldo, que foi inaugurada em abril de 1874. Realizou-se uma grande festa em redor da estação, lá na colônia, com a presença de todas as autoridades e uma porção de discursos. Terminada a cerimônia, a locomotiva apitou e todo mundo subiu nos vagões para a viagem inaugural.

A ferrovia tinha sido construída por um empreiteiro inglês e o material era quase todo importado, inclusive o das estações. No começo, até o carvão para as locomotivas era inglês. Depois passou a ser usado o carvão extraído das minas do Arroio dos Ratos.

O trem, que em seguida já chegava até Taquara, foi de grande importância para o comércio da região. O Rio dos Sinos, única via de transporte existente, não era de fácil navegação. Tinha trechos muito estreitos e sinuosos, onde eram comuns troncos e galhos de árvores andando na correnteza, e ainda por cima oferecia o risco de ataques de animais, como onças e jacarés. A ferrovia passou a oferecer um serviço de transporte rápido, seguro e econômico."

– Onças no caminho de São Leopoldo, seu Roque? – indagou Salatino.

– E das grandes, moço! – respondeu Roque Tavares, abrindo os braços para mostrar o tamanho do bicho.

"Pois, uma vez os colonos me contrataram para caçar uma delas, que andava atacando o gado, assustando as pessoas e fazendo estropício em redor das casas. Índio velho, muito caçador, eu sabia que essas feras se escondem de dia para atacar de noite. Então, pouco antes de escurecer entrei no mato e segui por uma trilha que dava na beira do rio. Não era trilha de gente, era caminho de bicho que eu conhecia muito bem. Levava comigo a pistola de dois canos, mais fácil de usar no mato fechado, e uma lança curta.

Perto da margem a picada se abria numa clareira. Examinei a terra fofa e o barro até encontrar o que queria: as pegadas da bicha! Ali estavam, bem marcadas... e eram das grandes!

Cuidei a direção do vento, por causa do cheiro, e subi para a forquilha de uma árvore, onde me acomodei o melhor que podia. A noite fechou e fui acostumando a vista com a escuridão. Aí era uma questão de paciência. O tempo foi passando, até que lá pela madrugada ouvi o miado da bicha. Confesso que qualquer vivente, por macho que seja, sente um arrepio nas tripas!

Firmei a vista na saída da picada e apoiei o braço num galho, pra firmar a pontaria da pistola. Pouquinho depois, apontaram as duas brasas dos olhos dela... devagar... olhando pra um lado e pra o outro...

Apontei a mira do meio dos olhos e fui puxando o gatilho devagarinho. Puuum! – se foi a bala! O animal deu um berro e sumiu!

– Acertou, seu Roque? – perguntou, ansioso, o Salatino.

– Pois não tive certeza! – respondeu o velho. – Se tivesse acertado no meio dos olhos, ela teria ficado ali mesmo. Então, podia estar ferida, e animal ferido é mui perigoso.

Esperei clarear o dia e desci da árvore, examinando tudo com muito cuidado. Havia sangue no chão e um rastro que sumia pela picada. Firmei a lança na canhota e armei o segundo cano da pistola. Pé por pé, sem fazer ruído, fui avançando. Logo adiante, a picada fazia uma curva, e... foi ali! No dobrar a esquina dei de cara com a onça!

Virge Maria! Era a maior pintada que eu já tinha visto neste mundo velho de Deus! Quando me viu, parou de lamber a pata ensanguentada e se armou, arreganhando os dentes e bufando como uma leoa parida. Assim, ficamos nos encarando. Despacito, fui levantando a pistola e enquadrando a pontaria: Pluf! O cano fez uma fumaceira e a bala caiu na frente da onça! A diaba, num salto, carregou na fumaça."

— Pegou o senhor, seu Roque? — tornou a perguntar Salatino, quase levantando do banco.

— Se tivesse pegado, eu não estaria aqui pra contar a história. Teria virado comida de onça!

"Um pouco até foi sorte! Eu tinha apoiado a lança no chão, com a ponta pra frente, e firmei o braço. No bote, ela se espetou com tanta força que o cabo da arma quebrou no meio. Com uma coronhada na cabeça, acabei de sacrificar o bicho, pra não sofrer. Aí, foi só tirar o couro e mandar curtir, de graça, como pagamento pelo serviço. Ficou uma beleza! Quiseram me comprar, mas não vendi. Usei a pele muito tempo, como badana, em cima dos pelegos. Onde eu chegava era o puxa-assunto da conversa.

Pois, bueno, naquele mesmo ano, 1874, eu estava levando a fatiota no alfaiate para cerzir uns furos feitos pelas fagulhas da locomotiva — isso era o único defeito do trem — quando vi movimento de gente na beira do rio, perto do trapiche dos barcos. Metido a curioso, como só eu mesmo, fui lá ver do que se tratava.

Eram viajantes: homens, mulheres e crianças, chegando com trouxas, baús, malas e caixotes. Gente branca, assim como os alemães, mas meio sujos, amarrotados e com cara de desânimo. Me aproximei de um deles, que estava sentado no chão junto com a mulher e duas crianças. Perguntei quem eram e o homem me olhou assustado, sem entender nada. Indaguei então ao fiscal que anotava o nome daquela gente. Me contou que eram imigrantes italianos, que acabavam de chegar. Tinham viajado da Itália para o Rio de Janeiro, e de lá para o Rio Grande.

Foram levados para um galpão, ali perto mesmo, e acomodados de qualquer jeito, esperando a condução para as colônias.

Olha, senti pena daquela pobre gente. Se atirar pra o outro lado do mundo, sem conhecer nada nem ninguém, só por muita necessidade e com valentia sobrando! Eu já sabia bem o que os alemães tinha enfrentado. Então resolvi ajudar; um pouquinho que fosse.

Fui ao mercado e comprei uma garrafa de leite, pão, salame e algumas frutas. De volta, procurei no galpão o homem com quem tinha falado e pedi licença pra me sentar com eles. Ofereci o que tinha trazido e esperei que comessem. Aos poucos, querendo, a gente se entende. Melhor ainda porque o sujeito com quem eu falava, que se chamava Benito, já tinha trabalhado fora da Itália e sabia um pouco de espanhol.

Me contou que na sua terra as coisas andavam muito difíceis. O desemprego era grande, os camponeses haviam perdido suas terras e os artesãos não conseguiam mais competir com as máquinas. Disse que pra fazer fogo tinham que usar esterco de gado, e muitas vezes eram obrigados a dormir com os animais pra fugir do frio. Lá na Itália, a propaganda dizia que o Brasil era um país de fartura, onde até a comida caía

Despacito, fui levantando a pistola.

do céu. Não tiveram dúvida. Se inscreveram como imigrantes e embarcaram no porto de Gênova.

Eu estava mesmo resolvido a ajudar. Falei com o encarregado do transporte dos colonos e me ofereci como campeiro, já que conhecia todos os cantos desse Rio Grande."

— E a sua oficina de arreios? — perguntou Pedro Paulo.

— Fechei e levei as ferramentas, que poderiam me ser úteis. Já andava enjoado de trançar tentos e ansiava por um pouco de aventura.

"Uns dias depois, partimos num vapor pequeno que nos levou até Montenegro. Lá desembarcamos e prosseguimos a viagem em carretas. O destino não era mais o das terras férteis dos vales dos rios Caí e dos Sinos, pois as áreas destinadas aos italianos ficavam na encosta da serra, região ainda selvagem e de difícil acesso.

O caminho foi longo e difícil, principalmente porque chovia todos os dias e as carretas seguidamente atolavam. Pra mim não era nada, mas as mulheres, as crianças e os doentes sofriam muito.

Chegamos na Colônia Conde D'Eu, que deu origem à cidade de Garibaldi, numa tarde cinzenta e fria. Eram trinta e sete famílias, que foram levadas para um barracão chamado "casa de agasalho". Ali poderiam ficar até que recebessem os seus lotes.

Tivemos que abrir picada a facão pra chegar ao terreno do Benito. A Giovana, mulher dele, não ficava pra trás no trabalho e as crianças iam juntando os galhos secos pra usar como lenha. Ôigale pessoal bueno de serviço! A gente começava muito cedo, e só de tardezinha voltava para a casa de agasalho.

Nossas primeiras providências foram fazer uma cabana de pau a pique, coberta com palha, e preparar a roça para plantar milho, que é de colheita rápida. Depois, além do grão se aproveita a palha pra alimentar os animais e fazer colchões. Em pouco tempo já se saboreava a polenta feita pela Giovana, acompanhando uma boa fritada dos passarinhos, que eu caçava com facilidade. As mudas de parreira que eles haviam trazido não se adaptaram. Conseguimos então com os colonos alemães algumas mudas da uva Isabel, já aclimatadas, e aí não faltou mais vinho.

Fiquei uns anos com eles e aprendi muito. Quando me despedi, já havia várias colônias, como as que deram origem a Caxias, Nova Milano, Bento Gonçalves, São Marcos, Nova Pádua, Antônio Prado e outras. Todas prosperavam a olhos vistos, com plantações de trigo, centeio, cevada, frutas e criação de animais. O Benito, sempre ajudado pela mulher e pelos filhos, estava começando uma madeireira, onde serrávamos os troncos com serra manual pra fazer as tábuas, que eram aproveitadas na construção de casas e na fabricação de móveis.

Aproveitei a passagem de um mascate que trazia mercadorias dos centros maiores, em lombo de mulas, e segui com ele pra Caxias, que já era uma vila mais desenvolvida. Isso foi por volta de 1882. Lá já existia uma pequena fábrica de sabão, outra de cerveja, uma funilaria, ferreiros e muitos moinhos.

Eu gostava de conviver com aquela gente. Eram muito religiosos e sérios nos negócios. O centro da vila era a igreja, construída pela comunidade com o que havia de melhor. Ali se faziam as festas e reuniões, onde as moças conheciam os moços e se preparavam os casamentos. As mulheres mandavam dentro de casa. Da porta pra fora mandavam os homens, e a autoridade não era discutida. Também gostavam muito de cantar e dançar. Foi com eles que aprendi a tocar gaita de oito baixos."

– O senhor ainda sabe tocar? – quis saber Ana Maria.

– Alguma rancheira, ou havanera, ainda toco, se não estiver muito esquecido.

– Então qualquer dia toque pra nós!

– Se tiver uma gaita toco mesmo, moça. Só que a minha se foi num incêndio e nunca mais comprei outra.

"Aliás, por falar nisso, uma coisa curiosa era a questão do fogo. As casas eram de madeira e o fogão não passava de um caixote forrado de barro, com um buraco no centro, onde se colocava a lenha. As panelas iam ao fogo dependuradas por correntes pendentes de um tripé ou dos barrotes do telhado, pois era difícil dispor de chapas de ferro. Pra facilitar, depois do uso se colocava cinza sobre as brasas pra que não apagassem. Era comum que um vento qualquer atiçasse o fogo durante a noite, provocando incêndio. Mais de um ajudei a apagar."

– Mas por que eles não apagavam o fogo de noite? – perguntou Ana Maria.

– É uma boa pergunta, moça – respondeu Roque Tavares. – Hoje, pra acender o fogo é só riscar um fósforo. Antes não era assim. Não havia fósforos. O fogo era aceso batendo duas pedras e colhendo as pequenas faíscas num pedaço de pano desfiado ou palha fina bem seca. Era trabalhoso e nem sempre se conseguia, principalmente com tempo úmido. Então, era importante conservar o fogo sempre aceso. Veja, na campanha, o fogo de chão nos galpões: tem essa mesma finalidade.

"Os primeiros isqueiros que eu conheci eram feitos com um porongo pequeno, ou com uma ponta de chifre, que se enchia com fiapos de pano queimado. Na boca tinha uma pedrinha de fogo, onde se batia com um ferro dentado pra conseguir a faísca.

Era comum, quando não se tinha fogo aceso, mandar pedir no vizinho algumas brasas. Aliás, no meu tempo de índio, quando se fazia fogo esfregando um pauzinho no outro, às vezes era mais fácil levar uma tocha de uma aldeia para a outra."

– Assim como na corrida do fogo simbólico, nas Olimpíadas e na Semana da Pátria? – especulou Salatino.

– Quem sabe a origem do fogo simbólico não é essa, moço?

– Que vida difícil, seu Roque! – comentou o tio Manoel.

– Pois a gente não achava, patrão. Parecia normal ser assim.

– É verdade – concordou o tio Manoel. – Depois que se conhecem as facilidades, tudo parece difícil. Mas vamos encerrar por hoje. E ninguém vá me deixar algum fogo aceso!

29

REPUBLICANOS E ABOLICIONISTAS

Jovino já tinha desistido de encontrar o tesouro, mas por insistência da mulher resolveu cavar mais um pouco, para os lados. Trabalhava com pouca atenção, sem acreditar no que fazia, quando a picareta fez um som oco e firmou a ponta em alguma coisa. Abandonou a ferramenta e, cuidadosamente, foi afastando a terra com a pá, sentindo um arrepio lhe subir pela espinha.

Ali estava! Um caixão comprido de madeira escura, meio apodrecida, com cheiro de piche.

– Foi castigo de Deus! – lamentou-se mais tarde, ainda branco de susto, deitado ao lado da mulher. – Fui querer achar tesouro e achei um defunto!

– Mas, tu viste o corpo? – perguntou ela.

– Claro que não! Então eu ia profanar a sepultura? Botei terra por cima de novo e me benzi três vezes.

– E tu vais contar pro patrão?

– Acho que não. Melhor deixar a criatura descansar em paz.

– Pois é... não sei... – resmungou a mulher, antes de apagar a luz.

Roque Tavares estava terminando o trançado dos loros quando o tio Manoel chegou da cidade e lhe entregou um pacote. O velho abriu com cuidado e segurou entre as mãos um belo par de estribos folheados de prata.

– Achei que o trabalho merecia! – disse tio Manoel, com um sorriso largo.

– Bondade sua, patrão – respondeu o velho, examinando as peças. – Vai ficar um conjunto mui lindo.

– Montar com estribos é uma comodidade – disse Roque Tavares aos moços –, mas também é um perigo, se não forem bem usados.

– Por que, seu Roque? – perguntou Pedro Paulo.

– Só se deve pôr a ponta da bota, pois do contrário, se a gente cai do cavalo o pé pode ficar enganchado no estribo. Aí o vivente vai ser arrastado até gastar o couro do lombo. Lhes recomendo, porque uma vez me aconteceu.

"Eu voltava de Caxias, montando um redomão muito arisco e, nunca vou saber como, o animal me pegou distraído e corcoveou. Cair do cavalo é coisa comum pra quem monta, mas daquela vez o meu pé ficou preso no estribo e fui lavrando os costados até que, por sorte, o loro rebentou.

Me acudiram uns carreteiros que levavam cargas de toras de madeira. Depois de me atenderem, disseram que aquela madeira era pra fazer dormentes da viação férrea. Estavam construindo uma linha nova, que ia ligar Porto Alegre a Uruguaiana. Aquilo me ficou na cabeça.

Fiquei curioso pra saber quantos dormentes iam ser usados naquela linha, só que não sabia calcular. Quando cheguei em Porto Alegre, um agrimensor, que marcava lotes na colônia e tinha vindo à cidade se tratar, me ensinou a fazer a conta. – Veja bem – ele me disse –, cada dormente tem vinte centímetros de largura e há um espaço de trinta centímetros entre eles. Então, pode-se contar um dormente para cada meio metro. De Porto Alegre a Uruguaiana são mais ou menos seiscentos quilômetros, ou seiscentos mil metros. Portanto, vão ser precisos um milhão e duzentos mil dormentes.

Aí me assustei! Já pensou quantas árvores teriam de ser derrubadas para fazer isso tudo? E as outras linhas? O que ia ser dos matos, ainda mais sabendo-se que os dormentes devem ser feitos de madeira boa, madeira de lei?"

– Então o senhor já tinha preocupações ecológicas? – perguntou Ana Maria.

– Nem sabia o que era isso, moça, mas um índio sabe o valor da natureza, porque sempre viveu em harmonia com ela.

"Mas, o que fazer? Era o preço do progresso.

Pior, foi que fiquei com vergonha de não saber fazer contas além do troco pra o dinheiro. Como nunca fui de ficar me lamentando, arranjei uns livros e me dediquei a estudar, e muito, porque não gostava de fazer as coisas pela metade.

É bom que se diga que, nesse tempo, o Rio Grande e o Brasil viviam uma fase de grande prosperidade. Aumentavam a produção e as exportações de café com a troca da mão de obra escrava pela dos imigrantes; tinha início a industrialização; calçavam-se as ruas; fundavam-se bancos, companhias de navegação, de seguros e tanta coisa mais que a gente nem se lembra. Até as charqueadas iam bem, já que os concorrentes uruguaios estavam desorganizados em consequência das guerras entre os caudilhos blancos e colorados, que não paravam de se carnear.

Jornais, livros e folhetos circulavam por toda parte, principalmente nas sociedades e nas escolas, todos com ideias novas trazidas da Europa. Tinham em comum a repulsa pela prática da escravidão."

– Havia muitos escravos no Rio Grande do Sul, seu Roque? – perguntou Ana Maria.

– Olhe, moça, o jornalzinho que circulava na escola dizia que em 1874, para uma população total de quatrocentas e sessenta mil pessoas, noventa e oito mil eram escravos. Depois, com a propaganda abolicionista, com as leis dos sexagenários e do

A Princesa Isabel decretou o fim da escravidão.

ventre livre, com a influência dos países do Prata, onde não havia mais escravatura, e com os movimentos de alforria, esse número foi se reduzindo, até que em 1887 não passavam de oito mil.

— Os gaúchos também maltratavam os escravos? — indagou Salatino.

— Maltratavam, sim — respondeu o velho —, assim como no resto país. As fazendas tinham senzalas onde os negros eram recolhidos depois do serviço, sem qualquer conforto. A ameaça de castigos, como o tronco e as surras de relho, era constante. Os jornais anunciavam escravos para vender, assim como se faz com qualquer mercadoria.

— Por que eles não reagiam, seu Roque? Eram covardes? — insistiu Salatino.

— Ao contrário, moço! Valentes barbaridade, tanto que combateram junto com os Farroupilhas — os famosos Lanceiros Negros — e depois na Guerra do Paraguai, onde nunca fizeram feio.

"Muitos se revoltavam e fugiam, formando quilombos, mas a perseguição era impiedosa e acabavam sendo capturados. Eram mantidos desarmados e constantemente vigiados, de maneira que não tinham como reagir.

As pessoas esclarecidas já não aceitavam mais aquilo, tanto pelo lado humano como pelo econômico. Os escravos custavam caro, tinham que ser mantidos mesmo quando não havia serviço e produziam pouco, devido às suas péssimas condições de vida."

— E as pessoas do governo, não faziam nada pra corrigir isso? — perguntou Pedro Paulo.

— As figuras mais importantes do Rio Grande, em 1878, eram Gaspar Silveira Martins e Manoel Luiz Osório, grandes estancieiros e homens de alta influência na política nacional. Apesar de pertencerem ao Partido Liberal, eram ligados à monarquia e, quem sabe, até pela idade, não se contagiavam demais com todas aquelas ideias novas.

Olhando para os jovens, Roque Tavares concluiu:

— Aí é que se vê a importância da gente moça! Pois, enquanto isso acontecia, uns rapazes que tinham estudado Direito em São Paulo começaram a se agitar, e quatro anos depois, em 1882, fundaram o Partido Republicano Rio-Grandense, com uma bandeira radical: "Abolição já".

"Na própria reunião de fundação do partido, Júlio Prates de Castilhos anunciou o lançamento do jornal *A Federação*, que daí por diante foi o alto-falante da propaganda republicana e abolicionista.

Vocês sabem quando a gente morre de medo do quarto escuro? Aí a luz se acende e se vê que lá dentro não tem fantasma? Pois foi assim que aconteceu quando a Princesa Isabel decretou o fim da escravidão. Muita gente tinha medo das consequências. Havia o receio de que os negros, sem ter onde morar, sem trabalho e sem recursos, provocassem sérios problemas nas cidades.

Nada disso aconteceu. Muitos permaneceram nas fazendas e nas charqueadas, já sem a ameaça do relho. Outros foram para a periferia das cidades, onde formaram seus bairros e conseguiram empregos. Claro que não foi fácil vencer o preconceito, a pobreza e a falta de instrução, mas aos poucos foram se organizando e começando a ocupar espaços."

– Seu Roque, hoje em dia, em média, os negros são mais pobres do que os brancos. Por que isso? Agora não existe mais escravidão! Eles são vagabundos? – perguntou Salatino.

– Preconceito maldoso, moço! – repreendeu Roque Tavares, enrugando a testa. – Faz pouco mais de cem anos que a escravidão acabou. É quase nada pra sair da absoluta miséria e ignorância. Pouco mais de quatro gerações, e mesmo assim muitos negros se destacaram pelo talento e pela capacidade.

"Mas, como ia dizendo, eu precisava trabalhar, e o seu Apolinário Porto Alegre me arrumou emprego de distribuir a revista *Federação*, que era dirigida pelo Júlio de Castilhos. Assim, eu podia ler os artigos e saber do que acontecia na política."

– A política daquele tempo era igual à de hoje? – perguntou Ana Maria.

– Olhe, moça, essa é uma boa pergunta. Me parece que antigamente a política era mais baseada em ideias. Geralmente havia dois partidos: um que pretendia manter o sistema, os conservadores, e outro que lutava por mudanças, variando o nome. Hoje, há mil partidos e poucas ideias. A semelhança é que, montados ou não em ideias, estão sempre de plantão os homens e grupos que ambicionam o poder, uns bem-intencionados e outros nem tanto. Isso, no fundo, é o que move a política.

"Mas, continuando, a revista começou a dar notícia de que os militares andavam descontentes com o Governo. Coisa séria, porque depois da Guerra do Paraguai eles estavam prestigiados e, no sul, sob o comando de Deodoro da Fonseca, eram muito fortes.

O baixinho Júlio de Castilhos, tinhoso como ele só, pôs a revista à disposição desses militares e atiçou o incêndio.

A nomeação do Senador Gaspar Silveira Martins para o governo do estado piorou a situação, já que ele era inimigo pessoal e político do Marechal Deodoro. Aí o caldo ferveu e a panela virou!

No dia 15 de novembro de 1889 chegou um telegrama do Rio de Janeiro, assinado pelo Quintino Bocaiúva, dando notícia de que Deodoro da Fonseca proclamara a República.

Virge Maria do céu! Foi um foguetório na sede da *Federação* que até parecia que o mundo vinha abaixo."

– Deodoro da Fonseca era gaúcho? – perguntou Pedro Paulo.

– Não, moço, era alagoano, mas com alma de gaúcho. Tanto que chamava o Rio Grande de "minha província". Era ligado ao grupo dos moços e não escondia sua admiração por três deles: Assis Brasil, Júlio de Castilhos e Ramiro Barcelos. Por aí se vê que ele enxergava longe, pois esses três vieram a ser nomes de destaque na política rio-grandense.

"Na fase de organização da República, foram nomeadas administrações provisórias, já com os *meninos* ocupando secretarias.

Depois de participar do Congresso Constituinte no Rio de Janeiro, Júlio de Castilhos voltou para atuar na elaboração da Constituição Estadual. Em 14 de julho de 1891, após ver o seu projeto de constituição aprovado, foi eleito pelos deputados, por unanimidade, como primeiro presidente constitucional do Estado."

– Seu Roque, o senhor disse que a política daquele tempo era baseada em ideias. Então, quais eram as ideias do Júlio de Castilhos? – tornou a perguntar Pedro Paulo.

– Foi bom lembrar disso, moço. Uma vez o seu Apolinário me explicou. O Júlio de Castilhos era positivista.

"Diz que positivismo – prosseguiu Roque Tavares –, era a doutrina criada por um francês chamado Augusto Comte, que andava muito em moda na época. Ele dizia que todas as questões deviam ser vistas pelo lado científico, abandonando crenças e argumentos religiosos. Uma espécie de ditadura da ciência e da tecnologia. Uma busca da eficácia administrativa, liderada pelas elites intelectuais sem muita preocupação com princípios democráticos. Acho que era mais ou menos isso.

Mas a eleição do Júlio de Castilhos marca também uma mudança importante: o início da redução do poder e dos privilégios da aristocracia rural."

30

Maragatos e Pica-paus

Ana Maria saía do escritório com uma folha de papel na mão quando sentiu o cheiro do pão recém-assado no forno de barro. Apurou o passo e chegou na cozinha junto com os famintos Pedro Paulo e Salatino, como se os três tivessem combinado o encontro. Sem dar ouvidos ao Jovino, que insistia em afirmar que pão quente faz mal, cortaram várias fatias e nelas esparramaram manteiga fresca.

Ignorando os protestos nervosos do peão, saíram devorando a iguaria e foram sentar-se na varanda, onde a tia Marina e o tio Manoel saboreavam um chimarrão.

– Que papel é esse? – perguntou Pedro Paulo, referindo-se à folha que Ana Maria trazia consigo.

– Mmppff... – respondeu ela, engolindo um último bocado de pão... – é a continuação do resumo. Dá uma olhada aqui:

– A partir de 1845, após a Revolução Farroupilha, o Rio Grande começa a prosperar, sob a administração de Caxias.

– Em 1852, a guerra contra Oribe e Rosas é decidida a favor do Brasil na batalha de Monte Caseros.

– Em 1864, nova guerra é vencida pelas tropas brasileiras, desta vez com apoio da Argentina, contra o uruguaio Aguirre, que contava com a simpatia do ditador paraguaio Solano Lopez.

– No ano seguinte, 1865, tropas paraguaias invadem o Mato Grosso e o norte da Argentina. Sob o comando de Estigarribia, entram em território gaúcho, tomando as cidades de São Borja, Itaqui e Uruguaiana. É formada a Tríplice Aliança entre Brasil, Argentina e Uruguai. Os exércitos aliados cercam Uruguaiana e Estigarribia rende-se sem lutar. A guerra continua em território paraguaio.

– Em 1870 termina a Guerra do Paraguai, com a morte de Solano Lopez.

– No ano de 1874, é inaugurada a primeira linha férrea, ligando Porto Alegre a São Leopoldo. Nesse mesmo ano, chegam os primeiros imigrantes italianos.

– Ainda em 1874, os fanáticos religiosos conhecidos como Muckers são dizimados no Morro Ferrabrás, em São Leopoldo.

– Em 1882, é fundado o PRR, Partido Republicano Rio-Grandense, sob a liderança de Júlio de Castilhos, com inspiração nas ideias positivistas do filósofo francês Augusto Comte.
– Em 15 de novembro de 1889, cai a monarquia e o Marechal Deodoro da Fonseca assume a Presidência da República.
– Em julho de 1891, Júlio de Castilhos é eleito primeiro Presidente Constitucional do Estado.

– Pô, guria! – disse Pedro Paulo, examinando o papel. – Isto vai ficar muito bom. Quando o seu Roque terminar a história dele, nós vamos ter um resumo de toda a história do Rio Grande!
– A gente pode até fazer uma porção de cópias e vender no colégio! – disse Salatino, crescendo o olho para o lado comercial do assunto.
– Não esqueçam de dar uma comissão para o seu Roque – brincou o tio Manoel, orgulhoso do trabalho da filha.

Roque Tavares iniciara o trançado do rabicho, que é uma peça em forma de alça que passa por baixo da cola do animal e se prende na parte de trás do lombilho. Destina-se a impedir que os arreios escorreguem para a frente.

"Pois, bueno – recomeçou o velho, vendo que todos já se haviam acomodado, –, no ano seguinte me aconteceu uma desgraça.
Numa tarde de domingo, dessas bem pachorrentas, eu estava num bolicho em Viamão, tomando mate numa roda de amigos. O assunto era a política, e nem podia ser outro, pois era só do que se falava. Mais ou menos o seguinte:
No ano anterior, 1891, ocorrera um conflito entre o Parlamento da República, formado na maioria por remanescentes da monarquia, e o presidente militar, Deodoro da Fonseca. Então o Deodoro fechou o Congresso e houve reações em todo o país. Aqui no Rio Grande, o Júlio de Castilhos custou a tomar posição, e quando acabou se manifestando contra a atitude de Deodoro, já era tarde. O clima em todo o estado era de revolta.
Dizem que pra evitar derramamento de sangue, o Júlio de Castilhos renunciou, deixando o governo do estado entregue a uma junta. A partir daí ninguém mais se entendeu. Houve uma série de governos interinos, durante o que ficou conhecido como *período do governicho*.
Com aquela indefinição toda, a situação se tornava cada vez mais tensa e descambava para a violência.
Gaspar Silveira Martins, outra das grandes figuras do Rio Grande e defensor do sistema parlamentarista de governo, tentou negociar uma conciliação com Júlio de Castilhos, que se mostrou irredutível na defesa de seus princípios.

Em março de 92 foi fundado em Bagé o Partido Federalista, sob a liderança de Silveira Martins.

A disputa pelo poder entre republicanos e federalistas crescia a cada momento, num jogo de forças que não se definia e que fazia aumentar a violência.

No bolicho a nossa conversa seguia animada, entre um gole e outro de mate, quando entrou um cabo da Guarda Cívica, que naquele outubro de 1892 tinha sido transformada em Brigada Militar. Era um índio retaco e mal-encarado, com o olho esquerdo branco, vazado por um talho mal costurado que lhe deixara uma baita cicatriz, que ia da sobrancelha ao canto do bigode. Sem cumprimentar ninguém, sentou-se numa mesa próxima e pediu vinho ao bolicheiro.

Pois vejam no que pode resultar um mal-entendido!

No meio da conversa, me referi em voz alta ao Júlio de Castilhos como o *gaguinho* – ele era meio gago mesmo. Pois o brigadiano, que estava quase cochilando, se acordou num upa e avançou pra mim, apontando o dedo: – ga--ga-gaguinho tu-u va-vai veer, ca-cachorro! Só foi o tempo de jogar o corpo pra trás pra me escapar da bofetada. Ele caiu sobre a nossa mesa e já se levantou com o revólver na mão.

Ali não adiantava mais explicação. Também saquei a arma e foi aquela fumaceira no bolicho. Quando acabou a munição, corri porta afora, montei a cavalo e tomei sumiço. Tinha comigo a impressão de ter acertado o cabo e não ia ficar esperando pra ver. Dessa vez a coisa era séria. Ferir um brigadiano era arranjar encrenca muito grande."

– E onde o senhor foi se esconder? – perguntou Salatino.

– Onde todo mundo ia quando a coisa ficava preta por aqui – respondeu Roque Tavares: – No Uruguai.

"Lá me apresentei ao capataz do General Joca Tavares, que logo me deu a incumbência de preparar uns arreios especiais pra o patrão. Pelas armas que vi guardadas no galpão, senti que os arreios não eram pra passeio.

Em outubro, descobriram umas cartas do Coronel Facundo Tavares, irmão do Joca, endereçadas a chefes federalistas, tramando revolução. Não deu outra: a casa dele em Porto Alegre foi cercada. No tiroteio que se seguiu, Facundo saiu ferido e seus dois filhos morreram.

Naquele clima de ódio e violência, em meio a perseguições e crimes de lado a lado, no dia 20 de novembro de 1892 se realizaram eleições diretas, preparadas pra confirmar Júlio de Castilhos no poder.

Quando ele assumiu, em janeiro de 1893, a situação no Rio Grande já era praticamente de guerra. Os assassinatos políticos se tornaram tão frequentes e bárbaros, que o Comandante do Exército, General João Telles, chegou a recomendar ao Presidente Floriano Peixoto a intervenção no estado."

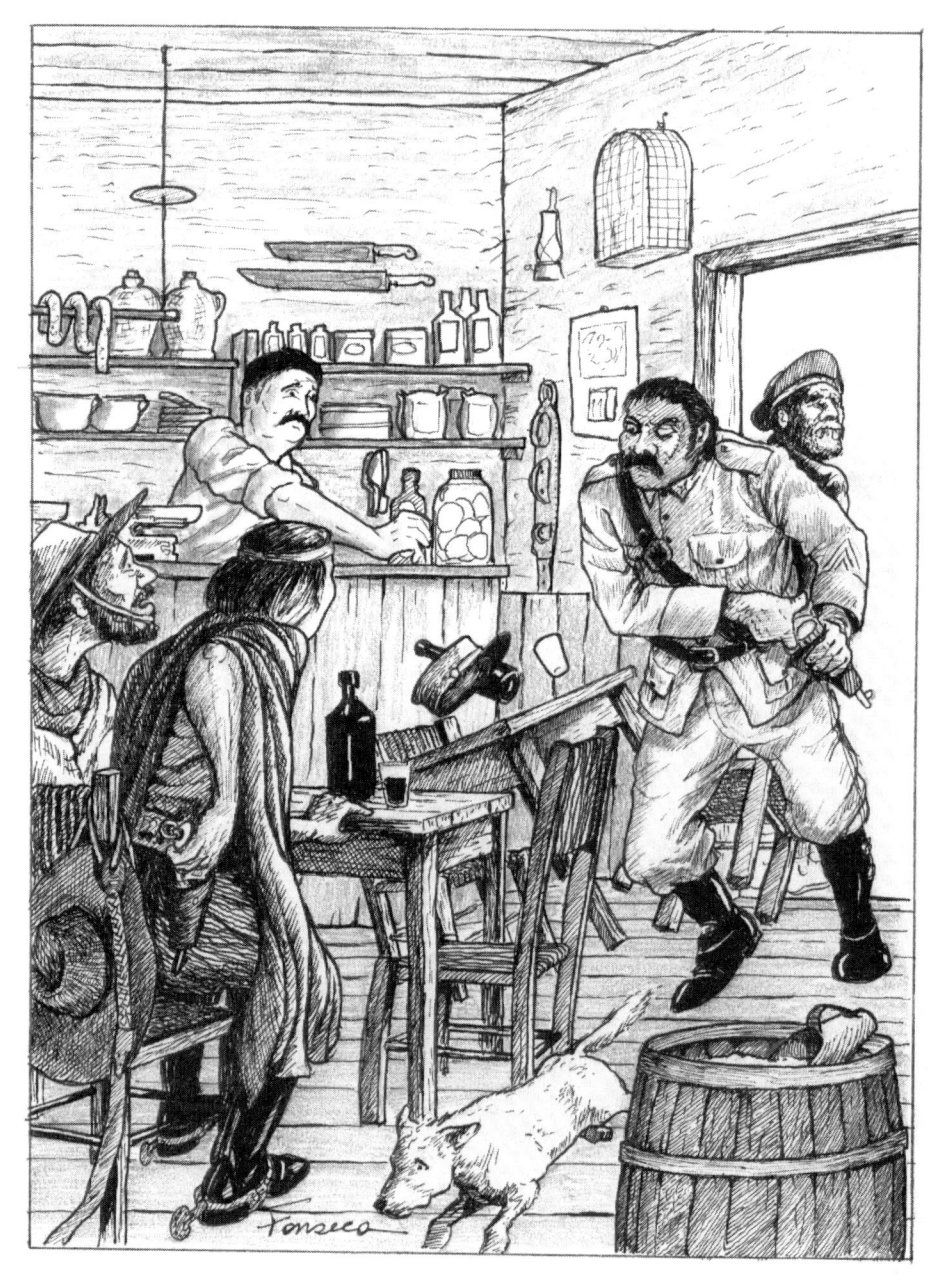

Gá-gá-gaguinho tu-u va-vai veer, va-vagabundo!

— Me diga uma coisa, seu Roque – interrompeu Pedro Paulo –, por que todo esse ódio? Lhe confesso que não consegui entender bem os motivos.

— Não é muito fácil de entender, moço. O caso, no duro, é que Júlio de Castilhos representava uma mudança muito grande na estrutura tradicional de poder. Pela primeira vez as rédeas saíam das mãos dos militares e dos caudilhos da aristocracia rural para serem conduzidas por um jovem sem tradição política na família e com ideias muito avançadas sobre administração pública e ordenamento jurídico.

"Tanto é verdade que os federalistas, chamados assim por causa do partido, formavam uma grande salada na qual se incluíam desde republicanos dissidentes até monarquistas, todos unidos por uma causa comum: derrubar o baixinho Júlio de Castilhos.

Bueno, seja como for, o fato é que em fevereiro de 1893 o caudilho federalista Gumercindo Saraiva cruzou a fronteira, comandando cerca de quatrocentos homens, entre eles um bando de uruguaios. Logo depois, o próprio General Joca Tavares, com setenta e três anos de idade, entrou no Rio Grande com mais de três mil combatentes.

Pronto! Daí por diante, estavam frente a frente maragatos e pica-paus, na guerra mais sangrenta e cruel que o Rio Grande já assistiu."

— O que são maragatos e pica-paus, seu Roque? – perguntou Ana Maria, atenta ao seu caderno de anotações.

— Os federalistas chamavam os republicanos de pica-paus por causa do quepe que parecia imitar o penacho do passarinho. Por sua vez, os republicanos apelidavam os federalistas de maragatos pela presença de uruguaios oriundos da Maragateria, na Espanha, entre as tropas de Gumercindo Saraiva.

"Os pica-paus usavam como distintivo o lenço branco, e os maragatos, lenços e fitas encarnadas. Pois assim é que era!

Como recompensa pelos arreios, o General Joca me levou num cartório e mandou fazer o registro com o sobrenome de Tavares. Agora eu era gente! Faceiro, coloquei lenço vermelho no pescoço e fita no chapéu."

31

A Revolução Federalista

"Findava o mês de janeiro de 1893 – continuou o velho Roque, arrematando o botão da presilha do rabicho. – Um verão chuvoso, quente e abafado.

Um pouco antes da invasão, o General Joca Tavares estava reunindo as tropas num lugar chamado Carpintaria, na linha de divisa do Uruguai com o Brasil. Os mais graduados tinham barracas de campanha ou se enfiavam nos carroções, mas a maioria se acomodava embaixo das árvores ou no campo aberto mesmo.

– Assim, sem nenhum abrigo? – perguntou Ana Maria.

– Chamavam esse tipo de acampamento de bivaque – respondeu o velho. – Era deitar no chão, em cima dos pelegos, e se cobrir com o poncho.

A peonada de confiança do General ficava nos galpões perto da casa. Nesse tempo, a principal ocupação do peleador era o preparo das suas armas. Havia poucas armas de fogo e a munição era escassa. Pra falar a verdade, a maioria dos nossos soldados só possuía lanças, muitas delas improvisadas, até com tesouras de tosquia amarradas na ponta.

A gente não sabia, mas estava se preparando a maior mortandade que o Rio Grande já sofreu. Dizem que foram mais de dez mil baixas. Como na época o estado tinha cerca de novecentos mil habitantes, pode se afirmar que a perda foi superior a 1%, isso num período aproximado de dois anos!"

– O livro diz também que houve muita crueldade – acrescentou Salatino: – assassinatos, degolas, torturas e até esquartejamentos. Tanta barbaridade que um historiador chamado Emílio de Souza Docca se recusou a incluir a Revolução Federalista na sua *História do Rio Grande do Sul*.

– Um aspecto importante a ser observado – acrescentou o tio Manoel –, é que essa guerra não teve motivação por terras, economia ou religião, como tantas outras. Na realidade, houve unicamente a luta pelo poder entre facções com ideias bem definidas: De um lado, os republicanos, adeptos de um governo forte, próximo de uma ditadura, de acordo com os ideais positivistas; do outro lado, as demais facções, reunidas sob a bandeira federalista, ansiosas por maior grau de liberdade, como sugeria a recém-criada república.

Os mais graduados tinham barracas de campanha.

– Pois é bem como o patrão está dizendo – comentou o velho Roque. – Muito se discutiu sobre esse assunto, e sempre ouvi dizer que foi uma das poucas guerras no mundo onde se combateu somente por ideias.

"Começou em princípio de fevereiro de 93, quando Joca Tavares e Gumercindo Saraiva cruzaram a fronteira com suas tropas, que chamaram de Exército Libertador, e iniciaram os combates em vários pontos do estado. Os maragatos tomaram D. Pedrito e ameaçaram Livramento. Em seguida, foi a vez de conquistarem Alegrete e Quaraí.

Do lado republicano, se sabia da existência de duas divisões, ambas bem armadas e comandadas por militares experientes, que estavam se reunindo para oferecer combate. A mais forte era a chamada Divisão do Norte. Essas tropas legalistas dispunham de unidades de cavalaria, infantaria e artilharia. O Comandante dessa Divisão do Norte, General Hipólito Ribeiro, saiu de Uruguaiana em busca do inimigo federalista, que depois de se retrair preparou-se para oferecer combate nas margens do Arroio Inhanduí, no município de Alegrete.

A peleia que se seguiu foi violenta e talvez uma das maiores de toda a história do Rio Grande do Sul. Começou perto do meio-dia. Os republicanos estavam com armamento melhor, mas nós tínhamos superioridade de posição no terreno. Assim, a briga ficou meio equilibrada.

Depois de seis horas de tiroteios, ataques e contra-ataques, os combates foram mermando com a chegada da noite."

– O que é *mermando*, seu Roque? – indagou Pedro Paulo.

– Ah, é assim... diminuindo, parando... – explicou o velho.

"Mas então, como eu ia dizendo, Joca Tavares reuniu o estado-maior maragato e fez um estudo da situação. As informações que chegavam diziam que a munição era muito pouca para a continuação da luta no dia seguinte. Resolveu então ordenar a retirada ainda naquela noite.

A decisão do nosso comandante, apesar de prudente, não foi do agrado de muita gente, que preferia ficar e combater de qualquer jeito, mas ordem foi feita pra ser cumprida e não pra ser discutida. Assim, saímos levando as carretas de feridos por aqueles campos inundados pelas chuvas e aguentando os ataques dos republicanos, que não nos deram folga durante os dezenove dias que gastamos para chegar à fronteira e entrar no Uruguai."

– E aí, acabou a guerra? – perguntou Salatino.

– Pois até podia ter acabado – respondeu Roque Tavares –, se não fosse o Gumercindo Saraiva.

"Os chefes federalistas estavam desanimados com a derrota e com a perseguição desde o Inhanduí. Dispunham de pouco armamento e sentiam a superioridade dos republicanos em equipamento e organização. O sentimento era de que seria melhor desmobilizar as forças e aguardar outra oportunidade. Foi então que o Gumercindo fincou pé e decidiu continuar a luta. Combinaram que ele permaneceria no Rio Grande, com uns seiscentos homens, até que o grosso da força se reorganizasse para voltar.

O Gumercindo era um guerrilheiro danado. Caso sério! Foi se mantendo, juntando mais gente, escaramuçando, vencendo combates e levantando o ânimo dos federalistas. Em julho reuniu suas forças às do General Oliveira Salgado, formando um exército de mil e setecentos combatentes.

No começo de setembro, ainda em 1893, a Marinha se revoltou no Rio de Janeiro contra o Presidente Floriano Peixoto, num bochincho que se chamou Revolta da Armada. Em Santa Catarina, os rebeldes dominaram a capital do estado. Eu não posso afirmar, mas tenho quase certeza que foi por esse motivo – juntar-se aos revoltosos da Armada – que o Gumercindo e o General Salgado resolveram investir sobre Santa Catarina e subir para o Paraná. E lá se foram, subindo aquelas serras com a maior dificuldade, abrindo picada a facão. Lá pelas tantas, os dois comandantes se desentenderam e o General Salgado decidiu regressar ao Rio Grande.

Gumercindo atacou e tomou Tijucas e Paranaguá, mas na Lapa enfrentou a dura resistência dum cabeçudo igual a ele, o Coronel Gomes Carneiro, que aguentou no osso do peito um cerco de vinte e seis dias. Nesse meio tempo, a Marinha rebelada se entregava e um exército de mais de seis mil homens começava a avançar de São Paulo para o Paraná. Gumercindo percebeu a situação e mandou preparar a retirada. O regresso foi muito penoso, sempre acossado pela Divisão do Norte republicana, que nunca deixou de lhe morder os calcanhares.

Chegaram a Passo Fundo em junho de 1894, exaustos, esfarrapados e famintos. No mês seguinte, durante uma escaramuça, Gumercindo foi ferido à bala por atiradores de tocaia, vindo a morrer dois dias depois."

– Não foi a cabeça dele que cortaram, seu Roque? – perguntou Salatino.

– Pois é, foi mesmo – concordou Roque Tavares. – Diz que o Coronel Firmino de Paula mandou desenterrar o cadáver. Aí, a cabeça foi cortada e mandada numa caixa de papelão para o Júlio de Castilhos. Eu não estava lá pra ver, mas contam que o homem ficou furioso com aquele desrespeito e botou o mensageiro a correr porta afora com cabeça e tudo!

– Aí, então, terminou a guerra? – insistiu Ana Maria.

– É, no duro, a partir daí a revolução virou numa sangueira inútil. Não tinha mais propósito.

– E o senhor, onde andava? – perguntou Pedro Paulo.

– Pois eu ficara no Uruguai com o Joca Tavares.

"No fim do ano de 1893, voltamos do Uruguai com quase três mil combatentes, para prosseguir com a revolução. A primeira providência foi atacar Bagé, que era o reduto dos Tavares e dos Silveira Martins. Joca Tavares atacou a cidade, enquanto seu irmão Zeca investiu sobre a estação ferroviária de Rio Negro, distante cerca de vinte quilômetros.

Bagé era defendida por uns mil homens, sob o comando do Coronel Silva Telles. A coisa ficou tão feia, que a população, cerca de vinte mil pessoas na época, fugiu toda da cidade, levando o que dava pra levar.

O cerco foi apertando dum jeito que depois de quase um mês de resistência só restava a Praça da Matriz nas mãos dos defensores. Daí por diante, eu só sei do que aconteceu por ouvir dizer, pois fiquei revoltado, abandonei aquela gente e fui-me embora no meu rumo."

– Mas o que houve, seu Roque? – perguntou Jovino, sovando um pouco de fumo picado na palma da mão.

– Pois veja, seu Jovino – respondeu o velho –, que eu estava no grupo que atacou Rio Negro. Cercamos o inimigo em campo raso, de tal jeito que eles não conseguiram resistir e se entregaram, com promessa de garantia de vida.

"Até aí, tudo bem. Guerra de homem. Mas então começou a barbaridade: uns trezentos prisioneiros, desarmados e com as mãos amarradas, foram sendo degolados como ovelhas, um por um. Coisa mais covarde e horrível de se ver! Me lembro que dois moços, oficiais do exército que estavam entre os vencidos, protestaram contra a degola dos prisioneiros civis e por isso foram também executados.

Pra mim foi demais! Aquilo me revirou as tripas de nojo e desgosto. Arrumei as minhas coisas, montei a cavalo e me toquei embora.

Depois fiquei sabendo que o Joca Tavares não conseguiu tomar Bagé, apesar de o cerco ter durado quarenta e sete dias. Soube também que os pica-paus deram o troco do banditismo do Rio Negro. Foi na região de Palmares, onde atacaram de surpresa e aprisionaram uma tropa de maragatos no lugar chamado Boi Preto. Amarraram os prisioneiros com tiras de couro e degolaram mais de trezentos."

– Que coisa horrorosa, seu Roque! – protestou Ana Maria. – Aquela gente não tinha sentimentos?

– Em outras revoluções e guerras nunca tinha acontecido isso – respondeu Roque Tavares, pensativo. – Já me disseram que quem começou essa coisa de degola, que também chamavam de "botar uma gravata colorada", foram os castelhanos que vieram com os federalistas do Gumercindo Saraiva e do Joca Tavares. Na ocasião se comentava que o costume vinha das guerras dos cristãos contra os mouros, na Espanha.

"Em retribuição, quando os pica-paus faziam um maragato prisioneiro, mandavam o infeliz dizer *pauzinho*. Se a pronúncia saísse assim como *paucinho*, o infeliz era degolado na hora.

Pois essas barbaridades se prolongaram até junho de 1895, quando foi assinada a paz, em Pelotas."

32

O GOVERNO JÚLIO PRATES DE CASTILHOS

Jovino revirava-se na cama sem conseguir dormir. Um pouco pelo calor, um pouco pelos mosquitos e muito pela lembrança do caixão enterrado lá fora, perto da latrina velha.

— Sabe que, de verdade, eu não cheguei a espiar dentro do caixão – disse para a mulher, cutucando-lhe o quadril.

— Então vai lá e espia! – retrucou ela, virando-se de bruços. – Mas agora me deixa dormir!

— Deus me livre abrir aquela tampa e dar com uma caveira me olhando! – exclamou Jovino, fazendo o sinal da cruz.

— E se tiver dinheiro lá?

— Tu achas que tem?

— Como é que eu vou saber, homem? Só olhando!

— É por isso que ainda não disse nada pra o patrão. Numa dessas eu agarro coragem e vou ver!

— Tinha alguma cruz no caixão?

— Pois cruz eu vi que não tinha – continuou Jovino. – Só deu pra reparar foi numas letras e nuns números que eu não entendi.

— Tu não te animaste a dar só uma levantadinha na tampa? – insistiu a mulher, sentando-se na cama e enchendo a caneca de louça com água da moringa.

— Pois até experimentei, mas estava fechada com parafusos, desses com cabeça de fenda.

— Caixão de defunto parafusado? – Essa não, Jovino! Nunca vi, nem ouvi dizer! O que sei é dumas borboletinhas de metal que a gente rosqueia, ou então é prego mesmo.

— Tá muito estranho. Se é defunto, por que não enterraram no cemitério? Só se foi algum crime escondido.

— É melhor não te meteres nisso – concluiu ela, tornando a se deitar e cobrindo a cabeça com o lençol para se proteger dos mosquitos.

No final do dia seguinte, depois de recolher as vacas mansas para a mangueira, Roque Tavares examinou o dedo indicador da mão esquerda, procurando o sinal de um corte profundo que havia sofrido dois dias atrás quando tirava um tento da lonca. Nada. A pele estava intacta. Balançou a cabeça com ar de desânimo, olhou para o céu estrelado, deu um suspiro triste e arrastou os chinelos na direção do galpão.

– O patrão e os moços me desculpem – disse meio acabrunhado, quando todos se reuniram em redor do fogo de chão –, mas a cabeça do velho às vezes se atrapalha um pouco... não me lembro onde foi que paramos ontem.

– Foi no final da Revolução Federalista – lembrou Ana Maria, consultando o caderno para conferir. – Agosto de 1895.

"Ah, pois foi mesmo! Então, aniquilada a oposição, Júlio de Castilhos estava sozinho no poder. Embora eu tivesse lutado ao lado dos maragatos, passei a admirar a força e o caráter desse homem.

Era moço, cerca de 35 anos, e tinha nas mãos o poder absoluto, como planejara ao escrever a Constituição de 1891. Conquistara força política e militar para pôr em execução o modelo de administração positivista em que acreditava. O seu partido, o PRR, extremamente disciplinado, dominava o cenário rio-grandense, e a Brigada Militar se encontrava equipada e preparada para enfrentar quaisquer sublevações.

Restabelecida a paz, iniciou a tarefa de organizar a estrutura administrativa do estado, que desde a proclamação da República permanecia confusa e improvisada.

Eu estava morando em São Jerônimo, cansado de guerra e dessa vez disposto a deixar sentar a poeira e a me acomodar como gente civilizada. Cuidava dos cavalos e da carruagem do Dr. Simch, médico respeitado na região, assim que, conversando com ele durante as viagens para atender clientes no interior, ficava sabendo das novidades da capital.

Entre as primeiras providências que tomou após a revolução, Júlio de Castilhos procurou consolidar o poder, controlando a movimentação política através de uma ampla rede baseada nos chefes locais e nas subchefias de polícia.

O caso é que quase todos falavam bem dele. Até os adversários que o acusavam de se portar como um ditador o admiravam, no mínimo pela seriedade e pela honestidade com que tocava os negócios públicos. Isso era impossível não reconhecer!

Assim, devagarinho, começou a pôr as coisas no lugar."

– Seu Roque – interrompeu Ana Maria –, o senhor seria capaz de lembrar as coisas boas que foram feitas no governo dele?

– Acho que sim, moça – respondeu o velho, pensativo. – Vamos ver se consigo. "Primeiro, organizou a Justiça no Estado. Me lembro bem de um juiz que foi visitar o Dr. Simch; foi esse o assunto da conversa dos dois.

Criou uma rede telegráfica ligando a capital com a região da colônia.

Melhorou a navegação pelos rios.

Investiu muito no ensino, desde o primário até o superior. No governo dele, foram criadas a Faculdade de Direito e a Escola de Engenharia.

Me parece que também andou regularizando a questão das terras dos colonos.

Olha, é difícil recordar tudo, mas o que se pode dizer é que quando deixou o governo, aos 38 anos de idade, era um homem tão respeitado, que chegou a ser cogitado para a Presidência da República."

– E disputou a eleição? – perguntou Pedro Paulo.

– Não aceitou a indicação, e também não quis nenhum outro cargo público. Talvez porque já sentisse algum sinal da doença – parece que sofria de uma dor na garganta. De fato, quando foi consultar o médico, o Dr. Protásio Alves, descobriu que tinha um câncer já bem adiantado. Morreu moço, o coitado, com 43 anos.

"Foi nesse tempo que as coisas começaram a andar tão depressa, que a gente nem conseguia mais acompanhar. Eram novidades todos os dias; a gente mal se recuperava de um susto e já vinha outro."

– Como assim, seu Roque? – perguntou Ana Maria –, que sustos eram esses?

– Pois a moça imagine que chegou em São Jerônimo a luz elétrica, que já era uma coisa difícil de entender. Me lembro que tanto remexi nuns fios, que acabei levando um choque, e aí desisti até de chegar perto.

"Do telégrafo já se tinha desconfiança; imaginem quando apareceu o telefone!

E o rádio, então? Me lembro do seu Fermino, peão caseiro do doutor. O coitado tinha certeza que ali dentro morava um diabinho que falava, cantava e chiava muito quando o tempo estava pra chuva. O pior é que não se animava nem a espiar pra conferir. "Deus me livre!" – dizia com os olhos arregalados, benzendo-se três vezes.

Pois o pobre foi a primeira vítima do progresso. Quando o doutor trouxe o automóvel de Porto Alegre, foi um rebuliço na cidade. Todo mundo queria ver aquele carro que andava sem cavalos. Desafiado nos brios, seu Fermino subiu na boleia. O doutor arrancou rua afora, a mais de quarenta quilômetros por hora. Aí foi demais! O velho Fermino, tomado de pavor, se atirou do automóvel e torceu o pescoço.

E logo depois? O cinema, as vitrolas, a máquina de costura, o gelo, os fósforos, a bicicleta, o avião, a anestesia com clorofórmio, as vacinas, os antibióticos, a televisão, e daí por diante... até o homem chegar na lua!"

– Puxa vida, seu Roque! – exclamou Ana Maria. – A gente nunca tinha se dado conta disso. Pra nós, parece que todas essas coisas sempre existiram.

– Olhem – continuou o velho Roque –, uma pessoa nascida no início do Século Vinte, que tenha vivido uns sessenta ou setenta anos, assistiu à mais formidável transformação que já se deu em toda a história da humanidade, ou seja, em muitos e muitos milhares de anos. Saiu da lamparina e da carreta de bois para a Internet e os vôos espaciais!

História do Rio Grande do Sul para Jovens 189

Foi um rebuliço na cidade.

— Mais ainda o senhor — disse Pedro Paulo —, que está assistindo a tudo desde o tempo dos índios!

— É, moço. Até o dia em que eu nasci, muito pouco se tinha avançado no conhecimento. A corrida começou de verdade no século dezenove, mas só foi chegar no Brasil muito tempo depois.

Roque Tavares levantou-se do banquinho mocho e encostou mais lenha no fogo. Com uma caneca feita de lata de azeite, completou a chaleira com a água retirada do tonel. Encilhou o chimarrão, substituindo metade da erva da cuia, e tornou a sentar-se.

"Pois, voltando ao assunto — continuou —, quem assumiu o governo depois da morte do Dr. Júlio de Castilhos foi o Dr. Antônio Augusto Borges de Medeiros."

— Seu Roque — interrompeu Ana Maria —, o senhor não se incomoda se a gente fizer agora uma revisão do que eu estou escrevendo? Com tanta coisa, posso até me perder.

— Pois então vamos ver, moça — consentiu Roque Tavares, para quem uma pausa já era bem-vinda.

— 1892. O Presidente da República, Deodoro da Fonseca fecha o Congresso.

Júlio de Castilhos, aliado de Deodoro, demora a definir-se. Surgem fortes reações e Júlio de Castilhos se vê obrigado a renunciar.

Inicia-se o período conhecido como "governicho".

Em Bagé, é fundado o Partido Federalista, sob a liderança de Gaspar Silveira Martins.

São realizadas eleições, por voto direto, e Júlio de Castilhos é eleito.

— 1893. Júlio de Castilhos assume o Governo do Estado. Segue-se um período de violências.

Gumercindo Saraiva e Joca Tavares, vindos do Uruguai, invadem o Rio Grande do Sul, dando início à Revolução Federalista de 1893.

A batalha do Rio Inhanduí, considerada como a mais importante da revolução, é vencida pelos republicanos. Joca Tavares regressa para o Uruguai e Gumercindo prossegue a luta.

Joca Tavares volta ao Rio Grande e cerca a cidade de Bagé. No Rio Negro, a 20 km dali, 300 prisioneiros republicanos são degolados.

— 1894. Animado pela revolta da Marinha, Gumercindo invade Santa Catarina e chega ao Paraná, onde cerca a cidade da Lapa.

Sentindo-se ameaçado pela reação do governo federal, regressa, sendo constantemente perseguido.

Gumercindo é atingido e morto por atirador de tocaia. É degolado e sua cabeça apresentada como troféu.

Depois de 47 dias, Joca Tavares desiste do cerco de Bagé.
Em Palmares, num lugar chamado Boi Preto, prisioneiros maragatos são degolados, como vingança.
Os combates prosseguem, sempre caracterizados pela extrema violência.
– 1895. É assinada a paz, em Pelotas.
– 1897. Com apoio de Júlio de Castilhos, Borges de Medeiros assume o governo.

– Acho que está muito bem, moça – disse Roque Tavares, abrindo os olhos, um pouco assustado com o puxão na manga da camisa que lhe deu Jovino. – Eu não estava cochilando! Só fechei os olhos pra ouvir melhor!

33

Antônio Augusto Borges de Medeiros

Jovino voltou do escritório do tio Manoel com o dinheiro dos salários. O dele e o da sua mulher. Jogou as notas sobre a toalha da mesa e sentou-se com a cara amarrada.

– Olha só que micharia! – resmungou, apontando o dinheiro com o queixo. – Não dá pra nada!

– É verdade – concordou a mulher –, mas antes tu não te queixavas. Depois que começaste com essa história de tesouro o teu olho cresceu muito.

– Pois é mesmo. A gente podia estar morando numa baita casa e com um carrão encostado na garagem.

– Então, não sei o que tu estás fazendo que, até agora, não tiveste serventia de abrir o tal caixão – disse a mulher, com o raro senso prático feminino.

– Mais de uma vez já fui lá, mas não tive coragem – respondeu Jovino. – Uma noite dessas até encontrei o seu Roque caminhando sem rumo por ali. Me disse que tinha perdido o sono. Acho que ele já anda desconfiado.

– Pois então toma cuidado, homem de Deus! Aquele índio velho é muito esperto, e se percebe alguma coisa, dá de mão na prata e aí... nunca mais!

– Cheguei até a sonhar que eu estava lá quando, de repente, o caixão começou a ranger e foi se abrindo. Quando a tampa saiu, credo, Virge Maria! – apareceu um cachorro preto, com os olhos botando fogo, e ficou rosnando pra mim com os dentes arreganhados. Corri tanto, que me acordei todo suado.

– Pois o tal cachorro deve ser guarda do tesouro.

– É, pode ser – concordou Jovino, achando boa a explicação da mulher –, mas e daí? Como é que eu vou me ver com uma fera daquelas?

– Mas é só no sonho, homem!

– Bueno, lá isso é verdade – assentiu, mais aliviado.

Nesse dia, depois do jantar, a conversa enveredou pela história dos governos de Borges de Medeiros.

"Pois, o Doutor Borges ainda era moço quando foi eleito governador – começou Roque Tavares, enquanto avivava o fogo, colocando mais alguns gravetos. – Acho que uns trinta e cinco anos de idade. Ele lutou na revolução, como tenente-coronel, e depois foi chefe de polícia no governo do Júlio de Castilhos. Com o tempo chegou até desembargador do Tribunal de Justiça. Era miúdo, magrinho, narigudo e bigodudo, mas duro como cerne de cabriúva. Quieto, mas sabido e mandão como só ele.

O jeitão sério e a competência nos negócios públicos fizeram com que ele caísse nas graças do patriarca Júlio de Castilhos, que o apoiou para a eleição em 1897. No seu governo, continuou a seguir fielmente a doutrina positivista de Augusto Comte. Ao final do mandato de cinco anos, Júlio de Castilhos, que de fato ainda mandava em tudo, voltou a indicá-lo como candidato do Partido Republicano. Foi reeleito quase sem oposição. No ano seguinte, com a morte do patriarca, assumiu também a chefia do partido.

A oposição podia acusar Borges de Medeiros de muita coisa, mas nunca de preguiçoso ou de ladrão. Trabalhava do clarear do dia até altas da noite, andava a pé e não usava carro oficial. Detestava festas e nunca passou por perto do mais famoso clube noturno de Porto Alegre, o Clube dos Caçadores, onde se reunia a elite boêmia do estado, para beber e farrear com mulheres trazidas até da Europa.

Logo que assumiu o governo, teve que recompor as finanças do estado, abaladas pelos trinta e um meses de guerras. Imaginem só que o nosso rebanho bovino chegou a ficar reduzido de nove para cinco milhões de cabeças. Além disso, reduziu as despesas, modificou a coleta de impostos e criou o imposto territorial. Fez tanta economia, que chegou até a suspender as obras do novo Palácio do Governo, iniciadas por Júlio de Castilhos.

Com sua experiência jurídica, promulgou os Códigos do Processo Penal e do Processo Civil e Comercial.

Reparem bem o quanto trabalhava esse homem, numa época em que quase tudo estava por fazer e, entre as classes privilegiadas, o trabalho duro não era uma das virtudes mais cultivadas.

Mas então a situação financeira foi melhorando e Borges de Medeiros começou a dar mais atenção para a instrução primária e profissional e para as vias de transporte, que até então, com exceção das linhas férreas, mal passavam de precários caminhos de carretas.

Ao mesmo tempo, com o exemplo da boa administração pública, a iniciativa particular dava sinais de grande vigor, tanto na agricultura e na pecuária como no desenvolvimento de um qualificado parque industrial, prenunciando uma fase de grande progresso para o Rio Grande."

— Seu Roque — interrompeu Ana Maria —, o Borges de Medeiros também se preocupava com os aspectos sociais, ou era apenas um tecnocrata eficiente, desses que tratam as pessoas como números?

— Pois é moça... difícil responder... bueno... demagogo e populista, destes que andam beijando criancinhas nas vésperas de eleições, ele não era... Mas também não era insensível. Acho que fortalecendo a economia do estado sem conceder privilégios nem pra ricos nem pra pobres, como era do seu feitio, estava cuidando de todos.

— O que me parece — interrompeu o tio Manoel — é que Borges era um político impossível de rotular fora dos parâmetros de sua doutrina positivista. Vejam, por exemplo, a sua atuação na questão fundiária. O Regulamento de Terras foi publicado pelo Partido Republicano em 1895, porém no sistema de colonização adotado muitos núcleos acabaram desaparecendo devido ao completo isolamento em que permaneceram. O governo Borges, ao contrário do que vinha acontecendo, passou a empregar boa parte do dinheiro arrecadado na construção e na melhoria de estradas, para facilitar o escoamento dos produtos coloniais. Isso significava a fixação do homem à terra. Também os trabalhadores nacionais, que antes andavam entregues à sua própria sorte, receberam terras em novas colônias organizadas pelo governo. Resumindo, os positivistas se preocupavam com o crescimento harmônico do estado em todos os seus aspectos. Consideravam que uma economia saudável é, ao mesmo tempo, causa e consequência do desenvolvimento e do bem-estar social, estando todos esses fatores intimamente relacionados. Não se podem satisfazer questões sociais com cofres vazios.

— Pois o patrão tem toda razão, e sabe explicar melhor do que eu — reconheceu Roque Tavares, retomando a história.

"O fato é que o Doutor Borges sabia manejar os cordões na hora certa, embora, às vezes, parecesse grosseiro e antipático. Contam que um dos seus auxiliares resolveu dar uma sugestão e começou dizendo: *Eu penso...* Na hora, recebeu a resposta: *Tu pensas que pensas; quem pensa sou eu e tu executas...* Outras vezes ele se mostrava conciliador, como em 1917, quando teve que enfrentar uma das maiores greves da história do Rio Grande. Foi o primeiro governante a receber no Palácio uma comissão de grevistas.

Ninguém pode duvidar de que, mesmo não tendo a força e o carisma do Júlio de Castilhos, o Borges de Medeiros era um político hábil, enérgico e astucioso.

Pois aconteceu que, no final do seu segundo mandato, apareceu uma dissidência no Partido Republicano, representada pela candidatura de Fernando Abbott, castilhista de primeira linha. Muito esperto, Borges não quis arriscar o seu prestígio num confronto direto e lançou a candidatura do médico Carlos Barbosa. O seu candidato ganhou a eleição disparado e fez um governo de continuação com o programa do partido.

Na eleição seguinte, em 1913, Borges voltou ao governo para exercer o seu terceiro mandato.

Foi um tempo de muito progresso. Entre outras grandes realizações, ressalta a socialização de alguns importantes serviços públicos, como a Viação Férrea, que foi encampada pela União e arrendada ao Estado, com a encampação e a transferência para o Estado das obras do porto e da barra do Rio Grande, e ainda a construção do cais de Porto Alegre. Borges acreditava que a administração desses serviços devia estar a cargo exclusivamente do Poder Público.

Ao mesmo tempo, Borges de Medeiros não se descuidava do manejo político, que lhe assegurava a manutenção do poder. Mantinha em todo o estado um cerrado controle sobre a máquina partidária, substituindo intendentes, controlando as delegacias de polícia e prestigiando as lideranças locais que lhe fossem fiéis.

Nessa época, de um desentendimento com Ramiro Barcelos nasceu o célebre *poemeto campestre* intitulado *Antônio Chimango*.

A história se passou assim: Ramiro Barcelos, republicano de primeira linha, se opôs à candidatura do Marechal Hermes da Fonseca ao Senado, proposta por Pinheiro Machado, e mandou uma carta a Borges pedindo que fosse indicado outro nome. Não se sabe se de propósito ou não, a carta não foi respondida. Despeitado, Ramiro Barcelos, usando o pseudônimo de *Amaro Juvenal*, escreveu o poema, que acabou por se tornar um clássico da literatura gaúcha.

Os versos, divididos em rondas, contam a caminhada de uma tropa de gado. Nas paradas, um peão chamado Lautério abre a gaita e canta a história *de um tal Antônio, Chimango por sobrenome, / Magro como lobisome, / Mesquinho como o demônio.*

O Rio Grande era a estância onde mandava o *Coronel Prates* (Júlio Prates de Castilhos). O *Chimango* (Borges de Medeiros), um peão puxa-saco e astucioso que chega a capataz e, com a morte do patrão, torna-se dono da estância.

Este livreto por muito tempo circulou clandestino. A primeira publicação ostensiva só aconteceu em 1922.

Um acontecimento muito grave nesse período foi a morte do senador gaúcho Pinheiro Machado, um dos homens mais poderosos da República, assassinado em 1915, no Rio de Janeiro, por motivos que nunca foram bem esclarecidos.

Em 1917, Antônio Augusto Borges de Medeiros foi novamente reeleito para um quarto período, praticamente sem competidor. Seguiram-se então anos de estabilidade política que continuaram a garantir o progresso que se via por todo o Rio Grande."

– E o senhor, por onde andava, seu Roque? – perguntou Pedro Paulo.

– Morava em Porto Alegre, numa pensão na Rua da Igreja, que hoje é a Duque de Caxias, e trabalhava no Palácio do Governo.

ANTONIO CHIMANGO
ILUSTRAÇÃO DA CAPA

BORGES DE MEDEIROS

Antônio Augusto Borges de Medeiros.

– O que o senhor fazia no Palácio?

– Oficialmente era mensageiro, mas no duro o meu trabalho era não desgrudar o olho do Governador, onde ele fosse. Ninguém queria que acontecesse com ele o mesmo que havia acontecido com o senador Pinheiro Machado.

– Uma espécie de guarda-costas?

– Mais ou menos, moço. Mas tinha que ser de longe e meio escondido, pois ele não admitia que alguém pensasse que pudesse estar com medo.

"Havia muita coisa pra fazer! Imaginem que no final dos anos 1800 não havia água tratada nem esgoto. Quem podia, comprava água de fonte, trazida em pipas, e as latrinas tinham umas barricas cilíndricas de madeira, não sei por que chamadas de cubos, onde as fezes eram depositadas. Todos os dias esses cubos eram recolhidos em carroças e substituídos por outros limpos. As águas servidas eram jogadas nas sarjetas. Imaginem o mau cheiro e a imundície!

O transporte das pessoas era feito em carruagens e bondes puxados por burros. Havia poucas linhas de trem. Para a maior parte das localidades viajava-se a cavalo ou em diligências, por caminhos que não se podiam chamar de estradas.

Mas, aos poucos as coisas iam mudando. Nas colônias alemãs e italianas aumentava a industrialização. A luz elétrica chegava nas cidades e as linhas de trem iam se estendendo. Calçavam-se as ruas. Desenvolvia-se o interior. Uruguaiana já era quase tão moderna como Pelotas. Em Porto Alegre surgia uma febre de novas construções. Entre elas, me lembro dos prédios do Banco da Província, da Confeitaria Rocco, dos Correios e Telégrafos, do Banco Pelotense e da Biblioteca Pública.

A grande Exposição Estadual de 1901 veio mostrar a força da economia rio-grandense. Ao lado das unidades de produção artesanal, as mais de trezentas fábricas existentes no Estado apresentavam novos equipamentos e motores. A Companhia Fabril Porto-Alegrense, por exemplo, chegava a produzir seis mil dúzias de camisetas por mês. Caxias do Sul despontava como grande centro vinícola e a cerveja também não ficava para trás. Na exposição, estavam presentes muitas cervejarias, que exportavam mais de 40.000 litros por ano."

– Existiam leis que protegessem os trabalhadores? – quis saber Ana Maria.

– Pois aí é que estava o nó da questão! – respondeu Roque Tavares. – Não havia lei nenhuma pra isso. Se exigia produtividade do operário na base da ameaça de multas. O ambiente era geralmente insalubre e o trabalho infantil largamente explorado. Algumas empresas impunham um horário massacrante de trabalho, de cinco horas da manhã até as oito da noite – a "jornada de estrela a estrela", como costumavam chamar. Tudo isso em troca de salários miseráveis.

– É, as leis trabalhistas só foram introduzidas na época do Getúlio Vargas – comentou o tio Manoel. – Tanto na Europa como aqui, a Revolução Industrial criou esse tipo de relação de trabalho. E também aqui, como lá, junto com o capitalismo surgiram as ideias socialistas.

– O patrão está certo – concordou o velho Roque com um aceno de cabeça. – Foi quando começaram as greves. Me lembro que houve muitas, sendo que algumas foram gerais. Quer dizer, todo o estado parado.

"Mas o Borges de Medeiros sabia manejar esses movimentos. Sabia a hora de endurecer e o momento de concordar. Em 1917, na maior de todas as greves, conseguiu negociar bem. Recebeu os grevistas, deu aumento aos funcionários públicos como exemplo para os empresários, suspendeu a exportação de gêneros de primeira necessidade para impedir a elevação dos preços e reduziu o preço das passagens. Essas medidas lhe garantiram o fim da greve, maior apoio popular e a vitória com mais de cem mil votos na eleição para o seu quarto mandato.

– E as guerras, seu Roque – indagou Salatino – acabaram?

– Ainda não moço. Esse tempo bom era só um descanso.

34

Antecedentes da Revolução de 1923

A curiosidade foi mais forte! E se naquele caixote estivesse guardado um tesouro de verdade?

Depois que se apagaram todas as luzes na fazenda, Jovino deixou passar mais algum tempo e levantou-se sem fazer barulho. Abriu uma fresta na porta e espiou para fora. O chão batido estava iluminado pelo clarão do luar e reinava o mais completo silêncio. Chamou a mulher, num sussurro. Acenderam o lampião e saíram, pé por pé, na direção dos fundos do galpão.

Ao se aproximarem do lugar do enterro, Jovino teve que parar por alguns instantes, para acalmar a respiração. O coração corcoveava como se quisesse saltar pela boca e um suor frio lhe escorria pela testa. Agarrada na manga da sua camisa, a mulher gaguejava uma reza abafada, sem tirar os olhos de suas próprias sombras, que a luz trêmula do lampião fazia balançar na terra revirada do arvoredo.

Antes de iniciar a escavação, ajoelharam-se e improvisaram uma oração, decerto para justificar a profanação.

Em seguida, com o menor ruído possível, Jovino foi retirando a terra com a pá de concha até encontrar os restos apodrecidos do caixão. Com a ajuda da mulher, removeu as lascas carcomidas de madeira.

– Traz o lampião mais pra perto! – sussurrou para a mulher, tentando identificar o que via.

– Olha aí! Parecem armas! – observou ela, tocando num dos objetos e retirando a mão como se tivesse levado um choque.

– E são mesmo! – cochichou Jovino, apontando um fuzil enferrujado, com restos da coronha de madeira ainda presos à parte metálica. – Olha só, tem uma porção deles aqui!

À tardinha, depois que a camionete da polícia foi embora com as armas, reuniram-se todos ao redor do tio Manoel, que saboreava o chimarrão embaixo da figueira, ansiosos por comentar a novidade. O último a chegar foi o velho Roque Tavares. Sentou numa raiz e ficou escutando as opiniões.

— Só pode ser coisa de alguma quadrilha de bandidos escondendo as armas da polícia — disse Ana Maria, com convicção.

— Realmente, é muito estranho — comentou o tio Manoel. O meu pai comprou estas terras em 1929 de um velho fazendeiro, que no ano seguinte se mudou para o Rio de Janeiro, acompanhando Getúlio Vargas, e nunca mais apareceu por aqui. Só pode ser coisa daquela época. Se alguém da nossa família tivesse algo a ver com isso, eu saberia. O seu Roque tem alguma opinião a respeito?

— Acho que posso saber um pouco dessa questão, se o patrão me der licença — disse o velho.

— Mas claro, homem. Fale logo, que está todo mundo curioso.

— Pois então, tenho que voltar ao tempo em que o Borges de Medeiros estava no quarto mandato como governador. Tenho quase certeza que é por lá que isso começa.

"Como eu já vinha dizendo, o Borges manejava a máquina do partido, com controle rigoroso sobre tudo que acontecia. Para isso tinha homens de sua confiança em todos os postos, particularmente nas chefias de polícia na capital e em todo o interior do Estado. Naquele tempo de revoluções, sabia bem da importância da liderança dos fazendeiros, que se transformavam em chefes militares durante as guerras.

Depois de quase vinte e cinco anos no poder — quatro mandatos seus e um do correligionário Dr. Carlos Barbosa —, Borges de Medeiros já sentia o desgaste que isso representava. Mesmo assim, tencionava continuar no governo e não se descuidava de arregimentar forças.

Em 1917, depois da votação fraudada em que foi reeleito, começou a pressentir que a oposição poderia se revoltar e partir para um movimento armado. Uma das estratégias que então empregou foi instituir ajudas de custo em dinheiro para que correligionários seus reunissem, armassem e treinassem, em suas fazendas, homens de confiança, organizando assim eventuais tropas de reserva, chamadas de *provisórios*.

Eu sabia bem dessas coisas porque sempre acompanhava o Dr. Borges nas viagens. Até me lembro de uma em que fomos visitar um desses estancieiros. Antes do churrasco, o homem mandou desfilar os três piquetes de cavalaria da sua peonada. Os piquetes saíam a galope por trás dos galpões, passavam em continência na frente das autoridades e desapareciam atrás de um taquaral. Desfilava um piquete de cada vez, e não foi difícil perceber que em todos eles havia um mesmo cavaleiro que montava um tobianinho ligeiro e tinha a perna amarrada com um curativo.

— Quer dizer que havia um piquete só, passando três vezes? — percebeu o tio Manoel.

– Pois era isso, patrão.
– E o Borges não se deu conta da malandragem?
– Ora, se não ia ver! Aquele homem tinha um faro de perdigueiro. Na volta ouvi o Dr. Oswaldo Aranha, que fazia parte da comitiva, dar umas boas risadas e dizer que valia a pena fechar o olho. O custo era pouco e de qualquer modo compensava.
– Mas o que tem a ver essa história com as armas enterradas? – indagou Salatino.
– Pois aconteceu que nas vésperas das eleições de 1922, vendo a situação política se arruinar e sabendo que no Rio Grande isso tinha cheiro de guerra, o General Flores da Cunha conversou com Borges e foi autorizado a comprar armas e munições na Argentina.

Que se saiba, e dito por ele mesmo, vieram quatrocentos fuzis e mosquetões Mauser, desses aí que estavam enterrados, e cento e vinte mil cartuchos de munição. Uma parte desse armamento foi entregue ao Comandante Geral da Brigada Militar, o Coronel Emílio Massot. O restante foi distribuído aos chefes políticos e aos fazendeiros que mantinham as tropas de provisórios. Depois, no decorrer da revolução, foi perdido o controle sobre grande parte dessas armas.

– Quer dizer que o antigo proprietário destas terras não chegou a empregar o armamento que recebeu? – deduziu o tio Manoel.
– Deve ter sido isso, patrão – respondeu Roque Tavares. – Terminada a revolução, veio ordem para os civis devolverem as armas, mas muitos, por precaução ou por qualquer outro motivo, preferiram escondê-las. Acho que foi o caso por aqui.
– Serviço mal feito! – comentou Pedro Paulo. – Enterradas desse jeito, é claro que iriam se enferrujar.
– A madeira era tratada com piche e as armas vinham engraxadas – explicou o velho. – Talvez ele imaginasse que ficariam enterradas por pouco tempo.
– Guerra, guerra e mais guerra! – comentou Ana Maria, fazendo anotações na caderneta. – Aquela gente parece que não pensava em outra coisa! Essa Revolução de 1923, seu Roque, foi feita pra quê?
– Ora, moça, naquele tempo política e revolução eram quase que uma coisa só. Em 23 não foi diferente, mas deixem que eu conte:

"Acontecia que o Dr. Borges de Medeiros dava sinais claros de que ia se candidatar a um novo mandato, o quinto, nas eleições marcadas pra 1922. Na ocasião havia insatisfação entre os grandes estancieiros, que se encontravam desgastados pelas constantes crises no setor e desprestigiados ante as novas forças sociais criadas pela agricultura, a indústria e o comércio, particularmente na região norte do Estado.

Ao mesmo tempo cresciam as denúncias sobre fraudes eleitorais, facilitadas pelo chamado 'voto a bico de pena'. Eram de conhecimento geral as coações

Agradeceu a visita e as congratulações pela vitória.

sofridas pelos eleitores, o voto dos defuntos, a falsificação de livros de votação e outras trapaças, a tal ponto que na eleição anterior, em 1917, tinham sido contabilizados 99,99% dos votos para o Partido Republicano Rio-Grandense e para o seu candidato, Borges de Medeiros.

Embora fosse uma eleição dificílima, pois o Borges precisaria, no mínimo, três quartas partes dos votos para vencer, o partido apresentou a candidatura dele em 1923.

Os oposicionistas formaram uma frente, a Aliança Libertadora, que incluía os federalistas, os chamados republicanos democratas e os dissidentes do próprio PRR de Borges. Indicaram o nome de Assis Brasil, um abastado fazendeiro e diplomata, como candidato.

A campanha eleitoral se desenvolveu em clima de violência, pouco faltando para que se deflagrasse a luta armada mesmo antes de serem conhecidos os resultados da votação. Em Alegrete, quando tentava apaziguar um conflito, foi morto o Coronel Vasco Alves, homem benquisto e um herói da Revolução de 93.

A apuração foi demorada e, apesar das falcatruas nas mesas eleitorais, Borges não conseguiu os votos necessários para se eleger. Então os deputados da comissão eleitoral foram ao Palácio comunicar a má notícia ao Governador. Conta-se que quando entraram no gabinete, Borges se levantou e, antes que abrissem a boca, agradeceu a visita e as congratulações pela vitória.

E aí, o que eles iam fazer? Não tiveram outro remédio: enfiaram a viola no saco e inventaram um jeito de conseguir os votos que faltavam."

– Isso é o que eu chamo de "ganhar no grito" – disse Pedro Paulo, esfregando as mãos. – O homem era danado mesmo!

– Olhe, moço, naquela época, no meio daquela gente, governar o Rio Grande por quase trinta anos não era pra qualquer borra-botas. Tinha que ser gente disposta a pagar qualquer preço!

"Bueno, como no Rio Grande não se blefava, estava começada a revolução!"

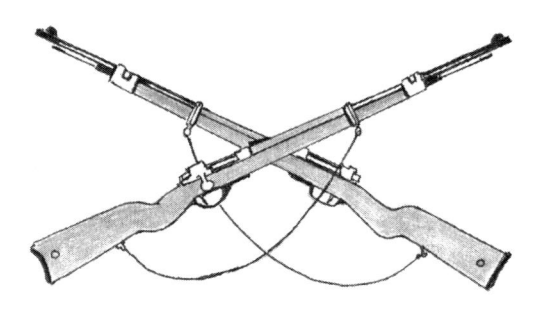

35

AS ÚLTIMAS CARGAS DE CAVALARIA

— Esta espada pertenceu ao meu avô — disse o tio Manoel, desembainhando a bela arma de lâmina curva, adamascada. — Que eu saiba, nunca andou em nenhuma guerra, pois, apesar de ser Coronel, o velho sempre foi professor da Escola Militar, primeiro em Rio Pardo e depois no Realengo.

— Até quando se usou a espada nas guerras? — perguntou Pedro Paulo.

— Aqui no Rio Grande, acho que a última vez foi em 1923 — respondeu-lhe o tio. — Vejam bem: enquanto na Europa a Primeira Guerra Mundial trazia para o cenário do campo de batalha a artilharia pesada, a metralhadora, as granadas de mão e os tanques, o combatente gaúcho na campanha preparava sua lança e afiava a espada para realizar as últimas e românticas cargas de cavalaria. Mas acho que essa história quem tem que contar é o seu Roque.

— Mas é isso mesmo, patrão — concordou Roque Tavares. — Os rifles de repetição e as metralhadoras acabaram com os cavalos. Foi o que aconteceu naquela guerra de 23. Era a primeira vez que se via isso aqui no Rio Grande. No tempo das armas de carregar pela boca, um bom atirador conseguia dar dois ou, se muito, três tiros por minuto. Nesse mesmo tempo uma metralhadora Hotchkiss dava rajadas de duzentos e quarenta tiros.

— Seu Roque — interrompeu Ana Maria, às voltas com as suas anotações —, essa revolução teve as mesmas causas que a de 1893?

— Ora, moça, alguma coisa permaneceu, como a insatisfação dos grandes estancieiros, que culpavam o governo positivista por eles terem perdido poder e prestígio. Mas havia outras razões. A moça vai entender quando eu continuar a história.

"Os negócios de gado andavam mal por causa da retração do comércio depois da Primeira Guerra Mundial e da competição com o charque argentino, que tinha menor custo de produção. Ficavam ainda piores com a adoção pelo governo de medidas ditas *populistas* destinadas a baixar os preços dos alimentos.

Com o passar do tempo, a insatisfação aumentava mais ainda, pois Borges se mantinha no governo por meio de eleições manipuladas por sua poderosa estrutura de poder. Já se falava na criação de uma *campanha libertadora* para eleger Assis Brasil.

Até se pensava em guerra, no caso de mais uma vez serem fraudados os resultados da eleição.

E o que era esperado aconteceu.

Quando estourou a revolta, as forças legalistas eram constituídas pela Brigada Militar, com cerca de três mil e quinhentos homens efetivos e mais os corpos provisórios – cujo distintivo era o lenço verde no pescoço –, que chegavam a mais de oito mil.

Do outro lado, as forças revolucionárias – os maragatos de lenços vermelhos – se dividiam em colunas, atuando nas diversas regiões do estado, cada uma por si mesma, sem comando unificado. As mais importantes eram a do Leonel Rocha, na região de Palmeira; a do Felipe Portinho, no planalto do nordeste; a do Honório Lemes, no sudoeste; a do Estácio Azambuja, no centro-sul; e a do Zeca Neto, no sul.

Além de serem bem mais numerosos que os revolucionários, os legalistas tinham melhor armamento e mais munição. Como eu já disse, as metralhadoras Colt e Hotchkiss, de fabricação norte-americana, faziam a grande diferença.

Pois logo depois do resultado das eleições, janeiro ou fevereiro, se me lembro bem, começaram a escaramuças, principalmente no norte, onde os caudilhos maragatos Leonel Rocha e Mena Barreto, que eram bons conhecedores do terreno, mobilizaram cerca de mil e seiscentos homens e passaram a fustigar as tropas da 1ª Brigada Provisória do General Firmino de Paula. Atacavam de surpresa e se retiravam para os matos do rio Uruguai.

A luta foi se espalhando para o nordeste do estado. Lá quem fazia a estripulia maior era um velho caudilho de 93 chamado Felipe Portinho, que tinha vindo de Santa Catarina e marchado com uma pequena coluna para Lagoa Vermelha. Ali teve o primeiro encontro com as tropas legalistas do Coronel Firmino Paim Filho, que não lhe deu mais descanso até o fim da briga.

De Lagoa Vermelha, Felipe Portinho recuou para Erechim, onde conseguiu surpreender a tropa legalista, quando se deu o descarrilamento do trem que a transportava.

No mês de setembro o governo resolveu expulsar de vez os revolucionários e mandou deslocar para aquela região duas brigadas de provisórios. Percebendo que podia ser envolvido, o velho Portinho abandonou as posições e rumou para o leste, sempre perseguido por Paim Filho. O fato é que Felipe Portinho, ali na fronteira com Santa Catarina, recebia apoio do governador de lá, Hercílio Luz, que era inimigo de morte de Borges de Medeiros.

Já em Extrema, no município de Vacaria, os legalistas foram derrotados em novo combate.

O último enfrentamento se deu no Rio das Conchas, em território catarinense. Entrincheirados nos muros das mangueiras de pedra, com chuva e cerração, os revolucionários resistiram por mais de dez horas. O número de mortos e feridos entre as tropas legais fazia a vitória pender para o lado do caudilho Portinho. Entretanto, depois desse combate ele se refugiou em Santa Catarina até o final da revolução.

Desses entreveros lá pelo norte só soube por ouvir dizer – explicou o velho Roque – porque eu estava era na 2ª Brigada Provisória, do então Coronel Flores da Cunha, encarregada do setor oeste do Rio Grande."

– Seu Roque, me diga uma coisa – interveio Salatino – o senhor disse que os rebeldes não tinham um comandante único. Quer dizer então que era cada um por si e Deus por todos! Pra mim, isso era uma esculhambação. E se ganhassem a guerra, quem ia mandar na peteca?

– Pois é, moço, parece mentira, mas o que acontecia era o seguinte:

Número um, não havia entre os revolucionários um líder capaz de se impor sobre os outros como Comandante-Geral.

Número dois, a precariedade das comunicações dificultava uma ação coordenada.

Número três, os rebeldes não tinham estrutura e nem ao menos armamento adequado e suficiente para se organizarem como forças regulares. Suas possibilidades não iam além da guerra de guerrilhas.

Número quatro, e mais importante, é que desde o começo era esperada uma intervenção federal, mas, ao contrário, o Presidente Arthur Bernardes, inimigo político de Borges de Medeiros, se manteve neutro até o final da peleia.

Aliás, foi um tempo de coisas muito estranhas. Essa questão da neutralidade, por exemplo: imaginem que os dois lados se carnearam durante onze meses, nas barbas do exército, que por ordem do governo se manteve dentro dos quartéis, demarcando apenas locais de neutralidade sob controle federal que deviam ser respeitados pelos combatentes. Dá para entender uma situação dessas?

"Mas, como eu ia lhes contando, quando a coisa começou, eu estava num trem, levando um malote de correspondência do Dr. Borges para entregar ao Coronel Flores da Cunha, em Uruguaiana. Quando o trem parou na estação de Cacequi, fiquei sabendo que havia começado a revolução e que os rebeldes tinham tomado Alegrete e aclamado como general o seu chefe, Honório Lemes.

Desci do trem, requisitei com o Delegado de Polícia um bom cavalo de montaria e dois de muda e me toquei no rumo de Uruguaiana pelos atalhos e esconderijos que ninguém conhecia melhor que eu.

No caminho, fiquei sabendo que Rosário e Quaraí já haviam caído nas mãos da gente de Honório Lemes.

De chegada a Uruguaiana, entreguei o malote. Em troca, recebi um fuzil Mauser novinho; dez pentes de munição com cinco cartuchos cada um. Nesse dia, fui incorporado aos *Fronteiros da República*, um corpo organizado com elementos da

Guarda Republicana de Oswaldo Aranha, refugiada após a queda de Alegrete, e mais um grupo de voluntários e praças da polícia municipal de Uruguaiana.

Esse corpo e mais um destacamento da Brigada Militar, somando pouco mais do que trezentos homens, formavam a guarnição encarregada da defesa da cidade. O efetivo era pequeno, mas a liderança era grande. Estavam ali dois homens que viriam a ser grandes vultos da história do Rio Grande: o próprio Intendente Municipal, José Antônio Flores da Cunha, e Oswaldo Aranha.

No começo de abril de 1923, aconteceram os primeiros choques com a vanguarda revolucionária. Logo em seguida chegou o grosso da tropa maragata, que pelos meus cálculos tinha mais de dois mil homens. A cidade foi cercada e resistiu a diversos ataques durante três dias.

Depois disso, dizem que por causa de desentendimentos com os irmãos Saldanha, gente influente da fronteira, Honório Lemes ordenou a retirada das tropas, retornando para Alegrete. Lá foi atacado e perseguido pela 5ª Brigada Provisória, do Coronel Claudino Nunes Pereira, indo refugiar-se na Serra do Caverá.

Aquela serra é um lugar difícil, que o Honório conhecia muito bem. Dentro das furnas e recortados ele era imbatível, tanto que foi apelidado de *Leão do Caverá*.

Foi pouco depois que se deu a estreia das metralhadoras nas coxilhas gaúchas. Aconteceu na batalha do rio Santa Maria Chico, em Dom Pedrito. O General revolucionário Estácio Azambuja procurava ocupar o passo no rio para garantir a ligação das tropas de Honório Lemes com as do General Zeca Neto, que combatiam mais ao leste. Flores da Cunha comandou o ataque com as tropas apoiadas pelo fogo de oito metralhadoras. Ra-ta-ta-ta-ta, era assim que elas cantavam. Foi uma surpresa danada e os revolucionários sofreram uma grave derrota, perdendo cento e cinquenta homens. Foram capturados dois mil e seiscentos cavalos e muitas carroças com equipamentos e munições. Nessa batalha morreu Adão Latorre, que ganhara fama de degolador na Revolução de 93.

Com a vitória, Flores da Cunha alcançou o título de General. Com muita justiça, porque, mesmo não tendo feito nenhum curso militar, tinha grande tino estratégico, combatividade e persistência nas ações, tanto que passou o resto da guerra perseguindo Honório Lemes sem descanso."

– O Honório Lemes também não era militar? – perguntou Pedro Paulo.

– Também não era! – respondeu Roque Tavares. – Ao que se sabia, era filho de um tropeiro que comprava gado para o Exército na região do Caverá. Combateu com as tropas federalistas em 93 e esteve exilado no Uruguai. De volta ao Brasil, passou a integrar o Partido Republicano Democrático. Em 23 voltou a pegar em armas e se destacou como chefe guerrilheiro, chegando a se tornar um mito por sua coragem, astúcia e liderança. No seu território, que conhecia como a palma da mão,

Atropelando as metralhadoras e até levando alguma no tirão do laço.

era invencível e se destacava pela rapidez com que deslocava suas tropas. Atacava e recuava para os seus esconderijos, evitando sempre o combate frontal, dada a sua inferioridade em armamento: espadas, lanças e espingardas antigas contra metralhadoras e fuzis de repetição. Cargas de cavalaria contra ninhos de metralhadoras!

– É, assim não era possível! – comentou o tio Manoel.

– Pois o patrão não me chame de mentiroso, mas era um povo tão brabo e valente que muitas vezes ainda se viu a cavalhada atropelando as metralhadoras e até levando alguma no tirão do laço.

– Laçando metralhadoras? – indagou o tio Manoel. – O senhor tem certeza?

– Bueno, certeza, mesmo, não tenho, patrão. Mas que ouvi dizer, isso ouvi!

36

O COMBATE DA PONTE DO RIO IBIRAPUITÃ

Ana Maria ainda fez algumas correções e, em seguida, imprimiu a folha com o resumo das últimas anotações:

— *1901. A grande exposição agroindustrial demonstra o progresso e o desenvolvimento do Rio Grande.*
— *1902. Borges é eleito para o segundo mandato.*
— *1907. Borges de Medeiros indica o Dr. Carlos Barbosa para o período seguinte de governo.*
— *1912. Borges de Medeiros volta ao governo.*
São encampadas a Viação Férrea, o Porto de Rio Grande e tomadas pelo estado as obras de construção do cais de Porto Alegre.
— *1915. Ramiro Barcelos escreve o poema "Antônio Chimango", que satiriza a figura de Borges de Medeiros. Esse poema tornou-se um clássico da literatura rio-grandense.*
No Rio de Janeiro é assassinado o senador Pinheiro Machado.
— *1917. Borges é reeleito para o quarto mandato, em eleições fraudadas.*
O estado enfrenta grave crise na atividade pastoril e surgem greves gerais.
1922. Cresce a insatisfação com a disposição de Borges de concorrer a outro mandato e com o prenúncio de novas fraudes nas eleições.
A campanha eleitoral desenvolve-se em clima de violência.
— *1923. Borges vence as eleições, manipuladas pela sua máquina partidária.*
Começa a revolução. Há combates em todo o estado.
Não se concretiza a expectativa de intervenção federal no estado.
Em abril, Honório Lemes cerca Uruguaiana, sem sucesso.
No combate do rio Santa Maria Chico, em D. Pedrito, Flores da Cunha ataca usando metralhadoras. Nesse combate, morre o degolador de 1893 Adão Latorre.

Ana Maria releu cuidadosamente o resumo e, dando-se por satisfeita, guardou-o na pasta junto com os anteriores. Logo após o jantar, enquanto aguardavam o velho Roque, mostrou-o aos primos e ao tio Manoel, pedindo sugestões para melhorar o trabalho.

— Olha — disse Salatino coçando o queixo —, tu estás colocando apenas o ano em que as coisas aconteceram. Acho que devia aparecer a data completa: dia, mês e ano.

— Vamos ouvir a opinião do Pedro Paulo — sugeriu o tio Manoel.

— Olha, tio — disse ele —, acho que a Ana está certa. O importante é saber o que aconteceu e em que época. O dia exato não interessa, a não ser em algum fato muito importante como a data da Independência, da República e uma que outra mais. Até mesmo porque não dá para memorizar tudo.

— Pois também acho — concordou o tio Manoel. — A importância de conhecer a história é entender bem os fatos que se passaram e tirar conclusões e ensinamentos. Dizem que quem não conhece a história está condenado a reviver os erros cometidos por seus antepassados.

— Boa noite — cumprimentou Roque Tavares, tirando o chapéu e pedindo licença para sentar. Trazia uma pequena pasta de couro, muito surrada, de onde retirou um envelope com fotografias. Escolheu uma delas, amarelada pelo tempo, e mostrou-a para os presentes, pedindo que passassem de mão em mão.

— Quem são esses? — perguntou Salatino, olhando curioso para a foto, onde aparecia um grupo de homens armados na cabeceira de uma ponte.

— Esse era o meu piquete na revolução — explicou Roque Tavares. — Eu sou o segundo a contar da esquerda. Lá no fundo aparece a ponte de rio Ibirapuitã, no Alegrete, onde se deu a batalha mais sangrenta dessa guerra de 23. É verdade: sangrenta por um lado... mas, por outro, um prato cheio pra quem admira a coragem e o heroísmo da nossa gente.

— Então conte pra nós como foi! — pediu Salatino, passando a foto para o Tatu, apelido que pegou no Jovino depois da escavação sigilosa na latrina e da descoberta das armas.

— O que andava acontecendo — retomou o velho Roque —, era que desde o cerco de Uruguaiana o Honório Lemes se mantinha em guerra de guerrilha, evitando o combate frente a frente. Atacava e se refugiava no Caverá. Em junho foi recebido com festas em São Gabriel. Logo depois tomou Alegrete, onde também contava com a simpatia da população. Bueno, até aí tudo muito bem, mas o Flores da Cunha não desgrudava do calcanhar dele e já marchava procurando combate. Então só havia duas alternativas: se aferrar na ponte do Ibirapuitã ou continuar fugindo.

— Pra entrar na cidade o único acesso era a ponte? — perguntou Pedro Paulo.

— Não — respondeu Roque Tavares. — Considerando o lado de onde vinham as tropas, a ponte estava na saída da cidade, e não na entrada.

— Ué, gente! — estranhou Ana Maria. — Como é que se explica isso, seu Roque? Então, pra que segurar a ponte, se a cidade ficava entregue pra o inimigo?

— Pois o caso foi que a brigada do General Flores da Cunha vinha de oeste, e o rio Ibirapuitá passa a leste do Alegrete. O Honório não tinha gente nem armamento pra defender a cidade. Do outro lado do rio, dominando a ponte com fogos, poderia manter a posição e deter o avanço do Flores.

— Me diga uma coisa, seu Roque — interrompeu o tio Manoel — a ponte antiga que até hoje existe sobre o Ibirapuitá é a ferroviária. Por cima dos dormentes os cavalos não passam.

— É, tem gente que faz essa confusão — respondeu Roque Tavares. — Só que à montante daquela ponte havia uma outra, por onde passavam os carros e os animais. Foi nessa que Honório Lemes montou a defesa. Me lembro que foi no inverno, acho que no mês de junho. A nossa tropa entrou no Alegrete por volta do meio-dia. A vanguarda desde cedo mantinha contato com o inimigo, do outro lado do rio. O General Flores estava numa situação muito complicada!

— Por que, seu Roque? — perguntou Pedro Paulo. — Ele não tinha superioridade numérica e de armamento?

— Moço, na guerra existem outros fatores que podem mudar tudo. Pois então veja como estava a situação no Passo do Alegrete:

— O Honório Lemes tivera tempo de organizar a posição, cobrindo com a pontaria das armas a única passagem, que era a ponte, um corredor estreito com quase duzentos metros de extensão.

— O rio estava cheio e com forte correnteza.

— A cavalhada vinha cansada da marcha.

— A munição estava escassa.

— Os nossos homens, apesar de muito valentes, não eram soldados profissionais, a não ser por um pequeno efetivo da Brigada Militar.

— O inimigo poderia retirar pranchões de madeira do piso da ponte, impossibilitando qualquer tentativa de travessia.

— A população do Alegrete era francamente favorável aos maragatos, e qualquer hesitação poderia parecer covardia e desmoralizar a nossa tropa.

— E aí, seu Roque — indagou Salatino —, como é que ele se saiu dessa?

— Na pura valentia! — respondeu o velho, emocionando-se. — E nem havia outro jeito! Chegamos na cidade, como já disse, perto do meio-dia. O General Flores conversou com o comandante da Guarnição Federal pra saber das zonas de neutralidade e em seguida comandou a tropa na direção do rio. Dos limites da cidade até a ponte eram mais ou menos uns seiscentos metros de várzea, sem nenhuma proteção. Eu não sabia o que ele estava pensando, mas conhecia bem o tipo, que não era de conversa fiada. Encurtei a rédea, puxei o barbicacho do chapéu pra baixo do queixo e me firmei nos estribos. Enquanto aguardava o comando, tomei um gole de cachaça com pólvora.

História do Rio Grande do Sul para Jovens

A ponte do rio Ibirapuitã.

– Cachaça com pólvora? – indagou Salatino, franzindo a testa.

– Era costume beber dois ou três goles antes dum combate – respondeu o velho Roque. – Diziam que dava mais coragem.

– Então, de repente – prosseguiu – o clarim deu sinal e atravessamos a várzea num arranco. O inimigo só abriu fogo quando chegamos à margem do rio. Aí foi o inferno. Era bala fazendo pac-pum por cima, por baixo e pelo meio, pra lá e pra cá.

– Bala faz pac-pum, seu Roque? – perguntou Salatino. – Eu pensei que fosse um assobio.

– Pois é bem assim, moço! Quando ela passa perto da gente, ou por cima da cabeça, faz um barulho de chicotada: *pac!*. Logo depois, se ouve o barulho da arma que atirou: *pum!*. Assobio só se ouve quando há ricochete: *zoooiinn*.

A essa altura da conversa, o velho Roque Tavares fez uma pausa e tirou de cima da orelha o palheiro que já tinha preparado. Com um tição retirado do fogo de chão, acendeu-o, ajeitando a brasa com o dorso da unha do polegar, e retomou a narrativa:

"Pois então, no meio daquela zoeira, o General Flores percebeu que o Honório não tinha mexido nos pranchões do piso da ponte e aí mandou carregar. Um dos primeiros a atravessar, o irmão dele, Guilherme, foi atingido por um balaço quando já chegava no outro lado. O nosso comandante apeou, amparou a cabeça do irmão e viu que ele estava morto. Deixou gente cuidando do cadáver, montou outra vez e saiu em perseguição a Honório Lemes.

Que homem danado! Imaginem que só ao anoitecer, quando terminou a peleia, é que se percebeu que ele estava ferido. Nessa briga, o Oswaldo Aranha também foi atingido. Na nossa língua guarani, *Ibirapuitã* quer dizer rio das árvores vermelhas, os angicos. Pois imaginem que esse combate foi tão violento, que as águas do rio também ficaram vermelhas, de sangue...

Depois disso o Honório ainda travou alguns combates. Nos campos de Poncho Verde, numa das maiores batalhas daquela guerra, derrotou uma coluna da Brigada do Oeste, que havia se separado do grosso. Nessa ocasião foi morto o grande poeta gaúcho Alceu Wamosy.

Em seguida apareceu em São Francisco de Assis, onde fez uma matança no pequeno destacamento de polícia que defendia a cidade. Mais adiante, em São Gabriel, num lugar chamado de Olhos d'Água, foi alcançado pelo Flores e aí se deu o último combate sério da revolução. Logo depois houve o armistício e, finalmente, a paz.

Uma das características dessa revolução foi a ausência de confrontos definitivos. No sul, por exemplo, Zeca Neto e a sua 4ª Divisão do Exército Libertador se meteram em várias escaramuças com os legalistas, sem resultados decisivos.

No duro, a maior preocupação dos revolucionários era chamar a atenção do Governo Federal e provocar uma intervenção no Estado, o que não chegou a acontecer. Seu feito de maior repercussão foi a tomada de Pelotas. Embora de curta duração, ela serviu pra demonstrar a força militar e o prestígio dos libertadores."

– É, foi assim mesmo – concluiu o velho Roque. – No dia 14 de dezembro de 1923 foi assinada a paz de Pedras Altas, mediada pelo General Setembrino de Carvalho, representante do Governo Federal. Houve um acordo entre os chefes de ambos os lados, com a concordância do Governador Borges de Medeiros, que impôs a condição de concluir o seu mandato. Aceitou, porém, as cláusulas de impedimento de reeleição para o governo do Estado e de anistia para todos os revoltosos.

37

Os Tenentes

Enquanto ajudava Jovino a atrelar o cavalo na carroça, Roque Tavares reparou na correntinha que o peão trazia no pescoço. Presa a ela pendia uma medalha de prata, que por algum motivo chamou a atenção do velho.

— Algum santo da sua devoção? — perguntou, apontando a medalha.

— Pois até nem sei bem — respondeu Jovino, retirando a corrente do pescoço. — Encontrei nos guardados do meu falecido pai. Tem a cara dum homem. Até achei que podia ser o Papa, só que é meio moço.

— Mas não! — disse Roque Tavares, num meio sorriso, examinando a medalha. — Este aqui é o Getúlio Vargas. Veja que está escrito: "década 1930-1940 — Guia da Nacionalidade".

— Getúlio — repetiu, pensativo, Jovino... — Já ouvi falar... O senhor conheceu?

— De vista, conheci muito. Essas medalhas apareceram em 1940, em comemoração aos primeiros dez anos de governo dele como Presidente do Brasil.

— E que tal o homem?

— A história é comprida, seu Jovino. Mais adiante a gente fala dele.

Ainda nessa tarde, Roque Tavares deu por prontos os arreios novos do tio Manoel e com eles encilhou o cavalo picaço do patrão. O pelo escuro do belo animal ressaltava os ricos trançados claros e os metais prateados.

— Pois então, patrão, está pronto o serviço — disse, entregando as rédeas do cavalo ao tio Manoel. — Espero que tenha ficado do seu agrado e eu me dou por bem pago. Assim é que está na hora de perseguir o caminho.

— Está tudo muito lindo! — elogiou o tio Manoel, sacudindo a cabeça. — Trabalho de exposição!

— Sabe, seu Roque — prosseguiu —, o senhor me faz lembrar uma história antiga, de um certo jardineiro contratado pra fazer um jardim. Tendo concluído o serviço, pediu pra o dono da casa botar um marreco no laguinho, pra completar a paisagem, mas o pão-duro se recusou a gastar uns cobres. O jardineiro, então, comprou o marreco com o seu minguado dinheiro e o colocou no lago. Pra ele era mais importante a beleza do serviço do que meia-dúzia de tostões.

— Pois é assim mesmo, patrão. O serviço, por mais humilde que seja, leva marca e assinatura de quem fez.

— Está certo — continuou o tio Manoel —, mas ainda falta uma coisa: o resto da história. Quem sabe o amigo vai ficando mais uns tempos? Serviço sempre tem.

Acertada a permanência, naquela mesma noite o velho Roque sentou-se no banquinho mocho, pensou um pouco e, com o olhar perdido de quem está procurando alguma coisa muito longe, retomou o fio da história.

"Quando terminou a Revolução de 1923, os ânimos se acalmaram. Borges concluiu seu mandato conforme o que fora acertado em Pedras Altas: sem direito a reeleição e sem apontar candidato à sucessão. Os rebeldes foram anistiados e as lideranças se uniram, esquecendo os antigos ressentimentos. Basta dizer que logo adiante, em 29, Honório Lemes e Flores da Cunha estavam lado a lado apoiando a candidatura de Getúlio Vargas à Presidência da República.

Bueno, mas essa calma era só aqui, porque no país crescia uma inquietação entre os oficiais mais moços do Exército, os chamados *Tenentes*, que não gostavam nem um pouco da arrogância dos ricos proprietários de terras que dominavam a política nacional, nem do excessivo poder dos estados, que tinham bandeira, hino e até forças armadas próprias. Achavam que devia haver um só exército, uma só bandeira e apenas um hino.

Eu não entendia muito de política, mas um tenente que conheci nas carreiras de cavalo me contou que os castelhanos tinham se dividido numa porção de republiquetas e que eles não queriam que o mesmo acontecesse no Brasil. E o povo daquele tempo não tinha muita paciência!

O governo da República se repartia entre os poderosos de São Paulo e Minas Gerais, no que era chamado de *República do Café com Leite*, em alusão aos principais produtos daqueles estados.

Desde 1922, os tenentes já vinham se revoltando contra essas coisas. Lá no Rio de Janeiro, na saída do Forte de Copacabana, alguns deles foram mortos num protesto contra o governo.

Em 1924 aconteceu um novo levante dos tenentes, dessa vez em São Paulo, visando a derrubar o presidente Artur Bernardes. Apoiando esse movimento, um capitão do Exército, da arma de Engenharia — Luís Carlos Prestes — se revoltou em Santo Ângelo, espalhando a faísca por toda a região missioneira. De Alegrete vieram tropas de Honório Lemes, e do planalto as de Leonel Rocha.

Logo, logo, foram perseguidos pelas tropas legalistas e iniciaram um movimento para o norte, passando por Santa Catarina e Paraná, procurando se unir com os revoltosos de São Paulo.. Era o começo da famosa marcha da *Coluna Prestes*, que andou vinte e cinco mil quilômetros por este Brasil afora, tentando conseguir adesões e levantar o povo contra o governo.

– O senhor conheceu pessoalmente o Luís Carlos Prestes? – perguntou o tio Manoel, segurando a cuia do chimarrão que lhe passava Pedro Paulo, encarregado de encher o mate.

– Por pura coincidência – respondeu Roque Tavares. – Aconteceu que no final da Revolução de 23, de passagem por Santo Ângelo, arrumei um serviço de domar uns burros para o Batalhão Ferroviário, onde servia o Capitão Prestes. Não preciso les contar que quando estourou a bagunça, lá estava, bem fardado e de fuzil Mauser no ombro, o soldado raso Roque Tavares.

"O Prestes era um baixinho muito sério e respeitado, desses que têm fama de *caxias* e que não mostram os dentes nem pra dentista.

Bueno, andamos muito e muito. Às vezes montados, quando havia cavalos, outras vezes a pé mesmo. No fim das contas a marcha, que nos levou por quase todo este Brasil, não teve nenhum resultado prático, mas serviu para mostrar ao Prestes, aos seus companheiros e a todos nós a imensa miséria e o abandono do povo perdido naqueles interiores.

Entre os companheiros de marcha estavam Juarez Távora, Cordeiro de Farias e João Alberto, que viriam a ser homens importantes na vida nacional."

– Seu Roque – interrompeu Ana Maria –, não foi esse Prestes que chefiou o Partido Comunista?

– Foi ele mesmo – concordou –, mas tenha um pouquinho de paciência, que já lhe conto esse causo.

"Depois de muito andar, a coluna foi dando sinais de cansaço, perdendo força e entusiasmo. Afinal, já tinham se passado uns dois anos e os próprios comandantes se davam conta de que o simples ato de derrubar um governo e colocar outro não ia resolver a questão das injustiças sociais no Brasil.

Vinda do Nordeste, a coluna desceu em direção ao Mato Grosso e encerrou a empreitada na Bolívia, onde recebemos ordem de entregar as armas.

Nos primeiros meses, Prestes tratou de acertar a situação dos soldados, repatriando uns e arrumando emprego para outros. Andei trabalhando um pouco por lá, mas depois bateu a saudade e vim embora pra Porto Alegre.

Pois foi nessa época, 1928, ainda na Bolívia, que ele recebeu a visita de um dos fundadores e dirigentes do Partido Comunista no Brasil, um tal de Astrojildo Pereira. O tipo trazia um mundo de livros e revistas e dizia que ali estavam todas as soluções para o nosso país. Diz que foi então que começou o gosto de Prestes pelo Comunismo. Passou a estudar os tais livros e logo mudou-se para Buenos Aires, onde podia dispor de mais recursos.

A fama da marcha invicta da coluna no Brasil deu a ele muito prestígio, tanto que a casa onde morava era sempre visitada por gente importante.

O abandono do povo perdido naqueles interiores.

Em 1929, quando novamente se preparava a derrubada do governo – desta vez o de Washington Luís – Prestes foi sondado pelos tenentes como possível líder do movimento, mas nessa hora ele já tinha se declarado comunista e não aceitou chefiar uma *revolução burguesa*."

– Estranho, seu Roque – observou Salatino –, um militar como ele rejeitar uma proposta dessa importância!

– Uma coisa que sempre caracterizou o Prestes – esclareceu o velho Roque – foi a firmeza de atitudes. Quando enveredava numa direção, não se desviava mais. Ficou tão convencido de que o comunismo era a grande solução, que logo depois aceitou um convite dos russos e se mudou com toda a família para a União Soviética.

– Fazer o que lá? – perguntou Ana Maria.

– Ora, moça, os russos não eram bobos e viram que o Prestes tinha muita liderança. Bem treinado e assessorado, poderia chefiar a revolução comunista no Brasil. E foi pra isso que o prepararam. Tempos depois voltou, escondido, com apoio financeiro e documentos falsos, acompanhado de uma agente soviética chamada Olga Benário, que acabou se tornando sua mulher. Daí por diante foi o principal dirigente comunista do país, até morrer, bem velhinho.

– Sabe, seu Roque – comentou o tio Manoel –, uma coisa que nunca entendi bem é como foi possível um militar, patriota como Prestes, se submeter às ordens e diretrizes de um partido internacional, sob liderança russa, que pretendia chegar ao poder no nosso país! Como ele pôde aceitar uma situação dessas?

– Isso não sei explicar, patrão. De certo pensava que, chegando ao poder, teria como se livrar deles. Também não sei por que, no fim das contas, Prestes acabou sendo expulso do Partido Comunista Brasileiro, depois de ter dedicado a ele toda a sua vida! Veja o que é a ingratidão!

– É verdade, seu Roque? – indagou Ana Maria.

– Fiquei sabendo por um velho amigo que esteve com Prestes antes de ele morrer. Fonte segura, moça!

– E o senhor, seu Roque? – perguntou Salatino. – Não quis ser comunista também?

– Ora, moço, como índio velho eu aprendi a respeitar a natureza, e a natureza não é comunista. Animal só reparte a caça e o território com os filhotes. Índio também só divide na sua tribo com quem não pode caçar. Fora disso, só o mais forte ou mais feroz é que mete a mão ou a pata no que não é seu! Obrigar o povo a repartir tudo, só se for abaixo de porrete, e aí já não cheira bem. Eu sei que nem tudo é assim tão simples, mas sempre que se vai contra o que é natural, alguma coisa acaba dando errada.

"Pois assim, fiquei em Porto Alegre, como já disse, servindo ao Doutor Borges.

Estávamos em 1930 e o inverno naquele ano prometia ser brabo. Eu morava num quartinho de fundos, na Rua do Arvoredo, e teve uma noite tão fria, mas tão fria, que até o vento minuano veio bater na janela pedindo pra entrar.

Bueno, mas aí já é outra história, que peço licença pra continuar amanhã."

38

A REVOLUÇÃO DE TRINTA

"Ficava logo depois de Teresópolis – disse o velho Roque – no caminho de quem vai pra Vila Nova. Era uma rica chacrinha, com um rancho, arvoredo plantado de laranja e vergamota e mais a roça de milho, mandioca, abóbora e melancia. Mais que isso: era a primeira vez que eu tinha uma propriedade!

Só havia um vizinho, porque de um lado a terra era desocupada ou, pelo menos, nunca vi o dono. Do outro, morava o polaco Kronsky com a família: mulher e duas meninas ranhentas, todos muito brancos e loiros como cabelo de milho."

– Credo, seu Roque – disse Ana Maria –, que gurias porcas! Por que não assoavam o nariz?

– Olhe, moça, isso era até comum de se ver, ainda mais no inverno, quando as gripes atacam o nariz e a garganta.

"O caso é que não se tinham antibióticos e medicamentos modernos. As infecções eram tratadas com sulfas, homeopatia e remédios caseiros de pouco efeito. Doenças como a tuberculose, a cólera, o tétano, o tifo e a difteria eram quase sempre morte certa! Mais temidas e mortais do que é hoje o câncer. A epidemia de cólera, em 1855, só em Porto Alegre matou mais de mil pessoas, isso que a população mal passava de 15 mil viventes.

A sífilis era tratada com injeções de arsênico chamadas de *1914*. Se aplicadas fora da veia, podiam causar gangrena.

Até de gripe se morria, como foi o caso da *gripe espanhola*, em 1918, que matou barbaridade de gente. Dizem que começou na Espanha e se alastrou pelo mundo, atingindo vinte e um milhões de pessoas. A única defesa era andar com uma cabeça de alho dependurada no pescoço!"

– Tempos difíceis, minha gente! – comentou o tio Manoel, balançando a cabeça em sinal de assentimento. – E isso sem falar nas guerras!

– Continuavam as guerras? – perguntou Salatino.

– Parece que, graças a Deus, estavam terminando – respondeu o velho. – Ainda estava por acontecer alguma, mas sem tanta mortandade.

– Seu Roque – perguntou Pedro Paulo –, o senhor disse que o seu vizinho era polaco. Também houve imigração de poloneses aqui no Rio Grande?

— Houve sim, moço. Não tanta gente como os alemães e italianos, mas eles também vieram, junto com judeus, sírios e libaneses.

"Então, nesses dias, se vivia um tempo de paz.

Flores da Cunha, finalmente, tinha conseguido prender o Honório Lemes e os antigos revoltosos estavam asilados no Uruguai."

— Como sempre, né, seu Roque? – comentou, rindo, Ana Maria.

— Pois era assim mesmo, moça! – respondeu o velho, sorrindo também. – Nem bem apertava o cerco e... zuupt pra o Uruguai, que lá se estava seguro.

"Em 1926 o Presidente da República, que era o Washington Luís, veio fazer uma visita ao Rio Grande. Depois do Imperador, era a primeira vez que eu via de perto um homem tão importante. Pra ganhar a simpatia da nossa gente, aceitou a indicação do Borges e nomeou o Getúlio Vargas pra Ministro da Fazenda. Numa função tão importante, o Getúlio cresceu, não no tamanho, porque era baixinho, mas na política. Tanto que em 1927 venceu com facilidade a eleição para presidente do Estado."

— O Getúlio também era positivista, assim como o Júlio de Castilhos e o Borges de Medeiros? – perguntou Pedro Paulo.

— Olhe, moço, embora ele não andasse se declarando positivista, em muitas questões agia como se fosse. Um exemplo disso foi sempre ter mantido um Executivo forte, com preponderância em relação aos outros poderes. Mas, por outro lado, trocou o jeitão dominador do castilhismo por uma política de conciliação, com muita habilidade e matreirice, conseguindo unir os tradicionais adversários republicanos e libertadores.

— E o Borges de Medeiros – perguntou o tio Manoel –, seguiu na política?

— Não por muito tempo, patrão. Embora permanecesse como um homem dos mais respeitados do Rio Grande, em 1934 se afastou dos negócios públicos e foi morar na sua pequena fazenda no Irapuázinho. Morreu velhinho, em 1961, aos 97 anos de idade.

"Mas a gente estava falando do Getúlio, que cada vez mais era visto como um apagador de incêndios, democrata e liberal de primeira ordem.

Para as eleições presidenciais de 1930, o candidato preferido do Washington Luís era o paulista Júlio Prestes. Isso contrariava os interesses de Minas Gerais, e acabou fortalecendo o surgimento de uma nova candidatura.

Então, no andar dessa carruagem, Getúlio Vargas foi lançado como candidato, com o apoio da Aliança Liberal, que reunia o Rio Grande, a Paraíba, Minas Gerais e as oposições dos demais estados. Aqui, liberais e republicanos se uniram numa frente única, garantindo a unanimidade do eleitorado em nosso estado.

Bueno, as eleições se realizaram em março de 1930 e o Júlio Prestes ganhou.

O Getúlio se fez de morto e deixou o barco correr, enquanto por todo o país se espalhavam notícias de fraude nas eleições. Na classe média urbana e entre os pequenos proprietários rurais havia insatisfação com o jogo político das oligarquias. Pra completar, a economia se apresentava muito instável, em consequência da crise financeira de 1929, que derrubou as exportações de café.

Os líderes gaúchos mais importantes, como João Neves, Flores da Cunha, Batista Luzardo, Oswaldo Aranha e Lindolfo Collor, pra variar, já pensavam numa solução pelas armas."

– Ah, não, seu Roque! – reclamou Ana Maria. – Guerra de novo?

– Pois é, moça. Eu até fico meio constrangido, mas o que fazer? Aquela gente era muito danada.

"Nem bem pensavam, e já estavam fazendo. Oswaldo Aranha se encarregou dos contatos com oficiais descontentes e elementos revolucionários de outros Estados.

A gota d'água foi o assassinato, em Recife, de João Pessoa, presidente da Paraíba e companheiro de chapa do Getúlio. Embora, ao que se saiba, esse assassinato não tivesse razão política, daí por diante os ânimos esquentaram mais ainda. Se apressaram os preparativos, e no dia 3 de outubro estourou a revolução. Me lembro de ter ouvido os primeiros tiros ali pelas cinco e meia da tarde.

Em Porto Alegre, Oswaldo Aranha e Flores da Cunha comandaram a tomada do Quartel General da 3ª Região Militar e do 7º Batalhão de Caçadores. Apesar da forte resistência inicial, particularmente por parte do comandante do 7º BC, Coronel Benedito Acauan, concunhado de Flores, mas irredutível como militar de carreira e legalista, as unidades militares baquearam ante a superioridade numérica dos atacantes. No interior, da mesma maneira, foram vencidas algumas pequenas resistências.

Getúlio assumiu o comando geral das forças rebeldes, nomeou o Tenente-Coronel Góis Monteiro chefe do seu Estado-Maior, transmitiu o governo do estado a Oswaldo Aranha e seguiu de trem na direção do Paraná, com um efetivo de doze mil homens, entre tropas regulares da Brigada Militar e voluntários recrutados."

– De trem, seu Roque? – perguntou Pedro Paulo. – Pensei que um comandante fosse a cavalo com os seus homens.

– Pois é, moço, mas era sabido que em grande parte do percurso não se encontraria qualquer resistência. Assim, até os cavalos foram embarcados.

"De fato, em todas as estações a chegada do trem era motivo de festa. Chegando em Ponta Grossa, o Getúlio teve a notícia da deposição do Washington Luís. Foi bem na hora certa, pois a nossa vanguarda já tinha alcançado o corte do rio Itararé, em São Paulo, onde estava tudo preparado para haver briga da grossa com os paulistas.

Em todo o país a revolução era vitoriosa. Atravessamos São Paulo e chegamos ao Rio de Janeiro praticamente sem combater, com Getúlio Vargas sendo aplaudido pelo povaréu.

E a tal façanha de amarrar os cavalos no obelisco?

A propósito, se comentava que quando o Washington Luís saiu do palácio, já deposto, tinha muita gente na rua vaiando e gritando desaforos. Ele entrou no automóvel e recomendou ao motorista: 'Vá em frente, não tão depressa que pareça uma fuga, nem tão devagar que pareça uma provocação'."

– Olha a sabedoria do homem! – comentou o tio Manoel. – E a tal façanha de amarrar os cavalos no obelisco? Nos conte como foi.

– Ah, sim – disse o velho, alargando o sorriso. – Uma baita gauchada! Foi mui lindo! Pois na Avenida Rio Branco, bem no centro do Rio de Janeiro, tinha um obelisco, que era um monumento de pedra assim como um poste quadrado e muito alto, em homenagem eu nem sei bem a quem. Era um palanque pra mais de cinquenta cavalos. Pois foi só amarrar um laço em redor do tal obelisco e prender a cavalhada, com um jeitão bem debochado. Nos chamaram de grossos, de bárbaros e de outras coisas mais, mas a marca ficou bem posta. Pra aprender a respeitar!

– Veja que coisa engraçada, seu Roque – comentou o tio Manoel: – a proposta de modernização da política brasileira chegar ao maior centro cultural do país nas patas dos cavalos!

– É. Parece um contra-senso – reforçou o velho –, mas naquele tempo o Rio Grande reunia condições muito especiais. O pensamento positivista, aí incluídas as ideias novas dos tenentes, contrariava o ranço do coronelismo. E a disposição de luta, forjada na tradição guerreira dos gaúchos, era capaz de tornar realidade a disposição de modernizar a nação.

"Pois então, no dia 30 de novembro de 1930, cinco dias depois de termos amarrado os cavalos no obelisco, Getúlio Vargas assumiu a Presidência da República. Ali se encerrava o período conhecido como República Velha.

Pra começar, Getúlio nomeou interventores, quase todos ex-tenentes, em todos os estados, com exceção de Minas Gerais. Em São Paulo, apesar do apoio político do empresariado, nenhum dos líderes locais mereceu a confiança do novo governo. Então, contrariando os paulistas, o homem nomeou o seu conterrâneo João Alberto, um dos tenentes.

No Rio Grande do Sul, o interventor foi o General José Antônio Flores da Cunha, que assumiu o governo com dificuldades financeiras, em parte como consequência da própria revolução.

A quebra do Banco Pelotense, embora lamentável, acabou contribuindo para a recuperação das finanças gaúchas. O Estado encampou o ativo e o passivo do banco, com um enorme patrimônio em imóveis e contas a receber, prometendo pagar aos credores com apólices a longo prazo. Os acionistas, esses sim, tiveram prejuízo total.

São dessa época as primeiras estradas pavimentadas com concreto, que a gente chamava de *faixas*, para Belém Novo, São Leopoldo e Gravataí. A estrada pra Tramandaí, então muito precária, foi melhorada com cascalho.

Mas, o tempo ia passando, e nada de ser convocada a Constituinte. O descontentamento foi aumentando. Os paulistas não se conformavam em ver um estranho como interventor no seu Estado. Os gaúchos, por sua vez, começavam a temer que Getúlio se tornasse um ditador.

Logo, logo, Lindolfo Collor, Ministro do Trabalho, Batista Luzardo, Chefe de Polícia, e Maurício Cardoso, Ministro da Justiça, se demitiram e voltaram ao Rio Grande. Havia uma espécie de ansiedade em reconstitucionalizar – puxa que palavra comprida – o país, que já andava cansado de desmandos e *invenções*.

Pois, em julho de 1932, a paulistada se levantou em armas, contando com o apoio de gaúchos: os republicanos de Borges de Medeiros e os libertadores de Raul Pilla."

– Vejam só – interrompeu o tio Manoel –, o Borges de Medeiros e o Raul Pilla, que haviam apoiado o Getúlio, viraram contra ele no momento em que desconfiaram de um desvio nos compromissos democráticos da revolução. Reparem então na importância das ideias, mesmo que em detrimento dos interesses pessoais. Mas, por favor, continue, seu Roque.

– É isso mesmo, Patrão. Era gente mui séria.

"Mas, aconteceu que o Flores da Cunha apoiou o Getúlio. As forças militares do estado derrotaram a fraca resistência do Borges e prenderam o velho. Os paulistas também levaram um aperto da nossa Brigada Militar e não aguentaram muito tempo: depois de dois meses, pediram paz. Tudo resultou num acerto, com a promessa de convocação de uma Constituinte, o que foi cumprido no ano seguinte.

No Rio Grande, todos os chefes republicanos e libertadores tiveram seus direitos políticos cassados. Borges de Medeiros estava preso e os outros tinham emigrado pra o Uruguai."

– Me diga uma coisa, seu Roque – interrompeu Pedro Paulo: – a gente chama o dinheiro de *pila*. Isto tem alguma coisa a ver com esse Raul Pilla?

– Bem lembrado, moço! Pois o que aconteceu foi que o Raul Pilla fugiu para o Uruguai com uma mão na frente e outra atrás. Então os amigos dele começaram a vender uma espécie de bônus, no valor de um mil-réis, para ajudar o homem a se manter por lá. Esses bônus a gente chamava de *pila*... e pila foi ficando, até hoje.

"Pois então, voltando ao assunto, em 1934, quando se encerraram os trabalhos da Constituinte, Getúlio Vargas foi eleito Presidente da República em pleito indireto, do qual também participou Borges de Medeiros, mostrando a força da política da gauchada."

39

A QUEIXA

Roque Tavares sentou-se na tábua de cima da cerca da mangueira e permaneceu por longo tempo olhando o céu semeado de estrelas. Fim de semana, todos haviam ido à cidade e ele se quedara ali sozinho, com os pensamentos e sofrimentos que eram só seus.

Do fundo do bolso da bombacha tirou um terço feito de pedrinhas redondas do rio, ligadas por um trançado de tentos muito finos. Repassou-as entre os dedos calejados e procurou no céu as Três Marias.

Se alguém tivesse o dom de ler pensamentos ouviria uma oração assim:

Em nome do Padre, do Filho e do Espírito Santo:
Pois é, Deus, tá aqui de novo o Roque Tavares, pedindo licença pra incomodar.
Me anuncio porque sou tão pequeno que daí de cima nem dá pra me ver.
E, mesmo que desse, desde quando Deus tem tempo de ficar prestando atenção num índio velho com tão pouca serventia?
Mas pode ser que hoje, domingo, o Senhor não esteja muito ocupado. Pode ser.
E é bom que esteja ouvindo, que eu tenho umas queixas pra Lhe fazer.
De quem?
Do padre Roque González.
Dele mesmo!
Tá certo que ele é um santo e eu não sou ninguém.
Tá certo que o meu crime foi muito grande.
Tá certo que eu mereci o castigo.
Tá certo. Tão certo que até hoje nunca me queixei.
Nesses anos todos corri mundo peleando, sofrendo, sem trégua nem guarita, resignado a viver sozinho e vendo morrer todos os que eu quero bem.
Aguentei tudo no osso do peito, sem soltar um pio.
Mas olhe, com todo respeito, não sou de suportar desaforo e, muito menos, injustiça!
Nem de santo!
Pois então, agora acho que já está passando da conta.
O que eu tinha que pagar, já paguei. E muito bem pago!

O que tinha que pagar, já paguei. E muito bem pago!

Sei que o Senhor não pode andar fiscalizando tudo.
Então, só pode ser coisa dele. Do padre!
Vai ver que se esqueceu da minha pena.
Mas se eu, que sou homem, não esqueço as minhas obrigações, como é que ele vai esquecer as dele?
Claro que não! Tá parecendo que é de propósito.
Também... verdade seja dita... se alguém me matasse a pauladas... acho que também não perdoava....
Só que eu não sou santo, e ele é! Então tem mais obrigação de perdoar!
Pois, meu pai; pai é pai, e não pode deixar ninguém maltratar o filho.
Vamos deixar tudo de acordo. Não pode haver castigo assim tão grande.
Já paguei quase quatrocentos anos de pena e acabou a questão.
Então, agora, com a Sua permissão, eu e o padre Roque González estamos quites. Mano a mano, e ninguém deve mais nada pra o outro.
Amém!

Repetiu o sinal da cruz para encerrar a oração e soltou um suspiro de desabafo. Voltou a guardar o terço no bolso e olhou de relance para as Três Marias. Não pôde ter certeza, mas lhe pareceu que elas tinham piscado mais forte.

Ao descer da cerca, espetou uma felpa de madeira na palma da mão.

40

O ESTADO NOVO

Roque Tavares pediu à tia Marina que lhe fizesse um curativo na mão, no lugar onde no dia anterior penetrara a felpa de madeira. O ferimento estava vermelho e um pouco inchado.

– Parece que está inflamando – disse ela, remexendo na caixinha de remédios. – Esta pomada vai resolver. Está doendo?

– Coisa à toa – respondeu o velho, com um sorriso aberto que lhe acentuou as rugas da pele crestada de tempo e sol. Olhou para o céu e levou a mão à aba do chapéu como se estivesse cumprimentando alguém. – *Gracias!*

De costume, o ferimento já deveria estar cicatrizado.

Nem bem terminou de atender a Roque Tavares, a tia Marina foi solicitada pela filha, ansiosa por mostrar-lhe o andamento do resumo.

– Vamos ver rápido, então, minha filha – consentiu, já preocupada com o andamento do jantar.

– 1923. Continua a revolução. Trava-se o combate da ponte do rio Ibirapuitã, no Alegrete.

Na batalha de Poncho Verde, morre o poeta gaúcho Alceu Wamosy.

É assinada a paz de Pedras Altas, pondo fim à revolução.

– 1924. Levante dos Tenentes em São Paulo, visando a depor o Presidente Arthur Bernardes.

Em Santo Ângelo, Luís Carlos Prestes adere à revolta, iniciando a longa marcha pelo Brasil, conhecida como Coluna Prestes.

– 1927. São eleitos Getúlio Vargas e João Neves da Fontoura, respectivamente, presidente e vice-presidente do estado.

– 1929. Em Buenos Aires, Prestes é sondado como possível líder do movimento que visava à derrubada do Presidente Washington Luís. Prestes recusa, acusando o movimento de "revolução burguesa".

– 1930. Getúlio Vargas é lançado como candidato à Presidência da República.

O Presidente Washington Luís apoia o candidato paulista Júlio Prestes.

Nas eleições, com suspeitas de fraudes, a vitória é de Júlio Prestes.
A economia brasileira entra em declínio, em consequência da crise internacional de 1929.
Em Recife, é assassinado João Pessoa, companheiro de chapa de Getúlio.
Em Porto Alegre, Oswaldo Aranha e Flores da Cunha iniciam a revolução.
A revolução torna-se vitoriosa, sem grandes resistências, e Getúlio Vargas assume a Presidência da República.
– 1932. A demora em ser promulgada a nova Constituição gera insatisfações.
Os paulistas se levantam em armas, com apoio dos gaúchos republicanos de Borges de Medeiros e libertadores de Raul Pilla.
A rebelião é sufocada. Borges de Medeiros é preso e Raul Pilla exila-se no Uruguai. Os chefes republicanos e libertadores têm os seus direitos políticos cassados.

– Ficou bom? – perguntou Ana Maria, colocando a folha de papel na pasta.

– Melhor não poderia estar – elogiou a mãe, faceira. – Agora me deixa cuidar da cozinha, porque daqui a pouco os esfomeados vão estar rondando.

Logo depois do anoitecer a roda se formou no galpão. Jovino jogou algumas folhas de eucalipto no fogo e o cheiro agradável se espalhou com a fumaça. Aos poucos se fez silêncio e Roque Tavares não esperou convite. Pigarreou e retomou o assunto:

"Pois então, naquele tempo, não há como negar, os grandes nomes da política brasileira eram gaúchos e Getúlio Vargas tinha as rédeas firmes na mão.

Aqui no Rio Grande mandava Flores da Cunha, primeiro nomeado interventor e depois, em 1935, eleito governador em eleições indiretas.

Mas deixe estar que o Flores andava espichando o olho pra coisas maiores, como a eleição para a Presidência da República em 1937. Essa intenção, já de saída, se pechava de frente com a do Getúlio, que tinha planos de permanecer como chefe da Nação."

– Foi uma época em que o Rio Grande teve grandes homens! – comentou o tio Manoel. – Não só guerreiros, como também estadistas e tribunos. O senador Pinheiro Machado, por exemplo, aliado do Flores, foi um dos personagens mais importantes da política brasileira. Contam que uma vez, discursando no Senado, foi aparteado pelo colega nordestino Teixeira Coelho, que lhe reclamou da má colocação do pronome numa frase. Pinheiro Machado respondeu agradecendo a correção do erro e explicou que era um vício de expressão regional. Acrescentou, entretanto, que estranhava essa observação vinda de uma pessoa que já trazia o mesmo erro no próprio nome. Claro! Em vez de Teixeira Coelho deveria chamar-se Cheira-te Coelho.

— É verdade, patrão — concordou Roque Tavares, rindo e batendo com a palma da mão no joelho. — Veja só a presença de espírito. Eram homens que a gente admirava e chegava a ter uma verdadeira reverência por eles.

"O Flores, me lembro bem, fez um bom governo — prosseguiu o velho. — Durante algum tempo conseguiu manter unidos os antigos adversários, criando o Partido Republicano Liberal. Fez estradas de rodagem, aumentou a rede ferroviária, construiu o Instituto de Educação, promoveu a grande exposição comemorativa do 1º Centenário da Revolução Farroupilha e mandou erigir a estátua do General Bento Gonçalves. Foi dessa época a inauguração da Ipiranga, primeira refinaria de petróleo no Brasil.

Outra coisa de se admirar, patrão, é que na maioria eram políticos honestos. O Flores da Cunha, no fim da vida, era um homem pobre. Contam — não sei se é verdade — que uma vez lhe perguntaram por que, tendo exercido cargos tão importantes, chegava ao fim da vida com poucos recursos. Então ele respondeu que gostava muito de cavalos e de mulheres; só que os seus cavalos eram lentos e as mulheres rápidas."

— Não disse que as mulheres são um perigo? — provocou Pedro Paulo, dando uma boa risada e esquivando o braço do beliscão.

— Bem feito pra ele! — resmungou Ana Maria. — Devia ter ficado só com os cavalos!

— A moça me desculpe — disse o velho Roque, meio constrangido. — Eu acho que isso era só brincadeira.

— Quem sabe? — interveio o tio Manoel. — O meu avô falava dele, e a imagem que nos passava era a de um gauchão valente barbaridade, atrevido, franco, e ao mesmo tempo conservador e legalista. Se era no lombo dos cavalos que ele vivia durante as revoluções, não podia deixar de gostar deles. Ao mesmo tempo, a figura de guerreiro legendário devia tocar fogo nos corações das gurias. Mas, por favor, seu Roque, continue.

"Pois, se me lembro bem — prosseguiu o velho —, em 1935 aconteceu um levante comunista. A princípio era uma revoluçãozinha muito mal-arrumada, que não durou três dias. Mas acabou facilitando o golpe que garantiu a permanência do Getúlio no Governo."

— Como foi isso? — perguntou Salatino.

— Olhe, moço, aqui no Rio Grande nem houve nada. A tal Aliança Libertadora Nacional, dos comunistas, era mais forte no Rio de Janeiro e no Nordeste.

"Me contaram que o Luís Carlos Prestes veio escondido da Rússia para comandar a revolução comunista no Brasil. Deu com os burros n'água, foi preso, mas provocou uma reação muito forte do governo.

A intervenção estrangeira, comprovada pela presença de agentes do governo russo apoiando Prestes, deu ao movimento uma gravidade maior e, portanto, mais argumentos para um governo forte. Um desses agentes, como já lhes contei, era a companheira dele, a alemã Olga Benário. Depois desses acontecimentos, mesmo grávida, ela acabou sendo deportada do Brasil para a Alemanha e foi executada pelos nazistas logo que nasceu sua filha.

– Que barbaridade! – exclamou Ana Maria.

– É verdade, moça – concordou Roque Tavares. – Não há desculpa pra uma covardia dessas.

"Mas, então, aproveitando as circunstâncias, Getúlio encurtou as rédeas do governo, decretando estado de emergência e estado de guerra, o que lhe dava o poder de distribuir as cartas ao seu gosto. Já havia cochichos de que estava sendo preparada uma nova Constituição, apelidada de *Polaca*, que seria o instrumento do golpe de estado."

– Por que *Polaca*, seu Roque? – quis saber Ana Maria.

– Olhe, moça, pelo que me contaram, a tal Constituição era baseada no regime político da Polônia e, praticamente, dava ao Presidente poderes de ditador.

"No Partido Republicano Liberal, chefiado por Flores da Cunha, logo surgiram sérias dissidências em relação a esse estado de coisas e, como sempre, já se começou a falar em movimento armado.

Pras intenções do Getúlio, o Flores era uma pedra no sapato. Então a primeira coisa a fazer era achar um jeito de enfraquecer o homem. O caminho foi nomear o General Daltro Filho Comandante da 3ª Região Militar.

O General Daltro era um homem enérgico, que falava pouco mas agia muito, porém simpático e jeitoso ao mesmo tempo. Aos poucos foi envolvendo o Flores da Cunha, até que lhe deu o *xeque-mate*: quando o estado de guerra foi decretado pelo Getúlio, requisitou legalmente as tropas da Brigada Militar. O Flores, completamente desarmado, preferiu renunciar e exilou-se."

A essa altura, encarando os três jovens, o velho Roque lançou a pergunta:

– Adivinhem: onde ele se exilou?

– Uruguai, como sempre! – responderam em coro todos os presentes, dando boas risadas.

– Isso mesmo – concordou o velho, sorrindo também: – Montevidéu.

"Sem perder tempo, Getúlio decretou a intervenção no Estado, nomeando para o cargo o General Daltro Filho. Estava tudo pronto para o golpe. Em 10 de novembro de 1937 foi implantado oficialmente o Estado Novo. Os governadores perderam os mandatos, todos os legislativos foram fechados e a Constituição foi revogada. Tudo isso sem qualquer reação."

– O Getúlio era um político muito habilidoso! – comentou o tio Manoel.

– Sem pressa e manhoso – acrescentou Roque Tavares. – Como dizem os castelhanos, " No hay que llegar primero, pero hay que saber llegar". Não tem que chegar primeiro, mas tem que saber chegar.

"Pois bueno, então a primeira coisa que ele mandou fazer foi queimar as bandeiras dos estados! Uma tristeza muito grande ver a nossa bandeira se sumindo na labareda. Quanta gente que morreu por ela deve ter se revirado no caixão!

Mas, a vida continuava... Getúlio queria modernizar o país e não perdeu tempo. Com o apoio dos tenentes, começou a pôr a mão em tudo que precisava ser consertado, principalmente na situação miserável dos trabalhadores."

– A Consolidação das Leis do Trabalho – comentou o tio Manoel.

– Isso mesmo, patrão, a CLT, que vale até hoje, com uma ou outra mudança. Trabalhador passou a ser gente e a ter direitos.

– Como é que o senhor sabe de todas essas coisas? – perguntou, curiosa, Ana Maria.

– Ora, pois aconteceu que foi nomeado interventor no Rio Grande o Coronel Cordeiro de Farias e, graças a uma recomendação, consegui o emprego de motorista do Palácio do Governo.

– O senhor sabia dirigir? – perguntou Pedro Paulo.

– Eu tinha trabalhado durante algum tempo como cobrador de uma jardineira – um ônibus antigo, com bancos de madeira – na linha de Viamão. Ali, aos poucos, fui aprendendo a guiar e a fazer consertos. Logo me contrataram como motorista.

"Levando e trazendo o Coronel, fui ouvindo muitas histórias. Na garagem do Palácio, ficava sabendo de outras, através do chamado *boletim das baias*.

No governo do Coronel Cordeiro de Farias, um dos melhores de que se tem notícia, o Rio Grande cresceu, principalmente em três setores: educação, saúde e construção de estradas. É daquela época a criação do Departamento Autônomo de Estradas de Rodagem, o DAER.

Na agricultura, apesar do desenvolvimento, houve um problema: o Getúlio, pretendendo dar apoio econômico ao Nordeste, proibiu a fabricação de açúcar no Rio Grande. Com isso foram fechadas as únicas duas fábricas existentes, uma em Santa Maria e outra no litoral, perto de Santo Antônio da Patrulha.

Aí aconteceu uma coisa estranha. Num domingo, sem ter o que fazer, fui a uma festa no estádio de futebol do Renner, lá nos Navegantes. Me espantei ao ver, no gramado, o desfile de uma alemoada toda uniformizada, levando bandeiras com a cruz da Alemanha."

– A suástica – completou o tio Manoel.

– Isso mesmo! A suástica nazista! – concordou o velho.

– Não entendi nada! – disse Salatino, que até então estivera quieto. – O que tinha a ver a suástica com o Rio Grande?

– Não era só com o Rio Grande. Em todo Brasil havia pessoas que admiravam o regime nazista da Alemanha e o fascista da Itália. Essas pessoas fundaram um partido chamado Integralista, que imitava aquela gente. Andavam com uma espécie de

Havia pessoas que admiravam o regime nazista.

uniforme e uma braçadeira com um sinal assim, ó: – com um graveto, Roque Tavares riscou no chão o sinal Σ.

– Um *sigma*, imitando a cruz gamada dos alemães – explicou o tio Manoel.

– Pois é – continuou Roque Tavares –, era bem assim. Aqui mesmo no Rio Grande, onde havia muitos colonos alemães, o movimento cresceu, tendo levantado muitas resistências. O sucesso inicial da Alemanha que, com Hitler, se recuperou da crise da Primeira Guerra Mundial, entusiasmava muita gente. Diziam que o próprio Getúlio e o seu Ministro da Guerra, Eurico Gaspar Dutra, mostravam alguma simpatia pelos alemães.

– Isso eu sabia – disse o tio Manoel. – O meu pai, quando foi servir ao Exército, teve de raspar o cabelo com máquina zero. Antes não era assim, mas contam que o Dutra, em uma visita a convite do exército alemão, viu isso por lá, gostou da ideia e na volta mandou raspar o coco de toda a milicada.

"Quando estourou a guerra na Europa as coisas se complicaram – prosseguiu Roque Tavares:

Para os americanos era fundamental a aliança com o Brasil, maior país da América do Sul, que podia fornecer apoio à marinha deles no Atlântico Sul, além de bases no Nordeste para a sua força aérea, como trampolim para as operações na África. Matreiro como sempre, Getúlio retardava uma definição, esperando a coisa clarear melhor.

Foi aí que se viu a importância da atuação do Oswaldo Aranha, que tinha sido nomeado Ministro do Exterior. Ele mantinha ótimas relações com os norte-americanos e, sendo homem da mais absoluta confiança do Getúlio, conseguia neutralizar a influência dos pró-nazistas, que não eram poucos. Em 39, se bem me lembro, fez uma visita ao Presidente Roosevelt e conseguiu, entre outras coisas, financiamento para a construção da usina de aço de Volta Redonda, que era um sonho do Getúlio. Assim, costurando a política externa brasileira ponto a ponto, o danado desse alegretense foi elaborando e conduzindo a posição do governo, até que, em 1942, o Brasil rompeu relações com os países do Eixo."

– Que eixo era esse? – perguntou Ana Maria.

– Ah, sim. Chamavam de Eixo a aliança da Alemanha com a Itália e o Japão.

– Me desculpem – disse o velho depois de uma pequena pausa. – Minha mão está doendo e vou pedir à patroa para refazer o curativo.

– Está bem inflamada, seu Roque – disse a tia Marina, examinando o ferimento. – Acho bom mostrar isso para um médico.

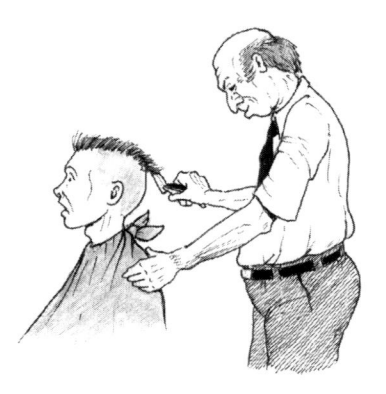

41

Tempos de Getúlio Vargas

Tio Manoel chegou da cidade, voltando do hospital com Roque Tavares.

— Que tal se foi, seu Roque? – perguntou Pedro Paulo, achando o velho meio pálido.

— Se não sou mui macho, me afrouxava. De tiro e de arma branca nunca tive medo, mas a tal de injeção é coisa muito braba. Uma bala vem de surpresa e de arma branca a gente desvia. Já a injeção é um furo anunciado, que não tem defesa nem esquiva. Acho que até vou me recostar um pouco.

— Por acaso não precisa trocar as bombachas? – debochou Salatino.

— Não uso fraldas como tu, moleque – respondeu o velho, franzindo as sobrancelhas. – Vai te enxergar, guri!

À tardinha, já recomposto da empreitada, o velho Roque, mesmo com a mão enfaixada, iniciou o trançado de um laço encomendado pelo Dr. Fagundes, lindeiro do tio Manoel.

À medida que o povo se reunia no galpão, foi retomando a história:

"Tempos difíceis! – começou, ajeitando a bomba do chimarrão. – Pelo menos pra mim, que no meu viver gaudério nunca consegui ficar parado no mesmo lugar como moirão de canto de cerca.

Como sabia que era complicado arranjar emprego, fui continuando como chofer do Coronel Cordeiro de Farias, mas já com saudade das bombachas, do lombo do cavalo e de um bom entrevero. Assim, a vida ia correndo meio sem tempero, até que, em 1941, veio a grande enchente. Coisa bárbara!

Lá por abril começou o aguaceiro. Foram mais de quarenta dias de chuva derramando aos baldes. Cheguei a pensar que o mundo velho ia acabar e até me lembrei de fazer uma arca igual à do Noé e botar alguma bicharada dentro dela.

A água foi subindo, subindo e repontando o povo das casas, que ficavam só com o telhado de fora ou, às vezes, nem isso. Um dia, pra levar o Coronel até a Prefeitura, foi preciso contratar um barco! Pra lhes dar uma ideia, o rio Guaíba transbordou do cais do porto, se esparramou pela Praça da Alfândega e quase chegou a encobrir as janelas da parte de baixo do Mercado Público.

Foi um escarcéu medonho! As lojas fecharam, as indústrias pararam de funcionar e se contavam, grosso modo, assim como uns setenta mil desabrigados. Imagina o que era dar agasalho e comida pra toda essa gente!

Mas, como não há bem que sempre dure nem mal que nunca se acabe, o céu foi clareando e a água começou a baixar, deixando um rastro de lodo, mas trazendo a esperança do sol, novinho em folha.

Foi o sinal pra começarem as obras de contenção de novas enchentes. Os gaúchos não estavam mais dispostos a sofrer um desastre como aquele.

Nesse tempo começaram a chegar notícias do afundamento de navios brasileiros por submarinos alemães. Deu muita raiva! Mas também aconteceu muita injustiça! Os descendentes de alemães começaram a ser perseguidos, acusados de *quintas-colunas* – o mesmo que colaboradores do nazismo. Casas comerciais foram apedrejadas e o governo chegou a proibir o uso do idioma alemão, que ainda era muito falado nas colônias.

Ficou tudo difícil pra eles, ainda mais porque a crescente produção industrial vinha reduzindo a aceitação do produto artesanal, fazendo com que aquela pobre gente iniciasse a procura pela cidade grande. Assim começaram as primeiras favelas, ou malocas, como se chamavam na época.

Pois bueno, em agosto de 1942, o Brasil se declarou em estado de guerra contra a Alemanha e a Itália. Já me assanhei todo e fui procurar nos guardados do baú a espada e a garrucha. Mas, por muito tempo, nada aconteceu. Só em 1943 é que a FEB começou a ser organizada.

Fiquei sabendo no Palácio que o agora General Cordeiro de Farias ia ser o Chefe de Estado-Maior da Força Expedicionária e me alistei na hora.

O nosso escalão só foi viajar pra Itália em 1945, depois de todo um período de treinamento. Desembarcamos em Livorno e aí começou o pega pra capar. Era o velho Roque Tavares de novo na guerra, só que desta vez com um rifle *Garand* em vez da lança e, pra enfrentar o frio, uma japona que perdia de longe pra o meu poncho de lá. Pra comer, uma ração dos americanos, meio adocicada e sem tempero, em vez do bom churrasco das revoluções.

Mas, guerra é guerra e de pronto me acostumei."

— O senhor não tomava jeito mesmo, não é seu Roque? – comentou Ana Maria, a quem não agradavam muito esses assuntos de guerra.

— É, moça, cachorro que come ovelha, só matando. Mas a guerra não durou muito. Com a rendição das últimas resistências alemãs, no vale do rio Pó, terminou a nossa missão e voltamos pra casa. Fomos recebidos como heróis! Que foi bom, isso foi!

— Como *bom* seu Roque? – voltou a reclamar Ana Maria. – E os pracinhas que ficaram lá no cemitério de Pistoia? Será que as famílias deles acharam *bom*?

— É modo de dizer, moça, mas que tudo tem um preço a ser pago, isso tem!

— Ah é? — retrucou Ana Maria. — E o que nós ganhamos com isso? Pagamos pelo quê?

— Olhe, moça, o sacrifício pra acabar com as barbaridades do regime nazista e o contato com as democracias aliadas mudaram a cabeça de muita gente. Os militares e as elites brasileiras passaram a condenar a ditadura do Getúlio, que castrava a liberdade de pensamento e de informação através de rigorosa censura da imprensa, mandando prender os que se atrevessem a publicar opiniões divergentes.

"Já não havia mais espaço para o autoritarismo. Acho que foi para isso que pagamos o preço.

Getúlio ainda tentou acompanhar o novo rumo dos acontecimentos, permitindo a organização dos partidos políticos, inclusive do Partido Comunista. Publicou a nova lei eleitoral e fixou data para as eleições presidenciais. Mas não havia mais como consertar um regime que estava ultrapassado. A consequência inevitável é que o ditador foi convidado a deixar o governo, ainda em 1945."

— Mas o povo gostava dele, seu Roque! — afirmou Salatino. — Isso eu sempre ouvi dizer.

— É verdade! Tanto que, mesmo depois de deposto pelos militares, indicou e elegeu através do voto popular o seu sucessor, o Marechal Eurico Dutra. Nem bem Getúlio havia chegado à sua estância de Itu, em São Borja, onde foi morar depois de deposto, e o povo já pedia o seu retorno. "Ele voltará", era o que diziam.

"No Rio Grande foi nomeado interventor o Dr. Cylon Rosa. Em 1947, logo depois da promulgação da nova Constituição Federal, Walter Jobim se elegeu como Governador.

Pois foi o Walter Jobim quem iniciou o plano de eletrificação do Estado. Foram construídas usinas hidrelétricas, termelétricas e redes de distribuição. Em 1949, começou a funcionar a Usina do Gasômetro, que hoje é um centro de cultura."

— E o senhor, seu Roque — interpelou Ana Maria, em tom de ironia. — Como se sentia num tempo assim sem guerras?

— Ora, moça, lhe confesso que me sentia bem e com a sensação do dever cumprido. Sempre que briguei foi por um bom motivo e não tenho nenhum arrependimento. É só olhar em redor e ver o nosso Rio Grande, tão duramente conquistado, gozando de paz e prosperidade, com um povo forte e orgulhoso de suas raízes. O bom aço se tempera no fogo! Mesmo assim, também confesso que essa longa vida me ensinou muito.

— O que, por exemplo? — indagou o tio Manoel.

— Veja, patrão: um homem de verdade pega em armas pelo seu direito, por sua mulher ou por seu território — sentenciou. — Nunca por crendices que venham lhe encher os ouvidos, sejam políticas ou religiosas. Estas só produzem ódio, como foi o caso dos *Muckers* em 1874, da Federalista de 1893 e da Comunista em 1935. Isso eu aprendi muito bem, e o mundo está cheio de exemplos!

— Quer dizer que hoje o senhor se recusaria a lutar por ideias? — voltou a indagar o tio Manoel.

— Ideias se combatem com ideias — retrucou o velho. — Não se pode abrir a cabeça das pessoas com tiros ou golpes de facão. Ideias impostas à força terão que ser sustentadas pela força, e aí, foi-se a liberdade. Pode ser que alguém até goste disso, mas lhe garanto que não consta da cartilha do gaúcho

— Está certo... — ponderou, reticente, o tio Manoel. — Mas as ideias também podem ser impostas por outras forças, às vezes mais fortes que as armas, como a propaganda, a repetição e a persuasão ardilosa. Dizem que uma mentira muitas vezes repetida torna-se verdade.

— Pra quem não sabe distinguir a mentira da verdade! — retrucou o velho. — E aí, patrão, só há dois jeitos: um é viver muito tempo como eu vivi; outro é aprender com os que viveram cada parte desse tempo e escreveram sua experiência nos livros. O ignorante é sempre uma "maria vai com as outras". Sai marchando atrás de qualquer corneta, sem saber quem está tocando.

— Pois é — disse o tio Manoel —, em quase todos os problemas, a gente arrodeia, arrodeia e acaba chegando numa solução evidente: educação. Sem ela, é perda de tempo ficar inventando homeopatias. Mas fugimos do assunto, seu Roque. Vamos voltar para o Rio Grande.

"Pois então era assim – continuou Roque Tavares, ganhando tempo para retomar o fio da história. — O Dutra assumiu a Presidência da República, e um dos seus atos foi recolocar na ilegalidade o Partido Comunista, em 1948."

— Por que, seu Roque? — perguntou Ana Maria. — Eles fizeram alguma coisa errada?

— Que eu saiba, foi consequência da política norte-americana, que andava às voltas com a tal de guerra fria com a Rússia. Contam também que muita gente não gostou quando o Prestes declarou, pra quem quisesse ouvir, que no caso de uma guerra entre o Brasil e a União Soviética, ele lutaria ao lado dos russos.

— Muito esquisito mesmo! — concordou a moça.

"Enquanto isso, a influência do Getúlio continuava tão forte, que a sua estância passou a ser chamada de República de Itu. Quem quisesse ter alguma ambição política não podia deixar de ir até lá pedir a bênção do velhinho, que manejava os cordões do poderoso PTB, o Partido Trabalhista Brasileiro, por ele mesmo fundado. Entre estes, eram presenças constantes Alberto Pasqualini, um dos craques teóricos do Trabalhismo, João Goulart e Leonel Brizola.

Terminado o mandato do Jobim, elegeu-se Ernesto Dorneles, pelo PTB. Enquanto isso, Getúlio fazia sua campanha eleitoral por este Brasil afora, começando em Porto Alegre e encerrando em São Borja. Me lembro bem que ele sempre começava os discursos com as mesmas palavras: *Trabalhadores do Brasil!...*"

– O senhor acompanhou a campanha? – perguntou Pedro Paulo.

– Sempre perto da fogueira, moço. Na volta da guerra, o Gregório Fortunato, chefe da segurança do Getúlio, me convidou pra trabalhar com a turma dele. Era um negro grande, forte e de pouca conversa, que andava sempre na sombra do patrão, fiel como um anjo da guarda.

– Na campanha, o Getúlio fazia aquelas promessas que os políticos fazem e depois esquecem? – perguntou Salatino. – Era desses que tiram retrato com criancinhas no colo?

– Bueno, moço – respondeu Roque Tavares franzindo a testa e encarando Salatino dentro dos olhos –, não se pode misturar vinhos de pipas diferentes. O Getúlio era um homem sério e não foi à toa que deixou o nome na história. O que prometia, cumpria, e foi assim, ali mesmo na campanha eleitoral, que nasceu a Petrobrás. Era um nacionalista; queria bem ao seu país e era querido por ele.

"A eleição foi um galope de rédea frouxa, e em janeiro de 1951 ele assumiu o governo. Dito e feito: em 1953 foi criada a Petrobrás, debaixo de uma gritaria dos americanos, a quem não interessava que o Brasil tivesse o monopólio do seu petróleo.

Mas tempo bom não dura sempre. Havia nuvens pesadas no céu e o horizonte já relampeava.

A oposição se fortalecia e não dava descanso, principalmente em relação ao Ministro do Trabalho, João Goulart, acusado de manter posição ideológica de esquerda. Ao mesmo tempo, Carlos Lacerda, da UDN – União Democrática Nacional –, que era um orador brilhante mas com língua de cobra, denunciava atos de corrupção no governo, que chamava de *um mar de lama*.

– E era verdade? – perguntou Ana Maria.

– Pois acho que o Getúlio, pela primeira vez, tinha perdido as rédeas – respondeu Roque Tavares. – O próprio Oswaldo Aranha, que na época era Ministro da Fazenda, desabafou para o seu velho amigo presidente que "o Executivo só queria gastar; o Legislativo só pensava em fazer favores e o Judiciário se havia degenerado em protetor dos fraudadores e traficantes, todos contra os interesses do Brasil".

O velho Getúlio andava acabrunhado, mas nunca baixou o topete. Aos seus amigos já dissera que talvez não chegasse ao fim do seu mandato, mas que, desta vez, só sairia morto.

Vocês podem não acreditar, mas quem acabou precipitando a tempestade foi o próprio Gregório, chefe da segurança, querendo proteger o chefe. Foi em agosto de 1954.

Numa noite, o Gregório me dispensou, dizendo que tinha um serviço pra fazer. Me ofereci pra ajudar, mas recebi ordem de ficar no Palácio. Pois bueno, quando amanheceu, já corria a notícia de que o Carlos Lacerda sofrera um atentado à bala, tendo sido ferido no calcanhar, e de que nesse atentado morrera um Major da Aeronáutica que fazia sua segurança.

A carta-testamento.

Aí a situação se tornou insuportável. No inquérito feito pela Aeronáutica, ficou claro que o atentado tinha sido feito por gente do Gregório. Muitos aconselharam o Getúlio a renunciar, mas ele era gaúcho de uma palavra só.

No dia 24 de agosto, acuado num brete sem saída honrosa, Getúlio fechou-se no quarto e disparou um tiro no coração.

Me lembro como se fosse hoje. Por um momento todo o país se quedou em silêncio, estarrecido, não acreditando no que ouvia. Parecia que até as nuvens e os passarinhos tinham parado no ar. Depois desse pasmo, estourou a revolta. Houve tumulto e quebra-quebra nas rádios e jornais da oposição. O povo saiu às ruas e os adversários se esconderam em suas tocas, sem entender bem o que havia acontecido.

Mais uma vez o velho Getúlio havia revertido a situação, passando, num instante, de vilão a herói. A carta-testamento, encontrada ao lado do seu cadáver, comoveu o país e hoje está gravada em bronze na Praça da Alfândega, em Porto Alegre."

— Seu Roque — interpelou Pedro Paulo — eu sempre ouvi dizer que suicídio é covardia; medo de enfrentar uma situação.

— Nunca simplifique as coisas, moço. Muitas causas podem levar uma pessoa a encerrar a própria vida. Veja bem que, no caso do Getúlio, ele poderia ter enchido baús de dinheiro do Tesouro e ido gozar o resto da vida em São Borja, como fazem muitos políticos quando são pegos com a boca na botija. Mas, não! O que lhe sobrava era vergonha na cara, isto sim!

"Em vez de fugir como fazem os covardes, preferiu ganhar, com sua morte, a última batalha de uma guerra que parecia perdida."

42

O PRIMEIRO DESCENDENTE DE IMIGRANTES NO GOVERNO DO RIO GRANDE

— Pois, agora que a mão sarou, me dói a perna — resmungou o velho Roque, fazendo uma massagem com álcool na canela e no peito do pé, que se mostravam inchados. — Bem feito para mim! Não andei reclamando até pra Deus? Vai ver que ele me ouviu e passou um pito no padre González. Essa eu bem que queria ter assistido.

Guardou o frasco de álcool na prateleira e sentou-se no banquinho mocho para continuar o trançado do laço. Depois de algum tempo, interrompeu o trabalho, levantou-se para esticar a perna e voltou a falar baixinho, para si mesmo: — Então, acho que tenho que apurar com essa história...

— Esta é a continuação do resumo — disse Ana Maria para Pedro Paulo e Salatino, logo após o jantar. — Parece que política tem mais assunto do que guerra. — Que tal vocês acham?

— 1934. Getúlio é eleito Presidente da República em eleição indireta.
— 1935. Flores da Cunha, Interventor no Estado, é eleito Governador, também em eleição indireta.
— 1937. Getúlio implanta o Estado Novo. Cassa o mandato dos Governadores, dissolve os legislativos e revoga a Constituição.
Em nome da unidade federativa, são queimadas as bandeiras dos Estados.
O General Cordeiro de Farias é nomeado Interventor no Rio Grande do Sul.
— 1939. Começa a Segunda Guerra Mundial. Surge o movimento Integralista, de caráter nazi-fascista. São realizadas demonstrações e passeatas.
Oswaldo Aranha, Ministro do Exterior, se posiciona a favor dos Estados Unidos e consegue financiamento para a construção da usina de Volta Redonda.
— 1941. A grande enchente deixa 70.000 pessoas desabrigadas.
— 1942. O Brasil rompe relações com os países do Eixo.
— 1945. O escalão da FEB, em que os gaúchos tomam parte, embarca para a Itália.

Terminada a guerra, Getúlio é deposto pelos militares e se retira para a sua fazenda de Itu, em São Borja.
Cylon Rosa é nomeado Interventor no Estado.
– 1947. Após a promulgação da nova Constituição Federal, Walter Jobim é eleito Governador.
Inicia-se o plano de eletrificação do estado.
A estância de Itu torna-se um centro de articulação política.
– 1950. Após intensa campanha política, Getúlio é eleito Presidente da República.
– 1951. Getúlio anuncia a criação da Petrobrás.
– 1953. É criada a Petrobrás.
Intensifica-se a campanha de oposição a Getúlio Vargas. Carlos Lacerda, da UDN, é um dos mais ferrenhos acusadores de irregularidades no governo.
– 1954. Carlos Lacerda é alvo de um atentado, onde morre um Major da Aeronáutica. O inquérito aponta Gregório Fortunato, chefe da segurança de Getúlio, como responsável.
A situação se deteriora até um nível crítico. É pedida a renúncia do Presidente.
Getúlio Vargas comete suicídio, com um tiro de revólver no coração. Sua carta-testamento comove o país. Ocorrem tumultos e depredações.

– Parece que está completo – comentou Pedro Paulo. – Eu acho que não teria paciência para fazer isso.
– Depois se queixam de que as mulheres estão tomando o lugar dos homens no mercado de trabalho – criticou Ana Maria, colocando o resumo na pasta. – Vocês não têm paciência pra nada!

Todos notaram que o velho Roque mostrava um ar abatido de cansaço. Falava devagar, às vezes até parando para forçar a memória.

"Aí... voltei pra Porto Alegre, meio descrente da política, e arrumei colocação no Jóquei Clube, como compositor."
– Epa! O senhor nunca falou que compunha músicas! – interveio Pedro Paulo.
– Não, moço, música, não – respondeu, desanuviando a expressão. – Compositor que eu digo é quem prepara os cavalos de corrida. Isso eu sabia fazer bem. Tive até um alazão que ganhou o Grande Prêmio Bento Gonçalves! Bueno, mas isso é outra conversa.
"Veja como é o povo! Naquele ano de 1954, apesar de toda comoção com a morte do Doutor Getúlio, o PTB não ganhou a eleição para o Governo do Estado. Foi eleito, com mais de um corpo de vantagem, o Doutor Ildo Meneghetti, filho de imigrantes italianos. Diziam que começara sua carreira política, como vereador e

prefeito de Porto Alegre, com os votos da torcida do Internacional. E que aí não parou mais.

Nas domingueiras do Jóquei Clube, ali no lugar que hoje chamam de Parcão, apareciam muitos políticos que procuravam os compositores para tentar saber das *barbadas*. Às vezes a gente deixava escapar alguma e, em troca, ficava sabendo das novidades.

Diziam que a situação andava apertada como rato em guampa, que quanto mais avança mais se espreme.

O caso é que o estado estava cheio de dívidas e o dinheiro andava muito curto. Pra piorar a dança, nas eleições presidenciais a situação gaúcha tinha apoiado o General Juarez Távora, mas quem se elegeu foi o Juscelino Kubitschek. Quando foi empossado, em 1955, o mineiro deu o troco, fechando as burras do Tesouro para o Rio Grande.

Foi uma vingança maldosa. Enquanto se gastavam pilhas de dinheiro levando tijolos de avião para Brasília, o Rio Grande penava com a falta de recursos para construir estradas e custear as lavouras. Mas não havia de ser nada. Fazia parte da história do Rio Grande ser maltratado pelo poder central."

— Vejam como são as coisas! — comentou o tio Manoel. — Getúlio, gaúcho de boa cepa, esteve por quase vinte anos no poder e não fez favores especiais ao Rio Grande, preocupando-se em ser presidente de todos os brasileiros. Lembrem-se de que ele chegou a proibir que se fabricasse açúcar aqui no Sul só pra proteger a economia nordestina.

— Pois é — concordou Roque Tavares —, mas, afinal de contas, construir Brasília também era importante, e foi se tocando o barco.

"Assim, o Doutor Meneghetti criou a Polícia Rural Montada, construiu a nova penitenciária e novas escolas, contratou professores e concluiu a ponte do Rio Guaíba, iniciada no governo anterior com recursos federais.

Não foi muito, e nem poderia ser. O caso é que, além de tudo, a nossa agricultura ia mal. Como já se falou antes, a industrialização desvalorizou o produto colonial, dando início à migração do interior para as cidades. E não era só isso. Do governo central não vinham recursos para o Rio Grande, e a inflação iniciada com a enormidade dos gastos com a política de desenvolvimento do Juscelino não era acompanhada da elevação de preços dos nossos produtos. A maior parte do que produzíamos – alimentos – era tabelada, quase inviabilizando a situação do nosso produtor.

O trigo, que durante algum tempo pareceu ser uma solução, foi se perdendo com temporadas de clima ruim, pragas e falta de sustentação econômica, principalmente em infraestrutura de armazenamento e transporte, e na competição com os grãos importados dos Estados Unidos. Me lembro de ouvir contar de muitos plantadores de trigo que, depois de todo o custo da lavoura, abriam as cercas para o gado comer as espigas minguadas que não valia à pena colher.

A salvação veio com a soja, que começou a ser plantada em Santa Rosa e se expandiu pelo estado, chegando a contribuir com 99% da produção nacional. Mas até isso acontecer, o Rio Grande perdeu grande parte de sua maior riqueza: aquela gente trabalhadora e qualificada que, a exemplo dos seus antepassados imigrantes, foi buscar, inicialmente no Paraná e no Mato Grosso, melhores condições de sobrevivência."

– É verdade – assentiu o tio Manoel. – Por onde quer que se ande neste Brasil vai-se encontrar erva-mate nos armazéns e botequins, encomendada pelos gaúchos, que levaram progresso e desenvolvimento para regiões onde antes nada era aproveitado. Já ouvi até a expressão "bandeirantes do século vinte", dirigida à gauchada e ao seu papel na conquista econômica do interior brasileiro.

– Isso mesmo, patrão – confirmou o velho Roque, sacudindo a cabeça. – Já me contaram que não há canto escondido neste Brasil onde não se encontre um Centro de Tradições Gaúchas.

"Mas há um fato interessante: a maioria dos que foram embora, como já falei, foi de descendentes dos imigrantes. Acho que estava no sangue deles. A gauchada reiúna, da campanha, foi ficando nas suas estâncias, se espreguiçando em cima dos campos ricos e do gado gordo e mateando na sombra das figueiras, sem se dar conta de que o mundo estava mudando.

O fazendeiro discutia política no café; o filho fingia que estudava medicina em Porto Alegre e as filhas compravam vestidos e perfumes importados, enquanto os touros cobriam as vacas e os terneiros se criavam ao léu. Pra melhorar a pastagem, era só tocar fogo no campo e esperar que o capim renascesse.

Famílias grandes, quase nenhum estudo; assim as estâncias foram se dividindo e seus donos empobrecendo.

Me lembro bem do seu Catão, um estancieiro que passava o dia inteiro tomando chimarrão em redor da casa, arrastando o banquinho pra acompanhar a sombra do telhado, tudo por preguiça de plantar uma árvore. Tinha uma cachorrada magra e sarnosa, que só comia buchada, quando se carneava alguma ovelha, porque os restos de comida eram para os porcos. Pois esse tipo era bem comum."

– Não se pode pôr culpa nessa gente – comentou o tio Manoel. – Vejam bem que o colono europeu vinha de séculos de miséria e exploração pelos senhores feudais. Pouca terra, clima gelado durante boa parte do ano, necessidade de armazenar no verão para não morrer de fome no inverno, enfim, condições de vida que os obrigavam e os acostumavam a um trabalho árduo e paciente.

– Tão ruins eram as suas vidas – prosseguiu –, que chegavam a abandonar o pouco que tinham e a se aventurar em mundos de mar, amontoados como bichos nos porões dos navios, enfrentando o desconhecido, sem conhecer a língua da nova terra, tudo pela esperança de um pedaço de terra que lhes garantisse a comida. Traziam

A gauchada reiúna, da campanha, foi ficando nas estâncias.

consigo, porém, a cultura europeia de cultivo e de artesanato, que os diferenciava na capacidade de produzir. Já o gaúcho da campanha, por gerações e gerações, se criou livre e solto no lombo do cavalo, sentindo o vento no rosto. Viveu horizontes de terras férteis e alimento farto. Com uma história feita de guerras e revoluções, sem muito a ganhar ou a perder e com um enorme senso de liberdade, seria insensato imaginar que, passado esse tempo, de um momento para outro ele se transformasse num laborioso agricultor ou num paciente artesão.

– É claro que hoje não há mais desculpa, pois o que não falta é informação, e a vontade de cada um pode corrigir os vícios da formação cultural – disse ainda o tio Manoel. E concluiu: – Isso serve para vocês, meninos: são a necessidade e a ambição que geram a atividade. Quem se contenta em ser do tamanho de um pé de couve nunca alcançará a altura de um pinheiro.

– Pois é bem assim como o senhor disse! – reforçou o velho Roque. – O patrão é homem de boa sabedoria.

– Mas estávamos falando do Meneghetti. – disse Ana Maria, às voltas com suas anotações. – Quem veio depois dele?

– Acho que... Foi, sim. Foi o Leonel Brizola. Mas se o patrão e a moça não se incomodam, eu preferia deixar esse causo para amanhã, que a garganta já vai me secando.

43

O ÚLTIMO CAUDILHO

O velho Roque estendeu o laço no terreiro, em frente ao galpão, e mediu a passos o comprimento.

– Levantou a aba do chapéu, coçou o nariz, fez cálculos de cabeça e concluiu: – Onze braças. Está no tamanho bom.

– Quanto vale uma braça? – perguntou Pedro Paulo, que o acompanhava.

– Dois metros e um palmo, mais ou menos – respondeu Roque Tavares, colhendo o laço em rodilhas.

– Vinte e dois metros... – concluiu Pedro Paulo. – É isso?

– Menor, fica curto para o serviço – explicou o velho –, e maior não adianta, que o braço não tem força para estender todo.

Dizendo isso, Roque Tavares preparou a armada do laço. Segurou-a junto às rodilhas, e girou sobre a cabeça, olhando firme para um palanque, próximo à cerca do arvoredo.

A armada, obediente, abriu-se no ar e enlaçou o moirão.

Enquanto aplaudia a façanha, Pedro Paulo notou que o velho segurava o braço direito, com uma expressão de dor na fisionomia.

– Acho que dei um mau-jeito, resmungou o laçador.

À noitinha, Roque Tavares tinha o braço amparado numa tipoia, improvisada com um pano que lhe deu tia Marina.

– É a velhice – comentou. – Parece que agora resolveu chegar de vez.

– Isso se cura em seguida – consolou o tio Manoel.

– Ora, patrão – respondeu o velho –, o caso me faz lembrar o seu Dionísio Kreutz, um velho amigo lá de São Leopoldo. Como não tinhas mais dentes, mandou fazer uma dentadura. Recomendou muito ao dentista que fizesse dentes amarelos e meio desalinhados, pra parecer natural. Era faceiro o homem!

Tempos depois, encontrei o Dionísio de boca murcha, sem os dentes. Me explicou que a dentadura tinha ficado especial. – Mas, então, por que não usa? – lhe perguntei, com muita razão. – Pois ficou tão boa – me respondeu –, que me entusiasmei e passei um dia inteiro comendo churrasco e feijão mexido bem apimentado.

Sabe o que aconteceu? Me atacou tanto a hemorroida que quase me virei do avesso. Aí, aposentei a dentadura.

Pois é assim, patrão. Velho, quando conserta uma ponta, estraga a outra.

Mas, se permitem, voltando à nossa história, acho que parei em 1958, quando foi eleito Governador do Rio Grande o Leonel Brizola.

– Esse eu conheço! – disse Ana Maria. – Já vi na televisão, com aquele jeitão bem gaúcho de contar casos e fazer comparações.

– É – concordou o velho. – Até hoje não perdeu o sotaque, apesar de também ter sido governador do Rio de Janeiro.

– O único brasileiro que chegou a ser governador de dois estados! – comentou o tio Manoel.

– Pois então! – confirmou Roque Tavares. – Pode ser que muita gente não goste dele, mas que sempre foi valente e um danado na política, isso não se pode negar.

"Filho dum velho maragato, começou a vida engraxando sapatos e carregando malas na estação ferroviária de Carazinho. Depois, veio para Porto Alegre e arrumou emprego de ascensorista na Galeria Chaves, ali na Rua da Praia."

– De verdade, seu Roque? – perguntou Salatino. – E como é que ele conseguiu subir tanto na vida?

– Muita dedicação e bom ensino público, moço. Estudava à noite no Colégio Júlio de Castilhos e já engatinhava na política, atuando no *Grêmio do Julinho*. Em seguida, foi estudar Engenharia na UFRGS e filiou-se ao Partido Trabalhista. Mais adiante, elegeu-se Deputado Estadual.

"Numa dessas, como era obrigação de qualquer aspirante a político, foi visitar Getúlio Vargas na estância de Itu. Lá conheceu o João Goulart e sua irmã Neuza, com quem acabou casando.

Governador, em 1958, não perdeu tempo para pôr em execução as suas ideias. A primeira, de grande repercussão, foi a encampação da *Bond and Share*, empresa norte-americana de distribuição de energia elétrica."

– O que é *encampar*, seu Roque? – perguntou Ana Maria.

– É o governo tomar posse de uma empresa, depois de combinar o valor da indenização. Só que no caso desta, o Brizola não combinou nada e pagou um valor simbólico de 1 cruzeiro.

– Que peito! – exclamou Pedro Paulo. – E os americanos não quiseram bombardear o Rio Grande?

– No duro, moço, a *Bond and Share* era uma empresa decadente que, há muito, já tinha recuperado o seu investimento. Assim, a grita não durou. Tanto é verdade que, mesmo assim, Brizola conseguiu recursos do programa americano "Aliança para o Progresso", usados para a construção da Estrada da Produção.

"Não parou por aí. Os projetos para a instalação da Refinaria Alberto Pasqualini e a Aços Finos Piratini também foram dele.

Apesar disso tudo, o que marcou mesmo o seu governo foi o programa de construção de escolas rurais, bem simples, de madeira, espalhadas por todo o Rio Grande. Onde quer que se fosse havia um "escolinha do Brizola", como eram chamadas. Esta iniciativa colocou o Rio Grande do Sul como o estado da federação com o maior índice de escolarização."

– E o senhor, seu Roque, continuava *compondo* cavalos de corrida? – perguntou Salatino, interrompendo a história.

– Não – respondeu o velho Roque. – Com a mudança do hipódromo para o Cristal, me afastei e fui morar num Centro de Tradições Gaúchas, encarregado da seção Campeira, onde tratava de dois ou três cavalos, ensinava a gurizada a montar e contava histórias das lides do campo.

"O tempo ia passando e a gente imaginava que agora os tempos eram só de paz e progresso.

Foi então que veio o abalo: o Presidente Jânio Quadros renunciou, sem explicar o motivo e nem dar satisfação pra ninguém.

Os ministros militares, por sua vez, anunciaram que o Vice-Presidente João Goulart, que estava em viagem na China, não poderia assumir, por causa de suas ligações com sindicalistas e comunistas. Sugeriram ao Congresso que o declarasse impedido.

Estava armada a bagunça."

– Bah, seu Roque! – exclamou Ana Maria. – Guerra de novo?

– Quase, moça, quase! Ainda bem que já começava a aparecer gente com a cabeça no lugar.

"O Brizola, claro, não aceitou essa imposição dos ministros e abriu o berreiro, convocando a gauchada a lutar pela *Legalidade*, que foi o nome do movimento. Era tão convincente e entusiasmado, que, num instante, o estado estava em pé de guerra. Até o Comandante do III Exército, General Machado Lopes, e boa parte da tropa ficaram do seu lado, insurgindo-se contra o Ministro da Guerra.

Usando o Palácio Piratini como fortaleza guarnecida pela Brigada Militar, e falando pelo rádio na *Rede da Legalidade*, Brizola convocava cada gaúcho a resistir pelas armas. Há muito que não se ouvia o clarim, e a resposta foi imediata.

Na frente do Palácio acampou gente de todos os cantos, a pé e a cavalo, com lanças, pistolas e bandeiras, como nos velhos tempos! Cada CTG tinha ali a sua representação e toda a Praça da Matriz cheirava a churrasco."

– Garanto que o senhor estava lá, bem faceiro! – disse Ana Maria, em tom de reprovação.

"Não podia deixar de estar, moça. Mas, confesso que desta vez andava meio apreensivo. As guerras já não eram mais as de antigamente. Agora havia aviões, tan-

Nós três somos de briga.

ques, canhões modernos, metralhadoras e se estourasse a briga com os exércitos do norte, o morticínio, entre irmãos, ia ser uma coisa de arrepiar.

O Palácio estava ameaçado de bombardeio aéreo; tropas da Brigada e do Exército haviam se deslocado para guarnecer a fronteira norte do estado. O ar pesado já prenunciava cheiro de pólvora e de sangue.

Não dava nem pra imaginar. Havia oficiais e sargentos gaúchos nos exércitos do Rio e São Paulo e cariocas e paulistas por aqui. Como fazer aquela gente brigar entre si?

Mas, também havia momentos de descontração. Contavam como verdade – não sei se aconteceu mesmo – que um dia apareceram três cavaleiros, muito bem pilchados, e apearam em frente ao Palácio. Recebidos pelo Governador, declararam pertencer a um CTG de Pelotas, que vinha se oferecer para a resistência.

– Muito les agradeço – disse o Brizola, naquele seu tom gauchesco –, mas, pelo que sei, o CTG de Pelotas é muito grande e, no entanto, só me aparecem aqui vocês três. E os outros?

– Pois é, Governador – respondeu um deles –, o causo é que de briga somos nós três. O resto é só de dança!"

Depois das risadas, o velho se desculpou para o caso de alguém ali ser de Pelotas, salientando que a cidade sempre foi de homens valentes e mulheres piedosas.

"Sorte, como já disse, que agora já havia homens de cabeça fria! Diante do impasse, e antes que ocorresse uma desgraceira, foi acertado um acordo.

Depois de muitas articulações, o Congresso encontrou uma fórmula capaz de apaziguar os ânimos. O Presidente teria os seus poderes reduzidos, numa espécie de Parlamentarismo, sujeito a um futuro plebiscito. Posteriormente, o arranjo seria mantido ou revogado pela manifestação popular.

Aceitas as condições, Jango tomou posse e, ao menos por algum tempo, os homens se acalmaram.

Enquanto o Presidente da República e o seu Conselho de Ministros articulavam as manobras para apressar o retorno ao Presidencialismo, no Rio Grande, Brizola voltava a tomar medidas polêmicas, como a desapropriação de terras para reforma agrária na região do Banhado do Colégio, em Tapes. Essa medida, representou, de fato, o início da articulação dos movimentos dos sem-terra.

Outra medida de repercussão foi a encampação da ITT, empresa norte-americana que operava os serviços telefônicos do Rio Grande do Sul, e a consequente criação da CRT. Dessa vez, foram mais fortes os protestos dos americanos do norte, que conseguiram, lá no Congresso deles, a proibição de empréstimos e financiamentos para países que encampassem suas empresas."

– Muita gente deve ter ficado com raiva dele! – comentou Pedro Paulo.

– Mas, muita mesmo! – concordou Roque Tavares. – Principalmente os fazendeiros, com medo que se alastrassem as ocupações de terras.

– Outra coisa curiosa – acrescentou o tio Manoel –, segundo me contaram uns amigos do Exército, foi a reação posterior dos militares. Naquela primeira hora da *Legalidade*, muitos se empolgaram com a fala do Brizola, que apelava para o gauchismo, hipnotizando a todos com o seu entusiasmo e eloquência. Há que se considerar que, no III Exército, a maioria dos oficiais eram gaúchos. Depois que as cabeças esfriaram e o tempo se encarregou de mostrar que os temores quanto às tendências políticas do Jango eram reais, restou um gosto amargo na boca de quase todos. Haviam sido levados a quebrar a disciplina e a hierarquia, que, para eles, são sagradas e, pior, quase jogados num banho de sangue contra irmãos de farda. O resultado é que Brizola ganhou inimigos rancorosos, daqueles que não perdoam.

– Pois é, patrão, o homem mexeu com os marimbondos.

"O resultado foi que, nas eleições de 1962, com a oposição acolherada e o trabalhismo dividido pela criação do Partido Trabalhista Renovador, de Fernando Ferrari, o vencedor foi, novamente, o Dr. Ildo Meneghetti.

– Pois é – comentou o tio Manoel, levantando-se da cadeira –, acho que na figura do Brizola, o Rio Grande viu passar o seu último caudilho.

44

A REVOLUÇÃO DE 64

– Foi uma fratura espontânea – disse o Dr. Armando, examinando a radiografia da perna do velho Roque Tavares. Vamos ter que imobilizar.

– O que é uma fratura espontânea? – perguntou Pedro Paulo.

– Acontece sem motivo, quando os ossos estão enfraquecidos – explicou o médico. – Foi o caso do seu Roque. Como vocês mesmo disseram, ele vinha caminhando e, de repente, caiu. Não foi a queda que provocou a fratura. Ao contrário, ele caiu porque a tíbia e o perônio se partiram. Na idade que ele declarou, 80 anos, isso não é incomum.

– É muito tempo, doutor! – disse, irônico, o paciente. – O osso vai perdendo o tutano.

– Nunca pensei que nesta vida fosse andar de muleta – disse Roque Tavares, descendo da camionete com a ajuda do tio Manoel e de Pedro Paulo. – Mesmo vivendo quatrocentos anos, um ente ainda tem o que aprender. Se me desculparem, vou deitar mais cedo, que o corpo velho está moído.

Nessa noite, teve um sonho bonito. As Três Marias desceram do céu e vieram até ele. De perto viu que eram prendas, com vestidos enfeitados de rendas. Traziam flores nos longos cabelos negros, iluminados por tiaras de luzes. Os pés descalços, delicados, mal tocavam a grama molhada de sereno do campo.

Antes que elas falassem, o sonho foi interrompido pelo primeiro canto do galo. Apoiando-se nas muletas andou com dificuldade até a porta do galpão e olhou para o céu. Lá estavam as três estrelas, piscando para ele. Mas, agora as conhecia. Lembrava bem a formosura de cada uma e podia adivinhar o que tinham vindo lhe dizer.

No dia seguinte, mais animado, sentado na cadeira que lhe trouxeram da casa e com a perna engessada apoiada no banquinho mocho, o velho Roque deu seguimento ao seu relato.

"Pois assim é que foi isso – disse à guisa de introdução, arrumando a memória. Se bem me lembro, em 1959 levei outro susto. Apareceu a televisão, com a fundação da TV Piratini. Se ouvir a voz pelo rádio já era um assombro, imagina ver o vivente aparecendo como se estivesse dentro da nossa casa. A dona Maria de Lourdes, minha vizinha, muito envergonhada, apagava o aparelho na hora de tirar a roupa.

Tudo estava diferente. Antes, por exemplo, muito fui assistir no teatro as peças do Procópio Ferreira e de outros artistas consagrados. Agora, a rapaziada se juntava e fazia umas peças meio debochadas, músicas com letras políticas e muita bagunça. Gente bonita, rebelde e de cabeça nova."

– Sem guerras, tudo fica mais fácil, não é seu Roque? – comentou Ana Maria.

– Pois, parecia que era assim, moça. Mas, quem tinha nariz, já sentia um cheiro de desavença no ar. Muita gente descontente!"

– Por que, seu Roque? – perguntou Salatino.

– Ora, moço, sempre é difícil contentar a todos, mas naquela ocasião, de fato, havia com o que se preocupar:

"Os gastos do governo Juscelino Kubitschek tinham deixado a economia enfraquecida e a inflação alta.

O plebiscito devolveu a Jango todos os poderes do sistema presidencialista. Tudo de acordo com a lei, mas, contrariando as condições de equilíbrio com as forças da oposição que haviam sido conseguidas em 61.

A exemplo de Getúlio, Jango tentou manter sua sustentação política nas massas populares, sem ter, entretanto, o mesmo poder de controle sobre elas.

As correntes marxistas introduziram um pesado componente ideológico nos movimentos de massa, particularmente no movimento estudantil, liderado pela União Nacional dos Estudantes.

Jango não conseguiu levar adiante o seu Plano Trienal de recuperação da economia e teve que reformar o ministério para acelerar as reformas de base, exigidas pelo radicalismo do seu cunhado Brizola.

As greves eram constantes. As invasões de terra pelas *ligas camponesas* no Nordeste e pelos *agricultores sem terra* no Sul, criavam um clima de insegurança;

Brizola ameaçava que, se o Congresso não aprovasse logo as reformas, elas seriam feitas *por outros caminhos*.

Bueno – enfatizou o velho Roque – aí veio o pior: com a cumplicidade de alguns generais e almirantes ligados a Jango, os marxistas começaram a pregar a insubordinação entre o pessoal das Forças Armadas, principalmente sargentos, cabos e soldados.

Acho que aí foi cometido o grande erro. De novo, estavam sendo quebradas a disciplina e a hierarquia, que são as bases dessas instituições. Isso elas não aceitam e não perdoam.

No Rio Grande do Sul, desde a posse de Jango, militares do III Exército, apoiados pelo Governador Meneghetti e vários políticos, já manobravam para derrubar João Goulart, alegando que a política do Presidente iria conduzir à comunização do país. Muitas vozes se levantavam contra a situação, entre elas a do respeitado jornalista Arlindo Pasqualini."

– O João Goulart era comunista? – perguntou Pedro Paulo.

– Não podia ser – respondeu Roque Tavares. – Era um grande estancieiro, de família de estancieiros. Então, não fazia sentido aderir a uma doutrina que ia contra toda a sua tradição ruralista.

– Então como se explica que ele estivesse de braços dados com eles?

– Alianças políticas – respondeu o velho Roque. – Getúlio aliou-se aos integralistas para chegar ao poder e depois livrou-se deles. Talvez Jango tencionasse fazer o mesmo.

– Seu Roque – interrompeu Ana Maria –, esses comunistas eram ruins?

– Não, moça. Bem ao contrário. Os que conheci, eram gente idealista, desprendida e que só pensava em promover a igualdade entre as pessoas. A maioria era de intelectuais, jornalistas, professores e estudantes. Muitos abandonavam o conforto das suas casas para lutar pelo que acreditavam.

– E por que, então, eram mal vistos?

"Ao meu ver, moça, três razões: a primeira é que o comunismo era um movimento internacional, comandado pela União Soviética. Isso desagradava aos nacionalistas, que viam ali uma intervenção estrangeira direta sobre a política nacional.

A segunda é que eles eram agressivos, desaforados, e tinham muita pressa, como se viu na Intentona de 1935 e, depois, na pressão excessiva que colocaram sobre o governo do Jango, criando reações muito fortes.

A terceira é que, a exemplo de outros países onde o comunismo tinha se instalado, também aqui se poderia esperar uma ditadura para controlar o novo regime e o fim da propriedade privada. Aí a porca torcia o rabo de vez.

Para começo de conversa, as principais reformas de base de que se tratava na época eram agrárias e urbanas, todas prevendo desapropriações."

– É, aí fica complicado – disse Ana Maria, fazendo anotações no caderno.

"Com a pressa dos reformistas e a afoiteza do Brizola, que, após o sucesso da Legalidade em 61, ganhara a falsa impressão de poder dominar as Forças Armadas ou, pelo menos, grande parte delas, o cavalo foi tomando o freio nos dentes e desandou num galope que não dava mais pra controlar.

No dia 13 de março, foi montado um enorme comício no Rio de Janeiro, com a presença de Jango e Brizola, em frente à estação da Central do Brasil, ao lado do prédio do Ministério da Guerra. Pretendia ser uma grande demonstração de força e anunciava a exigência de imediata adoção das reformas de base.

As coisas se adiantaram de tal maneira, que Luís Carlos Prestes chegou a declarar: 'Nós já temos o poder, falta-nos o Governo'.

Esse comício e a rebelião dos marinheiros foram a gota d'água que derramou o copo e precipitou a intervenção dos militares."

— E o senhor, de que lado estava, seu Roque?

— No começo, eu não sabia dessas coisas todas. Andava lá no meu CTG, bem frajola, cuidando dos cavalos e da gurizada. Tinha simpatia pelo Brizola e pelo Jango. Afinal, eram grandes gaúchos que estavam mandando no país. Só não gostava muito daquelas ameaças de invadir fazendas. Meus muitos e muitos anos de vida me ensinaram que derrubar cercas traz cheiro ruim de defunto.

"Soube então que o General Castelo Branco tinha feito um pronunciamento se declarando contra as reformas de base. Pra bom entendedor, não precisava mais nada.

O Jango ainda tentou alguma manobra, tirando da Chefia do Estado-Maior o General Castelo Branco e substituindo alguns chefes militares, inclusive o Comandante do III Exército. O Brizola, bem ao feitio dele, quis organizar a resistência armada, criando os Grupos de Onze."

— Que grupos eram esses? — perguntou Pedro Paulo.

— Ele imaginou grupos de guerrilha, compostos de 11 homens, que deveriam resistir ao golpe militar. Eu mesmo me alistei num, só com a coragem e um revólver Nagan, de cano sextavado, com seis balas. Mas, ficou pior aí. Não recebemos nenhuma orientação, nem treinamento. A maioria nem sabia o que era uma arma.

"Veterano de tantos entreveros, eu já andava de orelhas em pé ouvindo o noticiário das rádios. Então, no dia 31 de março de 1964, surgiram notícias desencontradas de um movimento militar em Minas Gerais. Algumas falavam até que se tratava de uma revolução separatista. Depois, tudo foi se esclarecendo. Um tal de General Mourão Filho, da guarnição militar de Juiz de Fora, tinha se rebelado e avançava com suas tropas em direção ao Rio de Janeiro. No mesmo dia se soube que o II Exército, de São Paulo, e o I Exército, do Rio de Janeiro, também haviam aderido. Na zona sul do Rio, saiu para a avenida uma multidão de gente, diz que mais de milhão — Marcha da Família, com Deus pela Liberdade — apoiando o Exército, contra o governo."

— E aqui no Rio Grande como foi? — perguntou Pedro Paulo. — Rolou pauleira?

— Não deu tempo — respondeu o velho, acomodando melhor a perna engessada. — Tudo estava bem planejado. O Governador Meneghetti mandou cercar o Palácio e as estações de rádio, para evitar outra "Rede da Legalidade". Em seguida, mudou a sede do governo para Passo Fundo, onde podia contar com maior segurança.

"O novo Comandante do III Exército, General Ladário Telles, homem de confiança do Jango, tentou requisitar sem sucesso a Brigada Militar, comandada pelo Coronel Otávio Frota. Além disso, perdeu grande parte do seu Estado-Maior, que abandonou o QG e foi se juntar a outras guarnições do interior, já rebeladas.

Eu andava como mosca-tonta, sem saber o que pensar, nem aonde ir. Do meu grupo de onze, só achei dois, mais embaralhados do que eu. Como o Palácio estava

As tropas estavam por todo lado.

cercado, fomos para a frente da Prefeitura, onde o Prefeito Sereno Chaise, do PTB, avisava que pretendia resistir.

No dia 2 de abril – isso só fiquei sabendo depois –, o Jango veio de Brasília pra discutir o assunto com o General Ladário e Brizola.

Conversa vai, conversa vem, Ladário e Brizola acharam que dava para armar uma briga e resistir, mas o Jango, com a cabeça no lugar, concluiu que não valia a pena derramar sangue para manter o seu governo.

Como era costume antigo no Rio Grande quando o cerco apertava, um ou dois dias depois, Jango embarcou no seu avião particular e foi buscar exílio no Uruguai."

– Puxa, seu Roque – disse Ana Maria –, até que enfim um homem capaz de considerar a vida e o bem estar dos outros acima dos seus interesses pessoais. Coisa rara na política!

– Um homem de bem, moça. Tempos mais tarde, soube por intermédio de um amigo que ia seguido ao Uruguai que, de certa forma, Jango se sentia aliviado por ter conseguido se livrar daquele enredado de intrigas e pressões, que conduziam o país num caminho que se sabia onde começava mas que não se podia adivinhar onde ia terminar.

"Mas, voltando ao assunto, ainda na noite daquele dia 2 de abril, houve um comício pela resistência em frente à Prefeitura. Brizola fez um discurso emocionado, apelando até para os sargentos da Paraíba."

– Sargentos da Paraíba? – indagou Salatino. – O que eles tinham a ver com isso?

– Parece que tinha chegado uma notícia de insubordinação entre eles, e o Brizola estava disposto a gastar até o último cartucho.

"Logo, logo, entretanto, todos perceberam que não tinha mais jeito.

"No dia seguinte, ainda saí à rua, pra ver o movimento. As tropas estavam por todo lado para acabar com as manifestações e, lá ou aqui, se via gente correndo pra fugir do porrete. Muita gente foi presa, inclusive o Prefeito Sereno Chaise, liberado dias depois.

Voltei pra casa, meio desacorçoado e escondi bem o meu revólver."

45
OS PRIMEIROS GOVERNOS MILITARES

Tia Marina acomodou a bandeja com chá e biscoitos sobre a mesinha de cabeceira ao lado da cama do velho Roque. Sentou-se na cadeira em frente e permaneceu algum tempo em silêncio. O velho pressentiu-lhe a presença e abriu os olhos.

— Não precisava se incomodar, patroa – disse com a voz meio arrastada. — Eu já ia levantar mesmo.

— O senhor precisa se alimentar, seu Roque. Tem comido muito pouco, e desse jeito vai enfraquecer.

Roque Tavares sentou-se com alguma dificuldade, acomodando a perna engessada. Apanhou a xícara da bandeja e provou um gole de chá. A pele do seu rosto, seca e enrugada, tinha a aparência de um couro velho surrado que mal escondia os ossos. As mãos descarnadas, riscadas de tortuosas veias escuras, pareciam garras de carancho.

— Pois é, dona Marina. De uns tempos pra cá tenho perdido o apetite. Às vezes a comida até me repugna.

— Eu sei como é, mas é preciso forçar um pouco. O senhor, de repente, está ficando muito envelhecido. Não era assim quando chegou aqui em casa.

— Já não era sem tempo, patroa! Já não era sem tempo! — respondeu Roque Tavares, molhando um biscoito no chá.

Com a ajuda de Pedro Paulo e Salatino, Roque Tavares andou até o círculo de cadeiras formado embaixo da figueira. Mesmo à tardinha, o tempo estava quente e abafado. No horizonte, nuvens pesadas prenunciavam chuva para a noite.

Antes que todos se acomodassem, o peão Jovino mostrou o seu achado: uma chave enferrujada, que encontrara lá nos fundos do arvoredo. — Deve ser de algum cofre enterrado! – disse, num sussurro respeitoso, com os olhos fixos no achado. Desde o episódio do desenterro da caixa com as armas, tornara-se um incansável buscador de tesouros.

Roque Tavares examinou a chave com um sorriso e a devolveu ao amigo. — Parece meio grande pra ser de um cofre... Mas... quem sabe, seu Jovino?

Aceitou um mate, que lhe estendeu o tio Manoel, sorveu um gole, rodou a cuia entre as mãos e reatou a história.

"Pois então, nos primeiros dias de abril de 1964, a revolução militar estava consolidada. Muita gente foi presa e o Brizola sumiu, aparecendo tempos depois. Adivinhem onde!"

– Só pode ser no Uruguai! – respondeu Ana Maria, antes que os outros falassem.

– Pois então, moça: no Uruguai. Acho até que a gente tinha obrigação de erguer um monumento pra os uruguaios, agradecendo por sempre terem dado abrigo aos nossos fujões nas ocasiões de aperto.

– E os militares começaram prendendo gente, seu Roque? – perguntou Pedro Paulo.

– Revoluções são feitas pela força, moço – disse o velho. – Essa até que foi branda, no início.

"Ninguém foi decapitado, como na Revolução Francesa; não aconteceram fuzilamentos no paredão nem se soube de gente apodrecendo na prisão ou exilada por decreto, como tantos casos que se conhece muito bem. Na maioria, os que foram presos nos primeiros dias ganharam a liberdade logo em seguida.

É verdade que foram feitas muitas cassações dos direitos políticos de agitadores e corruptos. Como os decretos não esclareciam o motivo da cassação, muitos corruptos anunciavam às pressas que eram comunistas para não serem vistos como ladrões. Como não podia deixar de ser, naquele atropelo também aconteceram injustiças.

O Congresso Nacional e as Assembleias Legislativas continuaram em funcionamento. Os partidos políticos foram reduzidos a dois: a ARENA, Aliança Renovadora Nacional, que apoiava o governo da revolução, e o MDB, Movimento Democrático Brasileiro, de oposição. Pra mim, ficou até mais fácil de entender. Afinal de contas, o Rio Grande sempre esteve dividido em dois: os a favor e os contra; os republicanos e os federalistas; os maragatos e os pica-paus; os colorados e os gremistas. Não se mudava a cor do lenço, nem da camiseta.

Em eleição indireta, foi eleito Presidente da República o General Castelo Branco, que permaneceu no cargo até 1967. As eleições nos estados também foram indiretas. No Rio Grande, se elegeu Governador o Deputado Peracchi Barcelos."

– E aí, tudo ficou em paz de novo? – perguntou Ana Maria.

– Mais ou menos, moça.

"De um lado, se via muito trabalho e progresso. Estradas foram asfaltadas em todo o interior. Foram construídas a Free-Way, de Porto Alegre a Osório, a nova Estação Rodoviária, as usinas elétricas de Passo Real e Passo Fundo, novas escolas, hospitais. Isso sem falar nos telefones, que, além de poucos, funcionavam mal. Ligação de uma cidade pra outra, ou pra fora do estado, só a custo de muita paciência. Nem sempre dava certo e às vezes se demorava um dia inteiro pra conseguir. Depois, bastava discar e... pronto: lá estava o vivente falando do outro lado da linha."

— Que milagre foi esse que fez as coisas mudarem tanto? — perguntou Salatino, com uma ponta de desconfiança.

— Não houve milagre, patrãozinho — respondeu o velho Roque, franzindo a sobrancelha. — O fato é que os militares, entre eles alguns remanescentes do tenentismo, seguidores do positivismo do Júlio de Castilhos, eram homens preparados e souberam se cercar de gente boa. Entre outras qualidades, não tinham o rabo preso, não deviam favores políticos a ninguém e preferiam pôr técnicos em funções técnicas, em vez de gente indicada por barganhas, como era costume.

"Outro fator importante foi que, em plena Guerra Fria, a nossa revolução, como todo movimento anticomunista, contava com a simpatia dos Estados Unidos, o que facilitava a obtenção de financiamentos e investimentos externos. Com isso, e com plena autoridade para exercer um controle cerrado sobre a administração, a coisa funcionava.

Mas, por outro lado, muita gente estava insatisfeita."

— Agora não entendi mais nada! — exclamou Ana Maria, fechando o caderno de anotações. — Se tudo ia bem, por que a insatisfação?

— Olhe, moça, em qualquer lugar e em qualquer tempo a restrição da liberdade não é bem-vinda — respondeu o velho, pausadamente. — A grande maioria da população não sentia qualquer diminuição nos seus direitos, mas havia uma forte censura aos meios de comunicação, às manifestações artísticas, aos pronunciamentos políticos e ao movimento estudantil. O jornal *Última Hora* foi fechado, as centrais sindicais proibidas de funcionar, as Ligas Camponesas extintas e a União Nacional dos Estudantes posta fora da lei.

— Por que essa má vontade com os estudantes? — perguntou Salatino.

— Eram os tempos, moço, eu acho. Na França, os jovens socialistas armavam barricadas nas ruas. Nos Estados Unidos, protestavam contra a guerra do Vietnã e os nossos, aqui, não deixavam por menos. O socialismo era como uma nova religião, que empolgava o espírito puro e idealista da rapaziada, mas muitas vezes anuviava o bom senso.

"A continuação do regime militar, com a posse do General Costa e Silva, um gaúcho, aumentou a insatisfação dos revoltosos e as organizações marxistas começaram a falar em luta armada. Houve até uma tentativa de guerrilha no Paraná, feita por um ex-coronel do Exército e um grupo de brigadianos, que logo foi dominada."

— Guerra de novo, seu Roque? — perguntou Ana Maria, com ar desanimado.

— De novo moça. Nem de longe comparada com a mortandade das outras guerras aqui no Rio Grande, mas, de qualquer forma, guerra!

"A situação foi ficando cada vez mais tensa, e no final de 68 foi publicado o AI-5, um Ato Institucional que fechava o Congresso e restringia as liberdades individuais. Pra mim lhes confesso que não fez diferença, pois eu ia para onde o meu nariz apontava e não bebia água nas orelhas de ninguém.

Aqui no Rio Grande não aconteceu grande coisa. Alguns assaltos a bancos, dizem que pra coletar fundos para as organizações, e a tentativa de sequestro do cônsul norte-americano, que não deu em nada. Já de São Paulo pra cima, a coisa ficou feia.

Em 1969, o Presidente Costa e Silva adoeceu gravemente e foi substituído por uma junta militar, até ser empossado na Presidência um outro general gaúcho, Emílio Garrastazu Médici.

Os primeiros movimentos da luta armada começaram a se intensificar. Assaltos a bancos, assassinatos de civis e militares e sequestros de autoridades se tornaram quase uma rotina. Logo depois, começaram a ser instalados campos de treinamento de guerrilhas e jovens foram mandados para países comunistas, pra receber treinamento militar.

Isso não acontecia só no Brasil. De fato, com inspiração na vitória da revolução cubana, as guerrilhas se movimentavam em toda a América do Sul.

Ao mesmo tempo, o nosso país vivia um período de euforia econômica que chegou a ser chamado de *milagre brasileiro*. A economia crescia 10% ao ano e a inflação não passava de 3%. Para aumentar essa euforia, o Brasil ganhou, no México, o tricampeonato mundial de futebol."

— Espere um pouco, seu Roque — interrompeu Pedro Paulo. — Eu sempre ouvi dizer que no governo do Médici houve barbaridades como tortura, mortes e desaparecimento de pessoas. Então ele era um homem mau?

— É verdade, moço. Houve muita maldade — respondeu Roque Tavares, pensativo. — Houve sim... mas eu sempre me pergunto: já se ouviu falar de alguma guerra onde não se tenham cometido as piores barbaridades? O moço lembra o que eu contei sobre o horror das degolas de prisioneiros na Revolução de 1893? Da cabeça do Gumercindo Saraiva colocada numa caixa e enviada ao Palácio do Governo como um troféu? Nesse caso então, pode-se dizer que Júlio de Castilhos foi um tirano, muito pior que o Médici? Que não merece o monumento na Praça da Matriz?

— Não. Eu acho que os dois eram homens de bem — concluiu. — Só que nem um nem outro pôde controlar os ódios ferozes que as guerras provocam. Violência gera violência, moço. O segredo é não começar.

"A verdade é que o povo em geral — muito por culpa da censura — não sabia bem o que estava se passando e não se importava nem um pouco com as pendengas políticas.

Enquanto isso, as plantações de soja expandiam-se, fortalecendo a economia e criando riquezas pelo interior gaúcho. O Rio Grande participava do *milagre econômico*.

Em 1971, foi empossado o novo Governador, Euclides Triches, indicado pelo Presidente Médici. Os movimentos guerrilheiros, isolados, sem condições de crescer pela ausência de apoio popular e perseguidos sem trégua pelas forças armadas e pela polícia, foram se desarticulando e, no início de 1973, o país estava praticamente pacificado."

– O senhor conheceu algum guerrilheiro? – perguntou Ana Maria.

– Por acaso – respondeu o velho. – Lhes conto como foi.

"Uma noite, eu vinha voltando do trabalho quando vi uma porção de gente armada, saindo de uma casa perto da minha. Me mandaram parar, pediram meus documentos e depois foram embora. Segui caminho e logo adiante, num terreno baldio, percebi alguém saindo de trás de uns mamoneiros.

Era um moço, alto e magro, bem vestido e muito assustado. Logo vi que não era nenhum bandido e perguntei se estava precisando de alguma coisa. Me contou que estava sendo perseguido e que tinha muita fome. Jurou por Deus que não era ladrão. Nunca fui de negar estribo a um ente necessitado. Levei o rapaz pra minha casa.

Depois de um café forte, com queijo e bolo de aipim, me contou que pertencia a um grupo marxista que lutava contra o regime. Tinha abandonado os estudos, vivia na clandestinidade e via raramente a família.

Enquanto ele falava, interrompendo de vez em quando a conversa para comer mais um naco de bolo, eu ia observando melhor o seu jeito. Não tinha mais que vinte anos, ainda com espinhas no rosto, barba rala por fazer, pele muito branca de quem não anda no sol, braços finos e mãos delicadas de moço de família. Sua figura e seu porte não eram o que se esperava de um guerrilheiro, mas a experiência tinha-me ensinado que a gente se engana muito quando avalia alguém só pela aparência.

Mais ouvi do que falei, porque fé não se discute, e aquele moço acreditava muito no que estava dizendo. Antes de dormir, me pediu que, por precaução, escondesse a sua arma, um revolverzinho Colt 22, para o caso de a polícia voltar.

No outro dia, bem cedo, pegou a arma e foi embora."

– Mas era um sujeito bem-intencionado! – disse Salatino. – Se todos eram assim e se tivessem vencido a guerra, este país poderia ser melhor.

– Não vale a pena raciocinar sobre hipóteses – atalhou o tio Manoel. – É melhor examinar resultados. É preciso saber o que aconteceu nos países onde eles venceram ou ainda estão lutando, como na Colômbia. Aí, sim, cada um tire a sua própria conclusão.

Mais ouvi do que falei, porque fé não se discute.

O velho Roque não tocou na canja de galinha servida no jantar, nem no copo de leite morno que a tia Marina lhe trouxe mais tarde.

Viu pela fresta da janela a lua minguante nascer. Quis olhar as Três Marias, mas não teve forças para se levantar sozinho.

Agradeceu a Deus, pediu ao padre Roque González que não demorasse muito e cochilou o sono leve dos velhos.

46

DISTENSÃO LENTA, GRADUAL E SEGURA

— Estão mui lindos, patrão — comentou o velho Roque, referindo-se aos arreios que encilhavam o cavalo do tio Manoel, recém-chegado do campo. — Não me lembro de ter feito outros tão especiais.

Tio Manoel apeou, cruzou as rédeas sobre as crinas do cavalo, desabotoou a presilha do cabresto e prendeu-o ao palanque. Afastou-se um pouco para olhar melhor e concordou:

— São os mais bonitos que já tive. Todos que veem elogiam.

— Os últimos que pude fazer — completou o velho com uma ponta de tristeza, olhando as mãos trêmulas. — Essas não servem mais nem pra picar fumo.

— Agora — disse o tio Manoel — precisamos acertar o pagamento.

— Já fui bem pago, patrão, só por estar aqui. Há muito e muito não tinha uma família, nem alguém que cuidasse de mim.

— Assim lhe devolvo os arreios — retrucou o tio Manoel, fingindo uma carranca e tirando um envelope do bolso das bombachas. — Não é muito, mas se não aceitar estará me ofendendo.

— Sendo assim, aceito — disse o velho, abrindo um sorriso vazio de boca murcha, como se naquele momento lhe tivesse ocorrido uma ideia. — Deus me livre de desgostar o patrão.

— *O tempo vai passando / Como água no moinho / Passa água, gira roda / Mói o trigo para o pão* — cantarolou Roque Tavares, puxando por suas lembranças para continuar a história. — Era uma musiquinha que se ouvia cantar nos moinhos — explicou.

"Pois, no Rio Grande o tempo também foi passando e, em 1974, já se percebia um afrouxamento das tensões entre o governo e a oposição. Tanto que, pela primeira vez, se assistiu a um debate político na televisão. Foi entre os candidatos a senador Nestor Jost, da ARENA, e Paulo Brossard de Souza Pinto, do MDB.

Entre a maioria dos militares já se formara o consenso de que era preciso devolver o poder aos civis e normalizar a vida política do país. Era o momento certo, pois a economia do país era pujante e a paz estava restabelecida.

O General Ernesto Geisel, gaúcho também, anunciava uma "distensão lenta, gradual e segura", pois ainda havia o receio de que uma abertura imediata pudesse trazer de volta os tempos anteriores a 1964.

Geisel indicou para Governador do Estado o deputado Synval Guazzelli."

– Aí terminaram as guerras? – perguntou Ana Maria, ansiosa como sempre com o negócio de guerras.

– Terminaram mesmo! – respondeu o velho, coçando o queixo. – Mas ainda havia questões muito sérias pra resolver.

"Vocês sabem que pra fazer um cavalo meio xucro disparar é só fincar as esporas, mas depois, pra segurar, é preciso muita força no freio.

Pois no meio militar havia um pessoal, chamado de *linha dura*, que não concordava com a ideia de afrouxar as rédeas da revolução. Achavam que o recuo da esquerda era só uma manobra tática, para a posterior retomada da luta. A resistência desse grupo, que se manifestou também no Rio Grande do Sul, foi tão forte, que o Presidente Geisel foi obrigado a tomar medidas drásticas para assegurar o caminho da abertura."

– O patrão me desculpe – o velho interrompeu a narrativa, dirigindo-se ao tio Manoel –, mas acho que nessas questões de pouco tempo atrás o senhor sabe mais do que eu. Além disso, a minha memória é boa pra coisas antigas, mas às vezes falha no recente.

– De jeito nenhum, seu Roque. Gosto do seu jeito de contar a história. Se eu lembrar alguma coisa posso até ajudar, como é o caso da crise do petróleo, que ocorreu nessa época.

– Ah, pois é mesmo, patrão. Ouvi falar que de repente, sem mais nem menos, os países produtores resolveram aumentar os preços, nem me lembro quanto, mas uma barbaridade.

– De dois para quatorze dólares o barril – informou o tio Manoel. – Considerando que na época o Brasil ainda dependia fortemente do petróleo importado, essa medida resultou, ao longo dos anos seguintes, num crescimento brutal da nossa dívida externa, além de um aumento geral dos custos.

– Veja só que pena! – completou o velho Roque. – Logo quando tudo ia tão bem, acontecer uma coisa dessas!

"Nesse tempo eu andava trazendo uns contrabandos do Paraguai e aproveitei para ver as obras da hidrelétrica de Itaipu, começadas no tempo do Médici e já bem adiantadas. Me senti como uma formiga vendo aquela imensidão. Acostumado a fazer taipas de açudes, amassando o barro à pata de boi, não conseguia acreditar que a mão do homem fosse capaz de construir aquilo ali."

– O senhor andava fazendo contrabando, seu Roque? – gracejou Ana Maria. – Que vergonha!

— Mais por saudade de uma encrenca do que pelo dinheiro, moça. Não trazia grande coisa, mas era divertido.

"Enquanto isso, aqui no Rio Grande o governador Synval Guazzelli ia manobrando com a oposição, sem grandes brigas, pra não prejudicar a distensão. Assim, em 1975, com o apoio de todas as forças políticas, foi aprovada a construção do Pólo Petroquímico, de grande importância para o desenvolvimento econômico do estado.

Enquanto eu procurava confusão – pra não perder a embocadura –, o Presidente Geisel ia levando adiante a abertura política. Primeiro com a abolição da censura e, no final do seu mandato, com a extinção do AI-5.

Em 1979, o último presidente do regime militar, General João Batista Figueiredo, levou adiante a abertura e promulgou a anistia, que permitiu o retorno dos políticos cassados e a volta ao Brasil dos exilados no exterior. Figueiredo, estilo *cavalaria*, era de dizer na cara o que pensava. "Lugar de brasileiro é no Brasil!" – era a frase com que resumia o espírito da anistia.

Em setembro daquele ano, o Brizola chegou de malas e bagagens, mas não ficou por aqui. Se foi ao Rio de Janeiro, onde acabou eleito Governador."

— Então voltou tudo à normalidade? – perguntou Pedro Paulo.

— Ficou tudo como já se sabia que ia ficar, moço – respondeu o velho. – Recomeçaram as greves, dirigidas pelo movimento sindical e reprimidas pela polícia, e os sem-terra voltaram a invadir fazendas. Mas não existia mais a violência da luta armada, que havia sacrificado tanta gente.

"Me lembro que, ainda em 1979, houve uma grande greve dos bancários. Foi nessa ocasião que ouvi falar do Lula. Ele veio a Porto Alegre pra conferenciar com o Olívio Dutra, presidente do Sindicato dos Bancários, e com o Tarso Genro, advogado do mesmo sindicato. Os três estavam se preparando para saltos maiores na política."

— Com o Olívio Dutra? Esse que agora é governador? – perguntou Ana Maria

— Com ele mesmo, moça, e com o Tarso Genro, que é prefeito de Porto Alegre.

"No final de 1979 se deu a reorganização dos partidos. Cada um ficou do seu lado. Da ARENA, partido da situação, veio o PDS. O PDT, o PTB, o PT, o PCB e o PC do B, todos de oposição, saíram do MDB.

Em 1980 houve um grande acontecimento em Porto Alegre. Veio nos visitar o Papa João Paulo II, com toda aquela força da santidade, reconhecida no mundo inteiro. Foi uma festa que uniu as gentes e juntou uma multidão de todo o estado.

Coisa mui linda! Me deu um aperto no coração ver aquele santo velhinho rezando pelo bem e pela paz da nossa gauchada. Fui me esgueirando no meio do povo até chegar bem perto, e dali abanei o chapéu. O Papa me olhou por um instante e balançou de leve a cabeça, como se tivesse ouvido o perdão que lhe pedi pelo meu crime. Não sabia se ele podia perdoar tamanha barbaridade, mas tinha certeza que era o mais indicado pra levar o meu pedido ao Patrão.

Era o mais indicado pra levar meu pedido ao Patrão.

Mas, voltando ao assunto, apesar da força que vinha ganhando a oposição, em 1982 foi eleito governador o Doutor Jair Soares, do PDS."

– É bom que se diga que ganhou por muito pouco – atalhou o tio Manoel. – Pedro Simon, candidato do PMDB, chegou nos calcanhares dele. Se não me engano, a diferença de votos não chegou a 1%.

– Muito pouco mesmo – concordou o velho. – E havia razão para isso. Entre outras frustrações, a agricultura ia mal e a crise financeira impedia a permanência dos subsídios para o plantio da soja: os custos dos agricultores se tornavam insuportáveis. A ansiedade por melhores tempos exigia a mudança do regime e deu origem a um grande clamor por eleições diretas para a Presidência da República.

"Apesar de toda a gritaria, em 1984 as eleições para a Presidência da República ainda foram indiretas, com a vitória de Tancredo Neves. Com a morte de Tancredo, que nem chegou a tomar posse, José Sarney, vice-presidente eleito, assumiu o governo.

Em nosso estado, a campanha das *Diretas Já* fortaleceu ainda mais a oposição e, em 1986, Pedro Simon elegeu-se Governador. Mas, não pensem que foi fácil governar.

O estado tinha uma dívida quase impagável. As greves se sucediam, particularmente entre os professores e demais servidores estaduais. Multiplicavam-se as invasões dos sem-terra, que, em Porto Alegre, chegaram a provocar um conflito com a polícia, que movimentou todo o centro da cidade e deixou como vítima um brigadiano degolado a golpes de foice.

Com habilidade, Pedro Simon conseguiu contornar essas crises e, em 1990, entregou o governo a Alceu Collares, do PDT."

– Puxa, seu Roque – interrompeu Salatino – a história do Rio Grande, agora, é só política? Que chatice!

– Eu não acho – retrucou Ana Maria, irritada. – Pior era o tempo em que só se falava de guerra.

– Calma! – recomendou o tio Manoel. – Um alemão chamado Clausewitz disse que a guerra é a continuação da política por outros meios. Já Lênin, o líder da Revolução Comunista na Rússia, inverteu o conceito, afirmando que a política é que é a continuação da guerra por outros meios. Sendo assim, é inevitável que uma prossiga no rastro da outra.

"A eleição de Alceu Collares – continuou o velho Roque – teve um significado muito especial: pela primeira vez o Rio Grande teve um governador descendente da raça negra. Pra mim, pelo menos, isso mostra que, quando há competência, desaparece qualquer preconceito."

Nesse período – em 1991, para ser mais exato –, atalhou novamente o tio Manoel, – aconteceu um fato importantíssimo, que foi a criação do Mercosul.

– Já ouvi falar – disse Pedro Paulo. – O senhor pode explicar melhor o que é esse Mercosul?

– É um tratado de integração econômica, que foi assinado inicialmente por Brasil, Argentina, Uruguai e Paraguai, e que teve depois a adesão parcial do Chile.

– Como assim, integração econômica? Qual é a vantagem? – perguntou Ana Maria.

– Vocês sabem que hoje em dia as empresas estão procurando se unir para enfrentar a concorrência. Na Europa, os países formaram o Mercado Comum Europeu, que tem até a moeda unificada, o euro. Na América do Sul, o Mercosul foi a forma encontrada de tentar enfrentar o poderio econômico dos Estados Unidos. Juntos, os nossos países têm melhores condições de negociar. Mais ou menos isso.

– Bem assim, patrão – reforçou Roque Tavares. – Que a união faz a força até os lobos sabem, e por isso caçam em bandos.

– Daqui por diante – continuou – os moços já sabem até melhor do que este velho. De qualquer maneira tem uma coisa que me chama a atenção:

"Nas eleições de 1994, o Antônio Britto só venceu a eleição para Governador no segundo turno, e assim mesmo apertado. Quase perde para o candidato do PT. Isso mostrava o crescimento do Partido dos Trabalhadores, que já se anunciava desde 1989, com a eleição de Olívio Dutra para a Prefeitura de Porto Alegre. Sua força consolidou-se nos mandatos seguintes, quando Tarso Genro foi eleito prefeito, depois Raul Pont e, finalmente, atingiu seu apogeu com a chegada de Olívio Dutra ao Governo do Estado e a volta de Tarso Genro à Prefeitura."

E o velho Roque Tavares concluiu, exercitando sua sabedoria campeira:

– O Rio Grande retornou ao seu jeitão de ser: de um lado os liberais-conservadores e de outro o pessoal da esquerda. Brancos e Colorados, sem meios-tons. Fica mais fácil de escolher o lenço.

– O Olívio Dutra é aquele do bigode? – indagou Pedro Paulo?

– Isso mesmo. Um tipo bem gauchão.

– O governo dele, de 1999 a 2003, foi marcado pela suspensão do acordo com duas montadoras de automóveis para a instalação de suas fábricas no Rio Grande do Sul. A General Motors, que já estava com as instalações praticamente concluídas, aceitou as novas condições. Se não me engano, alguma coisa relativa à isenção de impostos e juros de financiamentos. Já a Ford, desistiu e transferiu sua nova fábrica para a Bahia. Ao mesmo tempo, o afrouxamento do controle sobre as ações do MST causou graves receios no meio rural.

— Esses fatores resultaram num sério desgaste para o governador e para o PT, o que facilitou a eleição de Germano Rigotto, do PMDB, para o próximo período.

— O Rigotto me parece que se saiu bem. A taxa de mortalidade infantil tornou-se a mais baixa do país e a UNESCO destacou o ensino gaúcho como o melhor do Brasil.

— Em 2007, sucedendo ao Rigotto, Yeda Crusius se tornou a primeira mulher a governar o Rio Grande.

— Aposto que bateu de dez a zero nos machões! – exclamou Ana Maria.

— Ela começou bem, dando atenção para as finanças.

— Em 2008, foi anunciado que, depois de 37 anos, o Rio Grande deixava de ser um estado deficitário.

— Apesar desse bom resultado na área econômica, a Yeda sofreu uma forte oposição, acompanhada de denúncias de corrupção, que, no entanto, não chegaram a ser provadas pela CPI que se instalou. Os seus índices de popularidade desabaram ao ponto de tornar difícil a governabilidade.

— Candidata à reeleição, foi derrotada pelo atual governador, Tarso Genro.

— O bom de se ver nisso tudo – continuou o índio velho – é que a gauchada sabe o que quer. Fez bom governo? O partido ganha confiança e continua no mando, como foi o caso do PT na Prefeitura de Porto Alegre por muitos anos. Mas, se pisou na bola, pode encilhar o cavalo e tomar seu rumo. Mais ainda, um estado com fama de machista elegeu uma mulher para governadora, mostrando o amadurecimento político da sua gente.

— É especial o seu senso político, seu Roque – disse o tio Manoel, consultando em seguida o relógio – Mas já é tarde, e o senhor está cansado. Amanhã, quando voltarmos das compras, conversamos mais um pouco.

Ajudado por Pedro Paulo e Salatino, Roque Tavares andou com dificuldade até o seu quarto e, antes de deitar, fez um pedido aos rapazes:

— Sem querer abusar, será que os moços não podem me fazer o favor de trocar, lá no banco, estas notinhas por moedas? – dizendo isto, retirou do bolso da bombacha o pagamento que lhe fizera o tio Manoel.

47

O FIM DA HISTÓRIA

Sexta-feira, dia 15 de fevereiro de 2002.

Roque Tavares levantou cedo, bem disposto, como se tivesse recebido um sopro novo de vida. Com auxílio das muletas, capengou em redor da casa, andou muito tempo pelo arvoredo, tomou café na cozinha, conversou com o Jovino e retornou ao galpão, onde se pôs a rabiscar com um lápis sobre uma folha de papel.

Só levantou os olhos com a chegada da camionete.

— Aqui está o dinheiro, seu Roque — disse Pedro Paulo, estendendo-lhe um saco plástico cheio de moedas. Não sei para que o senhor quer isto. Guardar as notas é muito mais fácil.

— Manias de velho, meu filho. Contar moedas é um bom passatempo. *Muchas gracias.*

— E aí, seu Roque — perguntou Ana Maria, logo que se reuniram no galpão —, terminou a sua história?

— Era o que tinha pra contar, moça. O que acontece hoje em dia o jornal explica melhor do que eu. No ano passado, quando me livrei da cadeia, voltei a trançar couros e saí changueando pelas fazendas, à procura de serviço. Então, cheguei aqui e vocês me encontraram.

— Cadeia? — exclamou Ana Maria, assustada — O senhor esteve na cadeia? Matou alguém?

— Não, moça. Graças a Deus que não. Acontece que, como lhes falei, houve um tempo em que andei metido com contrabando. Muito me diverti, negociando pra lá, pra cá e fugindo da polícia. Cheguei a atravessar a nado o rio Paraná, rebocando boias de câmara de ar, com as bugigangas amarradas em cima. Depois fui pra Livramento, na fronteira com o Uruguai. Lá a linha de repartição é seca e ficava fácil bandear o gado. Há fazendas que começam de um lado da fronteira e terminam no outro. Além disso, quando vinha a Porto Alegre, trazia meia-dúzia de encomendas.

Mas, tanto negaceei e tanto me atrevi, que um dia me pegaram. Entregar as malas, entreguei logo, porque não tinha jeito. Mas não aguentei os desaforos que me disseram e armei um entrevero. Pra quê! Me sovaram o matambre a porrete e acabei socado na cadeia.

Mas vejam só que há males que vêm pra o bem. Tudo, por pior que seja, tem seu lado bom.

— O que pode haver de bom numa cadeia? – perguntou Salatino.

— Pois veja só: me puseram numa cela, de par com um velho chamado Demócrito Lazarini, dono de uma pequena gráfica, preso por falsificar dinheiro.

"Na cadeia, os dias custam muito a passar, e então se compreende bem o valor da liberdade. Da janela gradeada, espiando por cima do muro, se podia ver a rua. Passavam os carros, as carroças, as pessoas e os cachorros vadios, todos ao sol, dobrando qualquer esquina que escolhessem e na hora que quisessem. E pareciam não se dar conta dessa riqueza!

Mas, que remédio? Tudo nesta vida tem preço. A gente escolhe se quer pagar antes ou depois. Como sempre fui bom pagador das minhas contas, o jeito era ter paciência.

Como o Demócrito já havia cumprido quase toda a pena, e por ter bom comportamento, lhe permitiam alguns privilégios, como um rádio e um monte de livros que quase não deixavam espaço livre na cela. Ele dizia que a sua riqueza eram os livros e os óculos. Os óculos, porque sem eles não podia ler os livros. Sabia das histórias e dos autores como se fossem seus velhos conhecidos.

Nas nossas longas conversas, ia me contando esses causos que, no começo, eu ouvia distraído, mais por falta do que fazer. Outras vezes, corriam dias e semanas em que ele se calava, enfiado na leitura. Eu mirava aquelas pilhas de livros, abria um ou outro, e fechava em seguida, vencido por uma preguiça sonolenta.

Foi assim, até que um dia comecei a folhear um volume chamado *Contos Gauchescos e Lendas do Sul*, do Simões Lopes Neto. Foi começar, e não parei mais."

— O *Negrinho do Pastoreio*, não é um conto dele? – perguntou o tio Manoel.

— Dizem que é uma história antiga, contada nos galpões, que ele recolheu pra escrever o conto.

— Pois é um conto tão bonito – continuou o tio Manoel –, que se transformou em lenda e a gente acredita como se fosse verdade. Até eu mesmo já acendi uma vela pra o negrinho.

— Coisa mui linda, patrão. Aí, fui pegando gosto.

"Depois, o que eu apreciei mesmo foi *O Tempo e o Vento*, do Érico Veríssimo. Aí sim! Chegava a varar as noites sem dormir, lendo com um toco de vela, porque a luz se apagava às dez horas.

Chegava a me arrepiar quando lia a chegada do capitão Rodrigo Cambará em Santa Fé. Diz que apeou na frente da venda do Nicolau, amarrou o alazão no tronco de um cinamomo, entrou arrastando as esporas, batendo na coxa direita com o rebenque, e foi logo gritando, assim com ar de velho conhecido: 'Buenas e me espalho! Nos pequenos dou de prancha e nos grandes dou de talho!' – Oigale bicho *bueno*! Parecia que eu estava vendo a cena!"

– Essa é a vantagem da leitura – comentou o tio Manoel. – A gente imagina os personagens, bem ao nosso gosto, e não como mostram o cinema e a televisão, ao gosto deles.

Depois, recordei a história dos *Muckers,* que eu já conhecia um pouco, saboreando cada frase do livro *Videiras de Cristal,* do Assis Brasil. Me lembrei muito da desgraça do meu amigo Felinto.

– Pois até poesia eu li, patrão. Do Alceu Wamosy, que morreu na Revolução de 1923, e do Mário Quintana, que encontrei muitas vezes na Praça da Alfândega.

"Mas a literatura do Rio Grande é tão rica, e possui tantos autores de primeiríssima grandeza, que para ler todos era preciso passar o resto da vida na cadeia.

Pois, em dezembro, aproveitando o indulto de Natal, saí da prisão, porta afora, sem olhar pra trás, disparado como um cusco que se soltou da coleira. Com as economias do contrabando que, pelo costume antigo, tinha deixado escondidas, bem enterradas, comprei o meu cavalo, arreios, umas peças de roupa e saí procurando pouso e serviço."

– O senhor enterrou o dinheiro? – perguntou Jovino, com os olhos arregalados.

– Bem enterrado e coberto com pedras – respondeu o velho.

– Fez um mapa, pra não esquecer o lugar?

– Muito bem feito, com todas as medidas. Todo o tempo de prisão, andei com o papelzinho escondido, sem mostrar pra ninguém. Quando saí, foi fácil encontrar.

"Assim, vai terminando a minha história, às vezes boa, às vezes sofrida, mas lhes garanto que mui bem vivida."

– Vaca amarela entrou por uma porta e saiu pela outra – arrematou, num dito muito antigo – e quem quiser que conte outra.

Naquela noite, ao fechar as janelas da casa, tia Marina viu o velho Roque encostado na porta do galpão, olhando para o céu.

A noite passou serena.

Quando o primeiro clarão da madrugada começou a pintar o horizonte, Jovino tirou o leite da vaca mansa e trouxe num latão. Na cozinha, coou o leite usando um pano limpo e serviu a caneca, com espuma até a borda. Cortou uma fatia grossa de pão caseiro, cobriu-a com manteiga fresca, juntou alguns biscoitos, e dirigiu-se para o galpão. Tia Marina havia recomendado que não descuidasse da alimentação do velho.

A cama de Roque Tavares estava posta e não havia sinais de que ele tivesse dormido ali. Jovino deixou os alimentos sobre a mesinha de cabeceira e procurou-o, primeiro no galpão e depois no potreiro; caminhou pelo arvoredo, andou em redor

— Acho que sei a resposta... – comentou Ana Maria.

da casa, voltou à cozinha, retornou ao galpão, e nada! Assustado, bateu na porta da casa e gritou pelo tio Manoel.

Pouco depois, todos procuravam algum sinal do velho Roque. Tio Manoel montou a cavalo e rondou as vizinhanças. Voltou sem ter encontrado qualquer rastro. Ana Maria e os rapazes rebuscaram cada canto da sede da fazenda, com o mesmo resultado. Nada! Nem sinal!

– Vejam – disse tia Marina –, ele deixou as muletas. Como é possível, se com elas já andava mal?

– Como é que um vivente pode sumir desse jeito? – perguntou Jovino, com os olhos muito abertos, fazendo o sinal da cruz. – Só pode ser coisa de assombração.

– Deixou o cavalo, os arreios... – comentou Pedro Paulo. – Nem a mala de garupa ele levou.

– Acho que sei a resposta... – disse Ana Maria, depois de algum tempo, com os olhos cheios de brilho. – O padre Roque González deve ter perdoado o pecado dele... então, veio aqui buscá-lo.

– Bobagem, minha filha... – comentou o tio Manoel, sem muita convicção.

– Não acho que seja bobagem – concluiu a tia Marina.

Mais tarde, quando todos já tinham desistido da busca sem que se tivesse explicação para o chá de sumiço, Jovino encontrou, sob o travesseiro do velho, uma pequena bolsa de couro, costurada com tentos. Dentro dela havia uma folha de papel cuidadosamente dobrada e endereçada:

"Para o meu amigo, seu Jovino."

O papel, desdobrado, mostrava uma série de tracejados, que começavam no lugar indicado como a figueira, em frente ao galpão, e seguiam quebrando quinas, com as distâncias marcadas em passos, até um ponto marcado por um "X".

Suas pernas tremeram, a respiração se acelerou e o coração bateu-lhe aos pulos: era o mapa de um tesouro enterrado! Sorrateiro como um graxaim, Jovino escondeu o papel dentro da camisa e correu para o seu quarto.

De noite, quando todos já dormiam, ele e a mulher, com o mapa e uma lanterna, examinaram referências, cravaram estacas e contaram passos pelo arvoredo até chegarem ao "X" que marcava a posição do tesouro.

Logo a pá tiniu contra o metal. Com toda a força do braço, Jovino cavou furiosamente até descobrir uma panela de ferro cheia de moedas sujas de terra.

– Engraçado... – cochichou a mulher – essa aí eu conheço bem. É aquela panela velha lá do galpão.

– Besteira! – retrucou Jovino. – Tu não entendes nada de tesouros! Este deve ter mais de cem anos! Coisa muito antiga! Libras esterlinas! Só não sei como é que o velho Roque descobriu o mapa! Deve ter passado por aqui no tempo das guerras.

— Claro que é ela! — insistiu a mulher. — Conheço pela alça de arame e por este quebradinho aqui na beira.

Jovino apanhou uma das moedas, esfregou-a na bombacha e a examinou, à luz da lanterna.

— Velho desgraçado! — praguejou com voz rouca, revirando nos dedos a moeda novinha de cinquenta centavos.

— Pois eu acho melhor entregar isso para o seu Manoel — aconselhou a mulher. — De repente vão achar que nós demos sumiço no velho pra roubar o dinheiro dele.

— O Jovino comprou um vestido pra mulher e anda de botas novas — observou Salatino, servindo o mate para o tio Manoel.

— Ele merecia o tesouro — comentou, sorrindo, Pedro Paulo. — Sempre foi o maior sonho dele.

— As férias de vocês estão terminando — disse a tia Marina, levantando os olhos do bordado. — Por falar nisso, Ana Maria, como ficou o teu resumo das histórias do seu Roque?

Ana Maria correu até o seu quarto, rebuscou a gaveta da cômoda e voltou com as folhas impressas.

— Estão aqui, tia. Veja como ficaram.

Naquela noite, sem que ninguém observasse, uma estrela cadente riscou o céu e foi juntar-se às Três Marias. Brilhou por alguns instantes... e apagou-se para sempre.

48

O RESUMO DE ANA MARIA

–	O seu Roque era um índio da tribo dos tapes, que falavam a língua guarani.
–	Sua primeira guerra foi contra os guaianás, ao norte. O livro diz que eram do grupo Gê, ao qual também pertenciam os coroados, todos da grande Nação Guarani.
–	Nos arredores de Uruguaiana encontra os minuanos. Entra no Uruguai, onde encontra outros índios, também minuanos.
–	Desce para sudeste pelo rio Uruguai. É feito prisioneiro dos charruas; foge e chega a Buenos Aires. Minuanos e charruas eram índios pampeanos, de índole guerreira e insubmissa.
–	Depois de conhecer o mar, convive durante algum tempo com índios do litoral, entre eles os arachanes e carijós.
1630	O padre Roque González chega para fundar a redução de São Miguel. O livro diz que ele já havia fundado várias outras.
1641	Os bandeirantes vêm ao Rio Grande caçar índios, para vendê-los como escravos. Procuram as reduções, onde os índios já se encontram domesticados e possuem habilidades artesanais. A última bandeira, quando os bandeirantes são definitivamente derrotados, ocorre em 1641.
–	Os jesuítas abandonam as reduções e vão para o outro lado do rio Uruguai. Deixam gado, que se multiplica, dando origem às futuras vacarias.
1680	A Colônia do Sacramento é fundada em 1680 e destruída pelos espanhóis no mesmo ano. A Colônia é reconstruída e atacada mais quatro vezes, num período de quase 100 anos, até ser cedida, em definitivo, aos espanhóis.
1700	Tem início o grande extermínio dos índios charruas e minuanos, que não se deixam dominar pelos colonizadores. Nesse tempo, se formam grandes rebanhos de gado selvagem, descendentes dos primeiros animais trazidos pelos espanhóis. Esses rebanhos eram chamados de *vacarias*. Começa, então, a estabelecer-se o comércio de couros.

1737	Silva Pais funda a cidade de Rio Grande.
1750	Pelo Tratado de Madrid, 1750, a Colônia do Sacramento fica com os espanhóis e, como compensação, os portugueses recebem as Missões.
1754	Iniciam-se as guerras guaraníticas, que levam à destruição os Sete Povos das Missões.
1777	Apesar do estabelecido no Tratado de Madrid, os espanhóis não entregam as Missões e os portugueses não devolvem a Colônia. Persistem os combates até a assinatura do Tratado de Santo Ildefonso, nesse ano. Os espanhóis ficam com as Missões, Sacramento e a navegação no Prata. Os portugueses, com a região a leste de uma linha que vai da cidade de Rio Grande até o norte do estado.
Obs.	A novidade é a criação dos Campos Neutrais, ao longo da nova fronteira, que, na prática, não servem para nada além de zona de contrabando e refúgio de bandoleiros.
1801	Na Europa, Espanha e Portugal declaram guerra. No Brasil, aproveitando a ocasião, as tropas portuguesas ultrapassam a linha do Tratado de Santo Ildefonso. Ao sul, avançam até o território uruguaio e, a oeste, Borges do Canto retoma as Missões, recompondo, aproximadamente, os atuais limites do Rio Grande do Sul.
1808	Napoleão Bonaparte invade Portugal e a família real vem de muda para o Brasil.
1810	A Argentina se declara independente da Espanha. Artigas ameaça tomar Montevidéu, que se mantém fiel à coroa espanhola.
1811	O Exército Pacificador, com 3.000 soldados sob o comando do governador D. Diogo de Souza, é enviado para combater Artigas, que se retira para a província de Entre-Rios. No ano seguinte, é assinado o armistício.
1815	Artigas volta a atacar e conquista Montevidéu. D. João ordena a invasão da Banda Oriental do Uruguai.
1816	Uma divisão de Voluntários Reais, composta de veteranos das guerras europeias, sob o comando do General Lecor, reúne-se no Rio de Janeiro e começa o deslocamento para o sul.
1817	Após vários combates, Lecor entra em Montevidéu. A guerrilha artiguista ainda vai resistir por mais três anos.

1820	As últimas forças de Artigas, comandadas por Frutuoso Rivera, são derrotadas em Tacuarembó e a Banda Oriental é anexada ao império português com o nome de Província Cisplatina.
1822	É proclamada a Independência do Brasil.
1824	Chegam ao Rio Grande do Sul os primeiros imigrantes alemães.
1827	É travada a batalha do Passo do Rosário, a mais importante da guerra da Cisplatina. O resultado permanece indefinido.
1828	Com apoio da Inglaterra, o Uruguai se torna independente.
1831	D. Pedro I abdica e retorna para a Europa, deixando no Brasil o seu filho, ainda menor de idade. O período da regência caracteriza-se por inúmeras revoltas no país. No Rio Grande, há grande descontentamento, causado pelo abuso nos impostos e tarifas e pelo estado de abandono em que se encontra a Província.
1835	No dia 20 de setembro, Bento Gonçalves toma Porto Alegre, dando início à Revolução Farroupilha.
1836	Porto Alegre é retomada pelos imperiais, que a mantêm sob o seu controle até o final do conflito. Os Farroupilhas vencem a importante Batalha do Seival e proclamam a República, elegendo como capital a cidade de Piratini. Bento Gonçalves é capturado no combate da ilha do Fanfa e mandado preso para a Bahia. Logo depois, foge e retorna ao Rio Grande para assumir a Presidência da nova República.
1837	Bento Manoel Ribeiro se desentende com os imperiais e passa para o lado farroupilha.
1839	Por questão de segurança, a capital farroupilha é transferida para Caçapava. Garibaldi leva seus dois barcos por terra, desde a Lagoa dos Patos até a barra do rio Tramandaí. Navega para Laguna, atacando-a por mar, enquanto David Canabarro chega por terra. Tomam a cidade e proclamam a República Juliana. Ainda nesse ano, os imperiais contra-atacam e retomam Laguna.
1840	Os imperiais conquistam Caçapava. A capital é novamente transferida, desta vez para Alegrete.
1841	Garibaldi e Anita abandonam a revolução. Bento Manoel Ribeiro torna a bandear-se para os imperiais.
1842	Caxias é nomeado Presidente e Comandante de Armas da Província.
1843	Os Farroupilhas vencem Bento Manoel Ribeiro em Ponche Verde.

1844	Caxias conduz as operações com habilidade e iniciam-se as negociações de paz.
1845	Em 1º de março, é finalmente assinado o acordo de paz. Sob a administração de Caxias, o Rio Grande começa a prosperar.
1852	A guerra contra Oribe e Rosas é decidida a favor do Brasil na batalha de Monte Caseros.
1864	Nova guerra é vencida pelas tropas brasileiras, desta vez com apoio da Argentina, contra o uruguaio Aguirre, que contava com a simpatia do ditador paraguaio Solano Lopez.
1865	Tropas paraguaias, comandadas por Estigarribia, invadem o território brasileiro, tomando as cidades de São Borja, Itaqui e Uruguaiana. É formada a Tríplice Aliança entre Brasil, Argentina e Uruguai. Os exércitos aliados cercam Uruguaiana e Estigarribia rende-se sem lutar. A guerra continua em território paraguaio.
1870	Termina a Guerra do Paraguai, com a morte de Solano Lopez.
1874	É inaugurada a primeira linha férrea, ligando Porto Alegre a São Leopoldo. Chegam os imigrantes italianos. Os fanáticos religiosos, conhecidos como *Muckers*, são dizimados no morro Ferrabrás, em São Leopoldo.
1882	É fundado o PRR, Partido Republicano Rio-Grandense, sob a liderança de Júlio de Castilhos, com inspiração nas ideias positivistas do filósofo francês Augusto Comte.
1889	Em 15 de novembro, cai a monarquia e o Marechal Deodoro da Fonseca assume a Presidência da República.
1891	Em 14 de julho, Júlio de Castilhos é eleito primeiro Presidente Constitucional do estado.
1892	O Presidente da República, Deodoro da Fonseca, fecha o Congresso. Júlio de Castilhos, aliado de Deodoro, demora a se definir. Surgem fortes reações e Júlio de Castilhos se vê obrigado a renunciar. Inicia-se o período conhecido como *governicho*. Em Bagé, é fundado o Partido Federalista, sob a liderança de Gaspar Silveira Martins. São realizadas eleições por voto direto e Júlio de Castilhos é eleito.
1893	Júlio de Castilhos assume o Governo do Estado. Segue-se um período de violências. Gumercindo Saraiva e Joca Tavares, vindos do Uruguai, invadem o Rio Grande, dando início à Revolução Federalista.

	A batalha do rio Inhanduí, considerada como a mais importante da revolução, é vencida pelos republicanos. Joca Tavares regressa para o Uruguai e Gumercindo prossegue a luta. Joca Tavares volta ao Rio Grande e cerca a cidade de Bagé. No rio Negro, a 20 km dali, 300 prisioneiros republicanos são degolados.
1894	Animado pela revolta da Marinha, Gumercindo invade Santa Catarina e chega ao Paraná, onde cerca a cidade da Lapa. Ameaçado pela reação do governo federal, regressa, sendo constantemente perseguido. Gumercindo é atingido e morto por atiradores de tocaia. É degolado e sua cabeça apresentada como troféu. Depois de 45 dias, Joca Tavares desiste do cerco de Bagé. Em Palmares, num lugar chamado Boi Preto, prisioneiros maragatos são degolados como vingança. Durante todo o ano, os combates prosseguem, sempre caracterizados pela extrema violência.
1895	É assinada a paz, em Pelotas.
1897	Com o apoio de Júlio de Castilhos, Borges de Medeiros assume o governo.
1901	A grande exposição agroindustrial demonstra o progresso e o desenvolvimento do Rio Grande naquele período.
1902	Borges de Medeiros é eleito para o segundo mandato.
1907	Borges de Medeiros indica o Dr. Carlos Barbosa para o período seguinte.
1912	Borges de Medeiros volta ao governo. São encampados a Viação Férrea, o porto de Rio Grande e as obras de construção do cais de Porto Alegre.
1915	Insatisfeito com a indicação de Hermes da Fonseca para candidato ao Senado, Ramiro Barcelos escreve o poema *Antônio Chimango*, que satiriza a figura de Borges de Medeiros. Este *poemeto* torna-se um clássico da literatura rio--grandense. No Rio de Janeiro, é assassinado o Senador Pinheiro Machado.
1917	Borges é reeleito para o quarto mandato, em eleições fraudadas. O estado enfrenta uma grave crise na atividade pastoril e surgem greves gerais.
1922	Cresce a insatisfação com a disposição de Borges para concorrer a outro mandato e com o prenúncio de novas fraudes nas eleições. A campanha eleitoral desenvolve-se em clima de violência.

1923	Borges de Medeiros vence as eleições, manipuladas pela sua máquina partidária. Começa a revolução. Há combates em todo o Estado. Não se concretiza a expectativa de intervenção federal no estado. Em abril, Honório Lemes cerca Uruguaiana, sem sucesso. No combate do rio Santa Maria Chico, em D. Pedrito, Flores da Cunha ataca usando metralhadoras pela primeira vez. Neste combate morre o degolador de 1923, Adão Latorre. Continua a revolução. Trava-se o combate da ponte do rio Ibirapuitã, em Alegrete. Na batalha de Ponche Verde, uma das maiores da Revolução de 23, morre o grande poeta gaúcho Alceu Wamosy. É assinada a paz de Pedras Altas, pondo fim à revolução. Borges de Medeiros conclui o seu mandato, aceitando a cláusula de impedimento de reeleição.
1924	Levante dos Tenentes em São Paulo, visando a depor o presidente Artur Bernardes. Em Santo Ângelo, Luís Carlos Prestes adere à revolta, iniciando a longa marcha pelo Brasil, conhecida como *Coluna Prestes*.
1927	São eleitos Getúlio Vargas e João Neves da Fontoura, respectivamente, presidente e vice-presidente do estado.
1929	Em Buenos Aires, Luís Carlos Prestes é sondado pelos Tenentes, como possível líder do movimento que visa à derrubada do Presidente Washington Luís. Prestes recusa, acusando o movimento de *revolução burguesa*.
1930	Getúlio Vargas é lançado candidato à Presidência da República. O Presidente Washington Luís apoia o candidato paulista Júlio Prestes. Realizam-se as eleições. A vitória é de Júlio Prestes, com suspeitas de fraudes. A economia brasileira entra em declínio, em consequência da crise internacional de 1929. Em Recife, é assassinado João Pessoa, companheiro de chapa de Getúlio. Em Porto Alegre, Oswaldo Aranha e Flores da Cunha iniciam a revolução. O movimento torna-se vitorioso e Getúlio Vargas assume a Presidência da República.
1932	A demora em ser promulgada a nova Constituição gera insatisfações e o receio de que Getúlio se transforme em ditador. Os paulistas se levantam em armas, com apoio dos gaúchos republicanos de Borges de Medeiros e dos libertadores de Raul Pilla. O movimento é sufocado. Borges de Medeiros é preso e Raul Pilla exila-se no Uruguai. Os chefes republicanos e libertadores têm seus direitos políticos cassados.
1934	Getúlio Vargas é eleito Presidente da República em eleição indireta.

1935	Flores da Cunha, Interventor do Estado, é eleito Governador, também em eleição indireta.
1937	Getúlio implanta o Estado Novo. Cassa o mandato dos governadores, dissolve os legislativos e revoga a Constituição. Em nome da unidade federativa, são queimadas as bandeiras dos estados. O Gen. Cordeiro de Farias é nomeado Interventor no Rio Grande do Sul.
1939	Tem início a Segunda Guerra Mundial. Oswaldo Aranha, Ministro do Exterior, negocia o financiamento para a construção da usina de Volta Redonda.
1941	A grande enchente deixa 70.000 pessoas desabrigadas.
1942	O Brasil rompe relações com os países do Eixo.
1945	O escalão da FEB em que os gaúchos tomam parte embarca para a Itália. Terminada a guerra, Getúlio é deposto pelos militares e se retira para a sua fazenda de Itu, em São Borja. Cylon Rosa é nomeado Interventor no estado.
1947	Após a promulgação da nova Constituição Federal, Walter Jobim é eleito governador. Inicia-se o Plano de Eletrificação do Estado. A estância de Itu torna-se um centro de articulação política.
1950	Após intensa campanha política, Getúlio é eleito Presidente da República.
1951	Getúlio anuncia a criação da Petrobrás.
1953	É criada a Petrobrás. Intensifica-se a campanha de oposição a Getúlio Vargas. Carlos Lacerda, da UDN, é um dos mais ferrenhos acusadores de irregularidades no governo.
1954	Carlos Lacerda é ferido num atentado, em que morre um major da Aeronáutica. O inquérito aponta como autor do atentado Gregório Fortunato, chefe da segurança de Getúlio. A situação política se deteriora a um nível crítico. É pedida a renúncia do Presidente. Getúlio Vargas comete suicídio, com um tiro de revólver no coração. Sua carta-testamento comove o país. Ocorrem tumultos e depredações. É eleito para Governador do Estado o Dr. Ildo Meneghetti, filho de imigrantes italianos. O Rio Grande do Sul apoia o canditato Gen. Juarez Távora para a Presidência da República.

1955	Juscelino Kubitschek é eleito Presidente da República e o Rio Grande passa a sofrer de escassez de recursos.
1956	É criada a Polícia Rural Montada e construída a nova penitenciária. É concluída a construção da ponte sobre o rio Guaíba.
1957	A agricultura, particularmente o trigo, enfrenta dificuldades. Inicia-se a expansão das lavouras de soja. Há um progressivo empobrecimento da região da campanha.
1958	Leonel Brizola é eleito Governador. É encampada a *Bond and Share,* empresa norte-americana de energia elétrica.
1959	Iniciam-se os projetos de instalação da Refinaria Alberto Pasqualini e da Aços Finos Piratini. Aparecem os primeiro aparelhos de televisão, com a fundação da TV Piratini.
1960	Brizola marca o seu governo com o programa de construção de escolas rurais, que levou o Rio Grande a ser o estado com maior índice de escolarização do país. Inicia-se a construção da "Estrada da Produção".
1961	O Presidente Jânio Quadros renuncia, criando grave crise política no país. Os ministros militares sugerem ao Congresso que declare o impedimento do Vice-Presidente, João Goulart, acusado de ligações com sindicalistas e comunistas. Brizola reage e concita o povo rio-grandense à resistência, num episódio que ficou conhecido como Legalidade. O Comandante do III Exército, Gen. Machado Lopes, apoia Brizola, insurgindo-se contra o Ministro da Guerra. Tropas do Exército e da Brigada Militar deslocam-se para a divisa do estado. O Congresso Nacional encontra uma saída conciliatória, reduzindo os poderes do Presidente da República até a realização de um plebiscito. O plebiscito devolve a João Goulart a plenitude dos poderes presidenciais.
1962	Brizola desapropria terras para reforma agrária no Banhado do Colégio, em Tapes. Surgem as primeiras organizações dos Sem-Terra. É encampada a ITT, empresa norte-americana de telefonia e criada a Companhia Rio-Grandense de Telecomunicações. Ildo Meneghetti volta a vencer as eleições para governador.
1964	Há um clima de inquietação no país. A inflação é alta. As greves e invasões de terras são constantes. Brizola exige de Jango a implementação imediata das reformas de base. As Forças Armadas sentem-se atingidas por incitações à insubordinação. O grande comício da Estação Central do Brasil, pela adoção imediata das reformas de base, e a revolta dos marinheiros agravam a tensão. Brizola pressente a reação e incentiva a criação dos "grupos de 11" no Rio Grande.

	Dia 31 de março, tropas de Minas Gerais se deslocam em direção ao Rio de Janeiro. O I e o II Exército aderem ao movimento para depor João Goulart. É realizada a grande marcha "da família, com Deus, pela liberdade", em apoio aos militares. No Rio Grande, Ildo Meneghetti manda cercar o Palácio e as rádios e transfere o governo para Passo Fundo. Jango vem a Porto Alegre, discutir a situação com Brizola e com o Gen. Ladário Telles, comandante do III Exército. Sentindo a inutilidade de qualquer gesto de resistência, e para evitar derramamento de sangue, Jango decide exilar-se no Uruguai. Em eleições indiretas, o Gen. Castelo Branco assume a Presidência da República. O Congresso e as Assembleias Legislativas continuam em funcionamento. Os partidos políticos são reduzidos a dois: ARENA e MDB. Instala-se a censura e, em Porto Alegre, é fechado o jornal *Última Hora*.
1967	Ildo Meneghetti termina o seu período de governo com um bom saldo de realizações. Em eleições indiretas, é eleito governador o deputado Peracchi Barcelos.
1968	Assume a Presidência da República o Gen. Costa e Silva. Surgem fortes contestações ao regime militar, particularmente de grupos marxistas. As tensões aumentam e, no final do ano, é promulgado o AI-5. O Congresso é fechado e são restringidas as liberdades individuais. Em Porto Alegre, ocorrem assaltos a bancos e há uma tentativa frustrada de sequestro do cônsul norte-americano.
1969	Costa e Silva adoece gravemente e é substituído, provisoriamente, por uma junta militar. Assume a Presidência o Gen. Emílio Garrastazu Médici. A economia brasileira cresce em ritmo de 10% ao ano e a inflação não passa de 3%. Intensifica-se a luta armada contra o regime e, em contrapartida, a repressão torna-se mais dura.
1971	É empossado o novo Governador, Euclides Triches, indicado pelo Presidente Médici.
1974	Diminuem as tensões entre o governo e a oposição. É realizado o primeiro debate político na televisão, entre os candidatos a Senador Nestor Jost, da ARENA, e Paulo Brossard, do MDB. O Presidente Ernesto Geisel anuncia a distensão "lenta, gradual e segura". Geisel indica para Governador do Rio Grande o deputado Synval Guazzelli. Tem início a crise internacional do petróleo.

1978	É extinto o AI-5 e abolida a censura. Amaral de Souza assume o governo do estado.
1979	Em 27 de junho, o Presidente Figueiredo assina o decreto de anistia. Brizola regressa ao Brasil e fixa residência no Rio de Janeiro. Reiniciam-se as greves e as invasões de fazendas pelos Sem-Terra. São reorganizados os partidos políticos.
1980	O Papa João Paulo II visita Porto Alegre.
1982	São realizados eleições diretas para o governo do estado. Jair Soares vence, por pequena margem, o candidato da oposição, Pedro Simon.
1984	A eleição para a Presidência da República ainda é realizada de forma indireta. Tancredo Neves é eleito, mas falece poucos dias depois. Assume o Vice--Presidente José Sarney.
1986	Pedro Simon vence a eleição para o governo do estado. Segue-se um período conturbado por greves e invasões de terra.
1990	Alceu Collares, do PDT, assume o governo.
1991	É criado o Mercosul.
1994 a 2002	A eleição para Governador do Estado, vencida com pequena margem por Antônio Britto, no segundo turno, caracteriza o crescimento do Partido dos Trabalhadores, que se consolida com a conquista de sucessivos mandatos na Prefeitura de Porto Alegre e, por fim, com a chegada de Olívio Dutra ao Governo do Estado.
1999 a 2003	Olívio Dutra toma posse como governador. Seu mandato foi marcado pelo conflito com as montadoras GM e Ford, causando o afastamento da Ford. Isso e o acirramento de tensões entre o MST e os ruralistas geraram grave desgaste para o governador e para o PT, que perdeu as duas eleições seguintes.
2003 a 2007	Germano Rigotto ganha a eleição e assume o governo. Em sua gestão a taxa de mortalidade infantil torna-se a mais baixa do país e a UNESCO destaca o ensino gaúcho como o melhor do Brasil.
2007 a 2011	Yeda Crusius torna-se a primeira mulher a assumir o governo do estado. Em 2008, anunciou que, após 37 anos, o Rio Grande deixava de ser deficitário. Teve forte oposição e foi denunciada por corrupção. A CPI instalada não comprovou as denúncias, mas mesmo assim sua popularidade caiu muito. Candidata à reeleição, foi derrotada pelo petista Tarso Genro, hoje governador.

BIBLIOGRAFIA

BARBOSA, Fidélis Dalcin – *História do Rio Grande do Sul*, Porto Alegre, Escola Superior de Teologia São Lourenço dos Brindes, 1976.
BERNARDI, Francisco – *As Bases da Literatura Rio-Grandense*, Porto Alegre, AGE Editora, 1997.
DUARTE, Paulo de Queiroz – *Os Voluntários da Pátria na Guerra do Paraguai*, Biblioteca do Exército Editora, Rio de Janeiro, 1987.
EQUIPE JONALÍSTICA DA JÁ EDITORES – *História Ilustrada do Rio Grande do Sul*, JÁ Editores, Porto Alegre, 1998.
FERREIRA Filho, Arthur – *História Geral do Rio Grande do Sul*, Porto Alegre, Editora Globo, 1978.
FLORES DA CUNHA, José Antônio – *A Campanha de 1923*, Brasília, Senado Federal, 1979.
FLORES, Elio Chaves – *No Tempo das Degolas*, Porto Alegre, Martins Livreiro Editor, 1996.
FLORES, Moacyr – *A Revolução Farroupilha*, Porto Alegre, Editora da Universidade Federal do Rio Grande do Sul, 1980.
HUNSCHE, Carlos Henrique – *O Ano 1826 da Imigração e Colonização Alemã no Rio Grande do Sul (Província de São Pedro)*, Porto Alegre, Editora Metrópole, 1977.
JACQUES, João Cezimbra – *Costumes do Rio Grande do Sul*, Porto Alegre, Erus, SD.
KERN, Arno Alvarez – *Antecedentes Indígenas*, Porto Alegre, Editora da Universidade Federal do Rio Grande do Sul, 1994.
LAYTANO, Dante de – *Almanaque de Rio Pardo*, Porto Alegre, Governo do Estado do Rio Grande do Sul, 1946.
LESSA, Barbosa – *Rio Grande do Sul, Prazer em Conhecê-lo*, Porto Alegre, AGE Editora, 2000.
MAESTRI, Mário – *O Escravo Gaúcho*, Porto Alegre, Editora da Universidade Federal do Rio Grande do Sul, 1993.
MEYER, Augusto – *Prosa dos Pagos*, Rio de Janeiro, Livraria São José, 1960.
NETTO, José – *A conquista do Rio Grande do Sul*, Porto Alegre, AC&M Editora, SD.
QUEVEDO, Júlio – *Aspectos das Missões no Rio Grande do Sul*, Porto Alegre, Martins Livreiro Editor, 1997.
REVERBEL, Carlos – *Maragatos e Pica-Paus*, Porto Alegre, L&PM, 1985.
SÁ BRITO, Severino – *Trabalhos e Costumes dos Gaúchos*, Porto Alegre, Erus, SD.
SPALDING, Walter – *Farrapo*, Porto Alegre, Sulina, SD.

DO MESMO AUTOR E EDITORA

A PORTEIRA DO TEMPO

Roberto Fonseca
16x23cm, 317 p., il., 2ª edição

No dizer de Alexandre Garcia, "este livro abre a porteira do Rio Grande pampeano, gaúcho, gaudério, contemporâneo e passado". O personagem central, capitão Leonino Bagesteiro, vai ser uma descoberta para os que conhecem gaúcho só pelo CTG: um reencontro para os que têm um bagesteiro sesteando sob o umbu do coração. Ao começar a leitura, o leitor vai experimentar a sensação de ter atravessado uma porteira mágica, no presente e no passado, acompanhando as venturas e desventuras do capitão Leonino, até o seu final surpreendente, que faz corcovear de emoção o coração da gente.

ESTRANHA MEMÓRIA

Roberto Fonseca
14x21cm, 205 p.

Estranha Memória, segundo romance de Roberto Fonseca, é uma história fascinante, tramada em ações que se desenvolvem em ritmo ágil e crescente, capaz de cativar a atenção do leitor até o surpreendente final. O professor, ensaísta e escritor gaúcho-brasiliense José Santiago Naud lhe destaca "a efabulação, os enlaces, psicologia e plasticidade, diálogos, trama, suspense e *flashbacks* de filme. É livro que a gente lê de uma assentada."

A BELA HISTÓRIA DO RIO GRANDE DO SUL

Roberto Fonseca
16x23cm, 114 p., il.

Esta História do Rio Grande do Sul para crianças e adolescentes visa a proporcionar uma fonte de consulta acessível e agradável para o conhecimento da nossa história. Os meninos e as meninas que, tão sérios e garbosos, vestem as roupas tradicionais dos gaúchos e dançam suas danças, podem agora saber onde procurar o significado desses rituais. Mesmo os adultos, cujo tempo e preocupações não permitem um maior aprofundamento na história, poderão, entre um mate e outro, satisfazer a curiosidade de seus filhos e netos, falando-lhes das proezas e façanhas da gente do Rio Grande.